GENUSS GRENZENLOS VON UDO POLLMER · INTERVIEW MIT CHRISTIAN BAU

★
DES GOURMANDISES SANS FRONTIÈRES

REGIO GUIDE 2012
GENUSS GRENZENLOS

REGIOGUIDE 2012

Der kulinarische Horizonterweiterer – Astrid Karger	6
Auszeichnungen des Jahres	Distinctions de l'année	10
Olympe Culinaire	34
Genuss Grenzenlos – Udo Pollmer	36
Was das Saarland anrichtet ... – Tourismus Zentrale des Saarlandes	42
Interview mit Christian Bau	52

L'Arnsbourg		Baerenthal	60
Margrets Bauernstube		Beckingen-Düppenweiler	62
Le Strasbourg		Bitche	64
Restaurant Kunz & Kaminzimmer		Bliesen	68
Hämmerle's Restaurant		Blieskastel	72
Café Resch		Eppelborn	74
La bonne Auberge		Forbach/Stiring-Wendel	78
Kochkultour		Gersheim	82
Restaurant Quirin		Gersheim	84
La Marmite		Grosbliederstroff	86
Petit Château		Homburg-Schwarzenbach	92
Weingut & Landhaus Bühler		Kallstadt	94
Rützelerie Geiß		Kirkel	96
Lukas Krauß		Lambsheim/Pfalz	98
Chez Michèle		Languimberg	100
Auberge du cheval blanc		Lembach	102
Château d'Adoménil		Luneville	104
Luxemburg			106
Clairefontaine		Luxemburg	108
Lea Linster		Frisange	110
Restaurant Mosconi		Luxemburg	112
Die Adressen des guten Geschmacks		Luxemburg	114
Gräfinthaler Hof		Mandelbachtal	116
Metz			118
Die Adressen des guten Geschmacks		Metz	124
Hôtel-Restaurant L'Escale		Mittersheim	128
Nancy			130
Die Adressen des guten Geschmacks		Nancy	136
La Source des Sens		Morsbronn-les-Bains	138
Café Kanne		Neunkirchen-Furpach	142
Villa Medici		Neunkirchen	146
L'Atelier du Sommelier		Niederbronn-les-Bains	150
Lubentiushof		Niederfell	156
Landhotel Saarschleife		Orscholz	158
Schloss Berg		Perl-Nennig	160
Victor´s Landgasthaus „Die Scheune"		Perl-Nennig	164
Weingut Ökonomierat Petgen-Dahm		Perl-Sehndorf	166
Le Soldat de l'An 2		Phalsbourg	168
Altes Pförtnerhaus		Quierschied	172
Backparadies Kissel		Reichenbach-Steegen	174
Restaurant Niedmühle Bar & Lounge		Rehlingen-Siersburg	176

LE GUIDE BLEU 2012

Saarbrücken		178
apero – Feines für Genießer	Saarbrücken-St. Arnual	180
Casino Restaurant am Staden	Saarbrücken	184
Chez Victor's	Saarbrücken	188
Fischmarkt Burbach	Saarbrücken	192
Früchte Kreis	Saarbrücken	196
GästeHaus Klaus Erfort	Saarbrücken	202
Gasthaus Zahm	Saarbrücken	206
Hotel am Triller	Saarbrücken	208
Kuntzes Handelshof	Saarbrücken	210
Le Bouchon	Saarbrücken	212
Metzgerei Thomé	Saarbrücken	218
miori GmbH	Saarbrücken	220
Quack – Villa Weismüller	Saarbrücken	224
Schlachthof Brasserie	Saarbrücken	228
Schnabels Restaurant	Saarbrücken-Gersweiler	202
Vecchia Stazione	Saarbrücken	232
Restaurant York	Saarbrücken	238
Zur wilden Ente	Saarbrücken	240
Die Adressen des guten Geschmacks	Saarbrücken	242
Pura GmbH	Saarlouis	244
Saargemünd		248
Le petit Thierry	Saargemünd	250
Le Salon de T	Saargemünd	252
Sucré Salé	Saargemünd	254
Die Adressen des guten Geschmacks	Saargemünd	256
Landhaus Thea	Schwalbach-Sprengen	258
Straßburg		260
Au Crocodile	Straßburg	262
Buerehiesel	Straßburg	264
Die Adressen des guten Geschmacks	Straßburg	266
Hofgut Imsbach	Theley	268
Trier		270
Becker's Restaurant	Trier	272
Schloss Monaise	Trier	274
Die Adressen des guten Geschmacks	Trier	276
Distillerie du Castor	Troisfontaines	278
Restaurant L'Argousier	Volmunster	282
Villa Fayence	Wallerfangen	286
Parkhotel Weiskirchen	Weiskirchen	288
Pauli Michels – Kaffeerösterei & -handel	Weiskirchen	290
Van Volxem	Wiltingen	292
Au Pont M	Wissembourg	296
Gutes Olivenöl – Dr. Andreas Schmal		300
Exklusives Mineralwasser – Armin Schönenberger		306
Rolf Klöckner – Das Interview		308
Genusskarte		316
Impressum	Achevé d'imprimer		320

DER KULINARISCHE HORIZONTERWEITERER

Astrid Karger
Freie Journalistin und Fotografin

Darf ich vorstellen: Rolf Klöckner, Genuss-Journalist, Feinschmecker, Gourmetkritiker. Der Saarländer mit dem feinen Gaumen ist auch Buchautor und Verleger – und fest davon überzeugt, dass mit besserem Essen auch das Leben besser wird. Ein Porträt.

Kennen Sie die „Genussecken des Saarlandes"? Einige sicherlich – aber bestimmt nicht so viele wie der Profi, der Gastrojournalist und Gourmetkritiker Rolf Klöckner. Was vor seinem Gaumen besteht, muss gut sein. Aber wer ist der Mann, der sich so leidenschaftlich für das Genießen einsetzt?

Behäbig oder umständlich ist er nicht. Zu einem Treffen kommt es sofort, der Weg ins Geschehen ist kurz. Er führt auf den St. Johanner Markt in Saarbrücken zu den „besten Eiern der Stadt". Hier bei Hermann Wahlen, dem Geflügelzüchter, sieht sich Klöckner an einem typischen Ort seines Wirkens, unter Menschen und Lebensmitteln. Ein guter Platz für Fotos, weitere entstehen in der Diskontopassage bei Früchte Kreis, vom Gourmetführer „REGIOGUIDE" zum Fachgeschäft des Jahres 2011 gekürt.

Rolf Klöckners Anliegen endet nicht bei seinem eigenen Bauch, er bringt Menschen und Essen zusammen. Und das war schon immer so. Als studierter Sozialpädagoge war Klöckner bei seiner Arbeit mit Verwahrlosung und Vernachlässigung konfrontiert.

Menschen und Essen – das will Klöckner zusammenbringen

Er hat Kinder erlebt, die Angst hatten, das Essen würde nicht reichen. Kinder, in deren Zuhause die Knappheit des Angebots dafür sorgte, dass nur der Schnellste und Durchsetzungsfähigste satt wurde. Immer wieder traf er in seinem früheren Job auf Jugendliche, für die die Zubereitung selbst einfacher Gerichte völliges Neuland war. Klöckner aber wäre nicht Klöckner, wenn er nicht zur Tat schreiten und die Kinder bekochen würde. Mit einfachsten Mitteln – zwei Gasflammen auf einem Zeltplatz – hat er es immer wieder geschafft, viele hungrige Mäuler satt zu kriegen und Freude am Essen zu wecken. Waren es deutsch-französische Begegnungen, dann lagen Garnelen auf dem Grill, und die französischen Kinder griffen zu.

So konnte auch der zuerst skeptische Nachwuchs aus Deutschland die anfängliche Zurückhaltung überwinden. Die Kinder lernten etwas Neues kennen. Ein Erfolg, der Rolf Klöckner stolz macht.

Seine Liebe zum Essen keimte früh. 1956 in Saarbrücken geboren, verbrachte er eine Stadtrandkindheit mit Kirschen aus Nachbars und Gemüse aus dem eigenen Garten: Bohnen, Lauch, Kartoffeln und Erdbeeren wurden gepflanzt, gehegt, geerntet, verarbeitet, gegessen. Der ganze Weg der Nahrung ein vertrautes Terrain. Klöckner hatte zudem das Glück, eine hervorragende Köchin zur Mutter zu haben, deren regional geprägte Gerichte auch die Nachbarschaft zum Schwärmen brachten. Seine kulinarische Horizonterweiterung fand in Frankreich statt. Der eifrige Schüler errang die Gunst seiner Französischlehrerin und kam so 14-jährig im Schüleraustausch nach Paris. Die Gastfamilie samt gleichaltrigem Sohn blieb ihm für viele Jahre in Freundschaft erhalten. Und was gab es da zu essen! Artischocken, Lachs ... Anfang der 70er Jahre war in Deutschland selbst Knoblauch noch ziemlich exotisch.

Beleuchter, Übersetzer, Brötchenholer

Sozialpädagogik studierte Rolf Klöckner in Darmstadt, gleichzeitig arbeitete er für den Saarländischen Rundfunk als Beleuchter, Übersetzer, Aufnahmeleiter und Brötchenholer bei Filmproduktionen. Dabei war man oft, auch mal für längere Zeit, in interessanten Gegenden unterwegs. Mit dem Studium klappte es trotzdem, denn ein Kommilitone schrieb mit und mehrere Baustellen waren für Klöckner ohnehin nie ein Problem. Gegessen und gekocht wurde in jener Zeit natürlich auch, Fünf-Mark-Stammgericht beim Italiener oder Gulasch- und Kartoffelsuppe und andere studentische Essen auf Klöckners Bude. Freunde waren willkommen.

Das blieb auch in einer sehr kochaktiven Zeit in den 90er Jahren so. Die Partnerin teilte die Leidenschaft, Freunde wurden zuhause im „Privatrestaurant" bekocht, oder man widmete sich gemeinsam auf Hausboottouren dem Angebot vor Ort und den Genussexperimenten an Bord. Da hatte sich Klöckner aber schon Expertise erarbeitet, denn in den 80er Jahren hatte er seine Freizeit, Wochenenden und Urlaube in der Küche eines Freundes verbracht. Dieser war ein ambitionierter Koch, einer, der große Erwartungen weckte, ein aufgehender und viel zu früh verglühter Stern am Kochhimmel. Ohne zu zögern übernahm Klöckner die Verantwortung für Gang drei und sieben eines Menüs für immerhin 119 Personen. Große Gruppen nicht immer unproblematischer Kinder schreckten ihn schließlich auch nie ab. In der Restaurantküche wurde geschuftet.

Unter Zeitdruck, in Hektik, mussten Kunstwerke vollbracht werden. Mit dem ungewohnten Profimesser schnitt der Lernwillige sich erst mal in die Finger, das Weitermachen war schmerzhaft.

Rolf Klöckner, der Genießer, absolvierte so eine Kochausbildung der Spitzenklasse. Die verschafft ihm heute den Respekt der renommierten Köche und Kenner, die ihm nachsagen, er sei im Saarland der einzige Gastrokritiker, der Ahnung habe. Sein unbestrittener Vorteil: Er kennt eben beide oder sogar alle Seiten. Auch die ganz elementare Notwendigkeit, einfach nur satt zu werden. Das „Mäkel-Gen" fehlt ihm. Die Bekanntschaft mit „Kochgöttern" wie Paul Haeberlin, Eckart Witzigmann oder hierzulande Christian Bau und Klaus Erfort, in deren Küchen er kundiger und ehrfürchtiger Gast war und ist, hat ihn nicht zum Snob werden lassen. „Chemiebaukastenkritik" liegt ihm fern, der Respekt vor dem Lebensmittel und der Mühe der Zubereitung ist groß, das Prinzip seines Buches „REGIOGUIDE", das er nun schon seit 15 Jahren herausgibt, einfach – Erwähnung findet, was von ihm gutgeheißen wurde. Schlechtgeredet wird keiner.

Ein kleiner Kreis Eingeweihter ist nicht Klöckners Zielgruppe. Alle Menschen sollen gut essen, lautet seine Devise. Letztlich stehen immer Menschen, und oft solche, denen geholfen werden kann, im Zentrum seines Tuns. Klöckner macht Bücher und schreibt wöchentlich seine Artikel im Magazin FORUM. Mit Leidenschaft. Klöckner ist ein Netzwerker, und er denkt und handelt interdisziplinär. Er sucht sich Teams und integriert Ideen und Schaffenskraft, ist offen für Synergieeffekte.

Von den ehrenamtlichen Mitarbeitern der Tafel kam der Hinweis, viele Menschen wüssten mit dem Gemüse, das ihnen überreicht würde, gar nichts anzufangen. Klöckner setzte sich hin und schrieb ein Buch: „Koch doch einfach!". Unkompliziert und bezahlbar. Das Buch kommt auch in sozialen Projekten wie Kochkursen für Hartz-IV-Empfänger zum Einsatz.

Seit 1998 verwirklicht der umtriebige Missionar im Dienste des guten Lebens Buchprojekte im eigenen Verlag. Mehr Zeit brachte 2009 der Ausstieg aus dem Leben als Arbeitnehmer, das Gesundheitsamt war die letzte Station im öffentlichen Dienst.

Die Gründung der Firma Klöckners Genussagentur ermöglicht es ihm, all seine Ideen und Initiativen in großer unternehmerischer Freiheit unter einen Hut zu bringen. Der Aktionsradius ist selbstbestimmt, das Tempo auch. Sein Büro trägt der Mann, der nach eigenen Worten gern unterwegs ist, folgerichtig in der Hosentasche. Mit dem internetfähigen Mobiltelefon wird zum Beispiel die Öffentlichkeitsarbeit quasi en passant erledigt – kurzes Update bei Facebook, Geschäftskorrespondenz, sogar telefonieren – geht alles überall.

Rolf Klöckner ist eben ein Mann, der gerne auf vielen Hochzeiten … kocht.

TOP OF THE TOP
Top du Top

CHRISTIAN BAU

Schloss Berg – Victor´s Residenz-Hotels GmbH
Schloßstraße 27-29 · D-66706 Perl-Nennig
Fon: +49 6866 79118 · www.schlossberg-nennig.de

TOP OF THE TOP
Top du Top

KLAUS ERFORT

GästeHaus Klaus Erfort
Mainzer Straße 95 · D-66121 Saarbrücken
Fon: +49 681 958268-2 · www.gaestehaus-erfort.de

TOP OF THE TOP
Top du Top

UDO POLLMER

**Europäisches Institut
für Lebensmittel- und Ernährungswissenschaften
(EU.L.E. e.V.)** · www.euleev.de

SAARLORLUXUS-PREIS
FÜR BESONDERE VERDIENSTE IN DER REGION
Prix Saarlorluxe du mérite pour services rendus à la région

PATRICK TANÉSY

Chez Tanésy
23, grande rue · F-54000 Nancy
Fon: +33 3 83355194

SAARLORLUXUS-PREIS
FÜR BESONDERE VERDIENSTE IN DER REGION
Prix Saarlorluxe du mérite pour services rendus à la région

ROMAN NIEWODNICZANSKI

Van Volxem – Weingut
Dehenstraße 2 · D-54459 Wiltingen
Fon: +49 6501 16510 · www.vanvolxem.com

SAARLORLUXUS-PREIS
FÜR BESONDERE VERDIENSTE IN DER REGION
Prix Saarlorluxe du mérite pour services rendus à la région

GEORGES-VICTOR SCHMITT

Au Soldat de l´An 2
1, route de Saverne · F-57370 Phalsbourg
Fon: +33 3 87241616 · www.soldatan2.com

AUFGENOMMEN IN DEN OLYMPE CULINAIRE
Admit dans l'Olympe culinaire

FRANCO CHIERA

Vecchia Stazione
Hauptstraße 22 · D-66128 Saarbrücken-Gersweiler
Fon: +49 681 3798222 · www.vecchia-stazione.de

KOCH DES JAHRES
Cuisinier de l'année

PASCAL BASTIAN

Auberge du Cheval Blanc
4, rue de Wissembourg · F-67510 Lembach
Fon: +33 3 88944186 · www.au-cheval-blanc.fr

RESTAURANT DES JAHRES
Restaurant de l'année

ANKE & ALEXANDER KUNZ

Restaurant Kunz GmbH
Kirchstraße 22 · D-66606 Bliesen
Fon: +49 6854 8145 · www.restaurant-kunz.de

HOTEL DES JAHRES
Hôtel de l'année

PARKHOTEL WEISKIRCHEN

Parkhotel Weiskirchen
Kurparkstraße 4 · D-66709 Weiskirchen
Fon: +49 6876 9190 · www.parkhotel-weiskirchen.de

AUFSTEIGER DES JAHRES
Promu de l'année

JÖRG KÜNZER

Gräfinthaler Hof
Gräfinthal 6 · D-66399 Mandelbachtal
Fon: +49 6804 91100 · www.graefinthaler-hof.de

GASTGEBERIN DES JAHRES
Amphitryon de l'année

GERTRUD THIEL

Casino Restaurant am Staden
Bismarckstraße 47 · D-66121 Saarbrücken
Fon: +49 681 62364 · www.casino-am-staden.de

LANDHAUS DER REGION
Auberge de la région

HOFGUT IMSBACH

M & M Gastro GmbH
Hofgut Imsbach 1 · D-66636 Theley
Fon: +49 6853 50140 · www.hofgut-imsbach.eu

NEUERÖFFNUNG DES JAHRES
Inauguration de l'année

JÜRGEN BECKER

Gasthaus Zahm
Saarstraße 6 · D-66111 Saarbrücken
Fon: +49 681 9591317

BÄCKEREI DES JAHRES
Boulangerie de l'année

BACKPARADIES KISSEL

Karl-Heinz Carra
Herrenbergstraße 3 · D-66879 Reichenbach-Steegen
Fon: +49 6385 321 · www.backparadies-kissel.de

CONFISERIE DES JAHRES
Confiserie de l'année

CAFÉ RESCH

Sigrid und Franz-Josef Resch
Am Markt 12 · D-66571 Eppelborn
Fon: +49 6881 7236

METZGEREI DES JAHRES
Boucherie de l'année

METZGEREI THOMÉ

Peter Thomé
Burbacher Straße 18 · D-66115 Saarbrücken
Fon: +49 681 79860

FISCHGESCHÄFT DES JAHRES
Commerce de poisson de l'année

FISCHMARKT BURBACH

Fischmarkt Burbach GmbH
Bergstraße 4 · D-66115 Saarbrücken
Fon: +49 681 76871 · www.fischmarkt-burbach.de

KOMPETENTESTER GENUSSBERATER
Le conseiller de plaisir le plus compétent

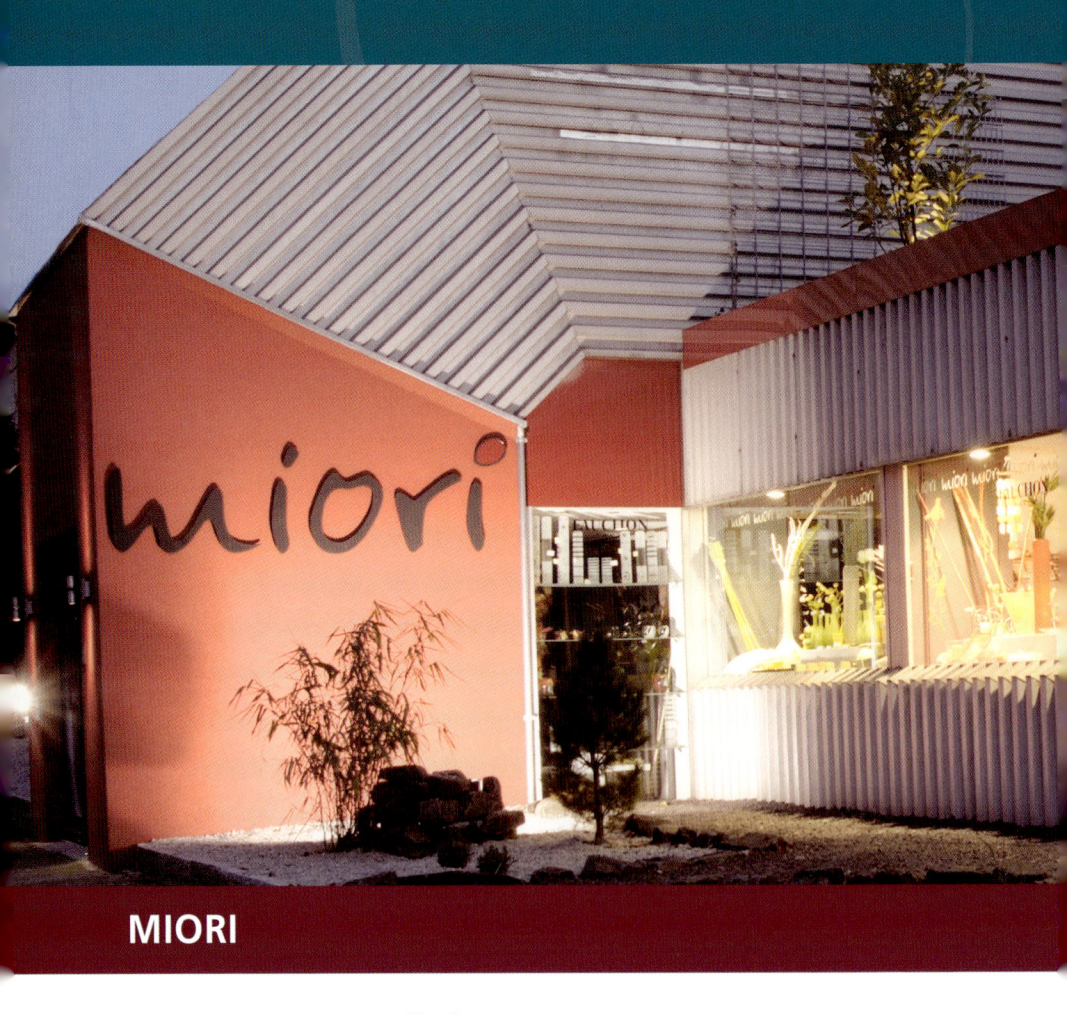

MIORI

Nicole V. Wilhelm
Saarbrücker Str. 148-158 · D-66130 Saarbrücken
Fon: +49 681 9880890 · www.miori.de

EVENTAGENTUR DES JAHRES
Agence de l'année

PURA GMBH – AGENTUR FÜR BESONDERE EREIGNISSE

Kerstin Kohler
Metzer Straße 7 · D-66740 Saarlouis
Fon: +49 6831 986984-0 · www.agentur-pura.de

FACHGESCHÄFT DES JAHRES
Magasin spécialisé de l'année

APERO – FEINES FÜR GENIESSER

Katja Sellnau & Andreas Schmal
Saargemünder Straße 63 · D-66119 Saarbrücken-St. Arnual
Fon: +49 681 4163480 · www.apero-genusskultur.de

FACHBERATER DES JAHRES
Consultant de l'année

FRÜCHTE KREIS

Früchte Kreis
Bahnhofstraße 31 · D-66111 Saarbrücken
Fon: +49 681 35414 · www.fruechtekreis.de

WINZER DES JAHRES
Vigneron de l'année

SUSANNE & ANDREAS BARTH

Lubentiushof – Weingut
Kehrstraße 16 · D-56332 Niederfell-Mosel
Fon: +49 2607 8135 · www.lubentiushof.de

ÜBERRASCHUNG DES JAHRES
Surprise de l'année

RAPHAËL MARKIEWICZ

Chez Victor's – Victor's Residenz-Hotels GmbH
Deutschmühlental · Am Deutsch-Französischen Garten
D-66117 Saarbrücken
Fon: +49 681 58821-950 · www.chez-victors.de

OLYMPE CULINAIRE

Robert Husser
Le Chef
1998

Margarete Bacher †
Hostellerie Bacher
1998

Fernand Mischler
Auberge du Cheval Blanc
1999

Klaus-Dieter Koschine †
Gasthaus Zum Schwan
1999

Tony Tintinger
Restaurant Clairefontaine
1999

Emile Jung
Au Crocodile
2000

Alexander Kunz
Restaurant Kunz
2000

Antoine Westermann
Le Buerehiesel
2001

Jean-Georges Klein
L'Arnsbourg
2002

Wolfgang Quack
Weismüller Restaurant Quack
2002

Lydia Egloff
La Bonne Auberge
2003

Sigrun Essenpreis Thomas A. Nickels
Landgasthof Paulus
2003

Ernest Mathis
Restaurant Mathis
2004

Klaus Erfort
Gästehaus Erfort
2005

Thierry Krompholtz
Restaurant Thierry
2005

Culinaire

Patrick Tanésy
Chez Tanésy
2005

Pierrick Guilloux
Á la Table de Guilloux
2006

Christian Bau
Schloss Berg
2007

Harald Rüssel
Landhaus St. Urban
2007

Georges-Victor Schmitt
Au Soldat de L'An 2
2008

Rita Huber
Petit Château
2009

Stefan Burbach
Restaurant Niedmühle
2010

Cliff Hämmerle
Hämmerle's Restaurant
2011

Lutz Janisch
Le Strasbourg
2011

Bruno Poiré
Chez Michèle
2011

Pierre Weller
La Source des Sens
2011

Franco Chiera
Vecchia Stazione
2012

GENUSS GRENZENLOS
Udo Pollmer

Lebensmittelchemiker und Fachbuchautor zum Thema Ernährung
Udo Pollmer gehört laut „Cicero" zu den 20 prominentesten Naturwissenschaftlern.

Wir lassen uns den Genuss nicht vermiesen – allen Unkenrufen zum Trotz. Denn aus den Tempeln – ach was, aus den Tümpeln der säuerlichen Essensmoral erschallen immer lauter mediale Froschkonzerte, die uns vor der Kulinarik zu bewahren trachten. Hinter dem Genuss lauere die Verführung. Die Diät-Kröten haben dafür sogar das unsittliche Wort von der „Esssünde" geschaffen, die wie jede bessere Todsünde nur durch Kasteiung, Salatlecken und Magersucht gesühnt werden kann. Diese Sünden seien an den Malaisen dieser Welt schuld, namentlich an solchen, die es reihum zur „Volkskrankheit Nummer eins" bringen.

Alles, was für unsere Esskultur typisch ist – gleichgültig ob diesseits oder jenseits der Grenzen –, alles, was sie auszeichnet und ihren Siegeszug erklärt, ist aus Sicht von Diätologinnen „ungesund". Sobald es schmeckt, und das ist die Voraussetzung, die conditio sine qua non, um überhaupt von Esskultur zu sprechen, ist Gefahr in Verzug.

Schon lauert der Tod mit Messer und Gabel. Mit geschickter Propaganda werden die Leser von Illustrierten und die Betrachter des Nachmittagsprogramms öffentlich-durchgeknallter Sender in den Bannkreis des ernährungsphysiologischen Wahnsinns gezogen.

Ein Beispiel gefällig? Jeder weiß, die italienische Mittelmeerkost ist gesund. Aber wehe, wenn unsere Kinder zu Pizza und Pasta greifen, dann war das natürlich so nicht gemeint. Die italienischen Nationalgerichte, mit denen Abermillionen von Bambini groß und stark wurden, sind für deutsche Kinder extrem gefährlich.

Mit speziellen Programmen versucht Deutschlands ernährungspädagogische Elite die Kinder von Nachbars Tisch wegzubekommen. Und was bitte sollten sie essen? Die Ernährungsexperten wissen Rat. Im offiziellen Organ der Branche nannten sie als Beispiel die Aubergine. Nein, nicht das Lokal, auch nicht die vielen schmackhaften Zubereitungsformen, schön im Fett gebraten. Nein, es seien die rohen Auberginen, die für Gesundheit und kulinarische Qualität Italiens stünden. Für dieses Geschmackserlebnis beißen wir doch lieber in einen Pullover ...

Nach Möglichkeit werden uns die Völker, die sich gerade nicht so ernähren wie wir Mitteleuropäer, als Vorbild präsentiert. Denken Sie nur an Kreta oder Japan. Rohkost, Vollkornreis und viel Fisch wurden zu Symbolen einer bewussten Ernährung. Abgesehen davon, dass Rohkost auf Kreta eher etwas für Touristen ist – wenn er nicht kochen muss, geht der Koch lieber angeln – und dass Vollkornreis vorzugsweise als Hundefutter gilt, – es stimmt auch der Rest der frommen Propaganda nicht. Auch wenn es in den Froschkonzerten gern bequakt wird – weder die Griechen, noch die Japaner erreichen jenes biblische Alter, das ihnen nachgesagt wird.

Als die Japaner sich kürzlich einen Überblick über ihre Methusalems verschaffen wollten, sind innerhalb weniger Wochen Hunderttausende von Greisen entschwunden. Denn in Japan gilt die Regel: Es gibt solange Rente, bis ein Angehöriger den Tod des Empfängers meldet. Deshalb wimmelte es dort nur so von 100-Jährigen. So ähnlich funktioniert das auch in Griechenland. Ein Blick auf die Friedhöfe zeigt, dass dort die Lebenserwartung nicht höher ist als bei uns. Aber die Rente wird viel, viel länger irgendwohin überwiesen. So wird der Haushalt ganzer Staaten ruiniert – und dieser Betrug medial den Deutschen als „gesundes Vorbild" verkauft.

Die Menschen dort werden also nicht älter. Sie essen dafür aber besser, unbefangener, mit viel mehr Freude und ohne Angst, sie köcheln das fetttriefende Gemüse mausetot, bevor es auf den Teller kommt, sie grillen, sie braten und trinken dazu ihren Wein; der Nachtisch ist pappsüß und zum Abschluss gibt's obendrein ein Schnäpschen. Und das alles, weil ihnen bisher niemand etwas über „bewusste Ernährung" verzapft hat. Das nenne ich Lebensqualität!

Eine Katastrophe für die gute Küche, für unsere Esskultur ist die Lebensmittelampel. Klingt unglaublich, ist aber ganz simpel. Ein richtiges Cordon bleu wäre durchgängig rot markiert: zu viele Kalorien, zu viel Fett, zu viel Cholesterin, zu viel Salz und natürlich viel zu viel Genuss.

Es wäre kein Problem, eine „gesunde" Alternative zu entwickeln, bei dem die Ampel tief grün leuchten würde: man verleime Hühnerfrikassee zu einem „Hähnchen-Cordon bleu", mit viel Wasser wegen der „Saftigkeit". Statt Gruyère kommt Analogkäse rein. Statt reichlich Milchfett enthält er ein paar Tropfen Öl mit einem starken Emulgator und abermals viel Wasser. Statt Schinken nehme man den berüchtigten „Vorderformfleischschinken", der mit dem Original so viel zu tun hat wie eine Schaufensterpuppe mit einer jungen Frau.

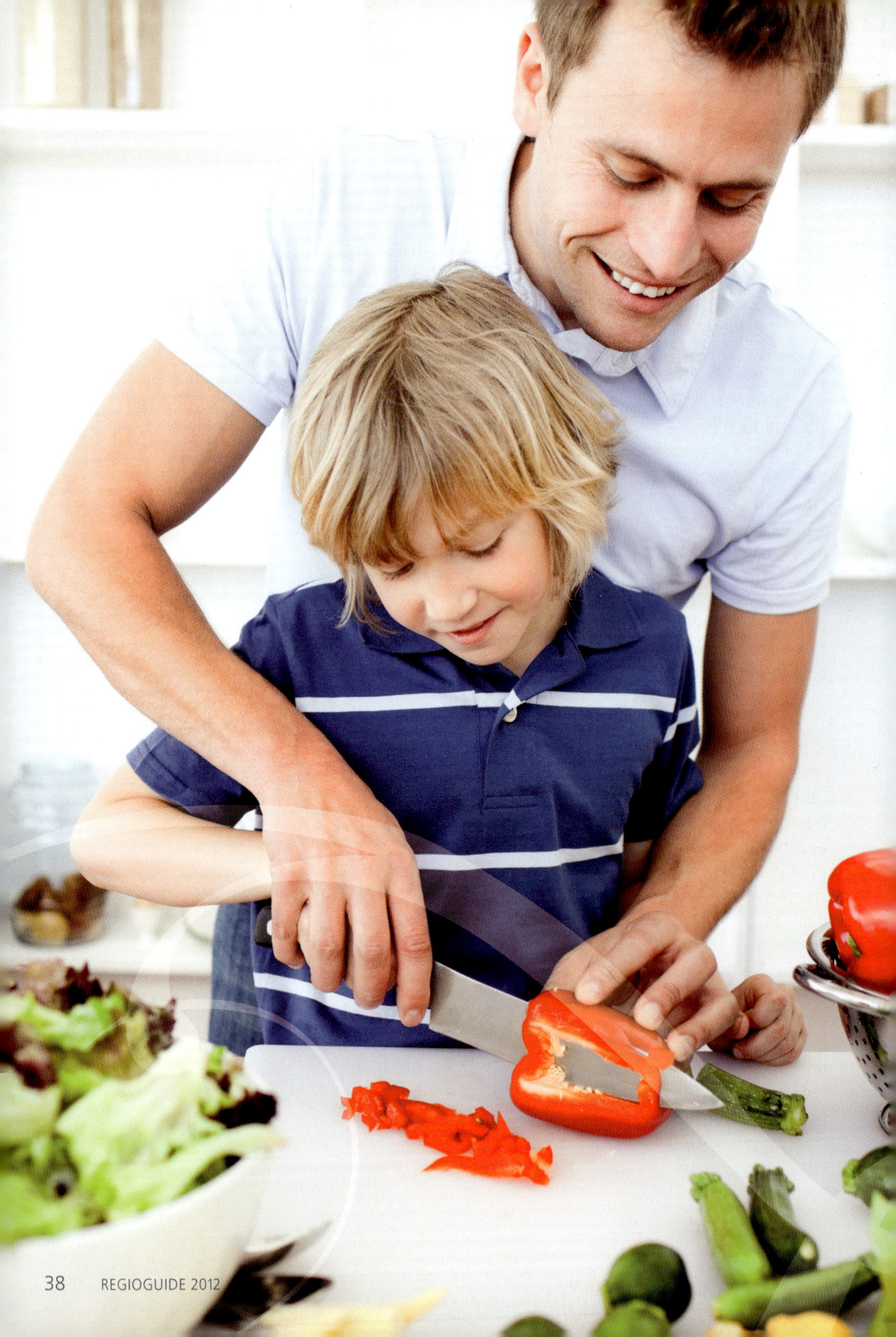

Das Endprodukt ist kalorienarm, fettarm, cholesterinarm, salzarm. Und sogar der Eimer Wasser, den wir jeden Tag aussaufen sollten, ist auch schon mit drin.

Gesünder werden wir von diesem High-Tech-Müll bestimmt nicht. Denn die Nahrungswahl ist nun mal nicht über Nährwerttabellen steuerbar. Sie ist ein biologisch definierter Trieb, noch älter als die Sexualität. Die wurde von Mutter Natur erst viel später erfunden. Bis dahin gab es die ungeschlechtliche Fortpflanzung.

Es gibt wohl ein bewusstes Kochen – aber keine bewusste Ernährung. Essen und Trinken sind Urtriebe des Menschen. Bewusste Ernährung ist wie Sex ohne Orgasmus.

In der Kulinarik hingegen vereinen sich mehrere ernsthafte Fachgebiete. Im Vordergrund steht jedoch das Handwerk, die kulturell von Generation zu Generation weitergegebene Fertigkeit, Lebensmittel korrekt zuzubereiten und damit seine Mitmenschen nicht nur zu sättigen, sondern zu erfreuen.

Es handelt sich dabei um Erfahrungswissen. Was bekömmlich ist, findet dauerhaft Zuspruch. Was uns nicht so recht bekommt, verschwindet wieder von der Speisekarte.

Erst allmählich beginnt die Naturwissenschaft die komplexen Geheimnisse der Kochkunst zu entschlüsseln. Dabei hat sie mit zwei grundlegenden Schwierigkeiten zu kämpfen: erstens mit der Vorstellung von „gesunder Ernährung", die jeden vollsinnigen Gedanken im Keim erstickt, und zweitens mit dem Umstand, dass man zum Verständnis gleich eine Handvoll von Wissenschaften benötigt.

Die erste und wichtigste ist die Ökologische Biochemie, hier vor allem die Lehre vom Fressen und Gefressenwerden. Wie schützen sich Pflanzen vor Fraßfeinden? Wie verderben sie ihnen den Appetit? Warum haben die meisten Pflanzen angesichts der ungeheuren Vielfalt hungriger Mäuler nur wenige wirklich bedrohliche Schädlinge, die sich erfolgreich von ihnen nähren können? Die Tierwelt wiederum hat ein breites, ein höchst phantasievolles Spektrum unterschiedlichster Verdauungssysteme entwickelt, um die jeweiligen Nahrungsquellen auch effektiv ausschöpfen zu können. Das ist extrem aufwändig.

Da der Darm des Menschen für einen Affen seiner Größe viel zu klein ist, hat er erhebliche Teile der Verdauungsleistung outgesourced – in die Küche verlagert. Der Dickdarm, der Darmabschnitt, der für die Ballaststoffe zuständig ist, ist beim Menschen im Vergleich zu den Menschenaffen extrem kurz. Deshalb schälen wir das Gemüse, mahlen das Getreide und entbeinen das Fleisch. Durch Fermentieren und Erhitzen werden die Rohstoffe entgiftet, werden Abwehrstoffe unschädlich gemacht, Krankheitserreger abgetötet und die Nährstoffe aufgeschlossen, damit wir sie schneller verdauen können.

Die Fähigkeit, die Verdaulichkeit zu verbessern – also die Nutzung des Feuers und später des Herdes – ‚war die Voraussetzung für Entwicklung des menschlichen Gehirns. Denn dieses Organ ist ein Energiefresser par excellence! Ein energiepolitischer Luxuskonsum. Beim Säugling verbraucht das Gehirn locker 80 Prozent aller Kalorien, beim Erwachsenen sind es „nur" noch 30 Prozent.

Die Küche erlaubte es, Nahrung so zuzubereiten, dass der Körper schnell an die Energie kommt. Die Küche und nicht die Universität ist die Basis der Menschwerdung! Hätten unsere Vorfahren Wert auf schwerverdauliche Rohkost gelegt, statt auf die heute verpönten „Kalorienbomben", würden wir noch immer wie die rohköstelnden Affen von Ast zu Ast hüpfen.

Doch nicht nur der Weg vom Tier zum Menschen, sondern auch vom Menschen zum Kulturwesen ist von den Fortschritten der Kochkunst gekennzeichnet. Denn allmählich lernten die Menschen ihre Nahrung nicht nur zu entgiften, also bekömmlicher zu machen, sondern auch den Genuss zu erhöhen, den Gaumenkitzel. Auch dahinter stecken, ebenso wie hinter der Bekömmlichkeit, biologische Mechanismen. Mechanismen, die uns nicht bewusst sind, denen unser Körper aber mit hoher Präzision folgt.

Das Geheimnis der gehobenen Küche sind Stoffe, die entspannen, die Laune machen. Der Spitzenkoch produziert – um es einmal journalistisch zu sagen – Drogen. Klingt gefährlich, ist aber harmlos. Niemand sieht beim Nachtisch weiße Mäuse, denn dafür müsste er schon enorme Mengen verdrücken. Beispielsweise von Lebkuchen. Die Besonderheit der Rezeptur besteht in der Verwendung von Hirschhornsalz, obwohl es, technologisch betrachtet, gewöhnliches Backpulver auch täte.

Der Grund liegt in den Inhaltsstoffen der klassischen Lebkuchengewürze. Im Backofen reagieren sie mit dem Ammonium des Hirschhornsalzes. Es entstehen zahlreiche Amphetamine. Diese Amphetamine schmecken selbst nach gar nichts. Aber wenn die richtigen Drogen in hinreichender Konzentration drin sind, dann wird der Geschmack als himmlisch empfunden.

Viele Mechanismen sind sehr komplex. Es werden meist Kombinationen unterschiedlicher Wirkstoffe erzeugt, die sich gegenseitig verstärken. So bremsen beispielsweise Harmane, die beim Toasten entstehen, die sogenannten mischfunktionellen Oxidasen im Körper aus. Bestreicht man seinen Toast mit Orangenmarmelade, so wird die Wirkung des Inhaltsstoffes Synephrin verstärkt. Jetzt kann das Synephrin aus der Schale der Bitterorange beim Frühstück den Blutdruck auf Touren bringen.

Jede Kultur hat ihre Gerichte. Bestimmt durch ihre Ressourcen und die Möglichkeiten, die diese bieten. Wer Hartweizen anbaut, muss ihn anders entgiften als Weichweizen. Hafer anders als Gerste. Dinkel anders als Roggen.

Und wer aus seiner Pasta dann echten Gaumenkitzel erzeugen will, wird die Kochkunst ehren. Nicht zufällig wird aus Tomatenmark bei milder Hitze ganz langsam Sugo. Nur so lassen sich aus den reichlich vorhandenen Reaktionspartnern Tryptamin und Serotonin in Verbindung mit Acetaldehyd, der vor allem in traditionell gereiftem süditalienischem Mark vorhanden ist, stimmungsbeeinflussende Substanzen generieren. Die schnelle Küche würde hier zu nichts führen. Das ist einer der Gründe für den globalen Erfolg der italienischen Küche.

Die Nationalgerichte sind über lange Zeiträume von Millionen von Mägen immer wieder aufs Neue getestet und weiterentwickelt worden. Deshalb ist Ethnofood so erfolgreich. Natürlich geht es dabei um mehr als nur die Entgiftung und die Erzeugung von Opiaten. Typisches Beispiel ist der Zusatz von Chili in tropischen Gerichten. Chilis sind jedoch in den heißen Tropen sehr begehrt, denn sie senken die Körperinnentemperatur. Dadurch wird das Leben in der Hitze erträglicher. Hierzulande bringt ein solches „Gewürz" natürlich nichts. Und schon „schmeckt" es den meisten Menschen nicht.

Essen ist Physiologie. Durch und durch Physiologie. Die Zubereitung von Speisen ist Handwerk. Ein durch und durch traditionelles Handwerk, das sich auf die Erfahrungen von Generationen von Köchen stützt und auf die Zufriedenheit von Generationen von Essern. Wer dieses Handwerk pflegt, dient nicht nur der Kochkunst, er dient dem Wohlbefinden und damit unserer Gesundheit. Die gute Küche gibt den Menschen Heimat.

Was das Saarland anrichtet ...

Saarland
mit grenzenlosem Charme

... gefällt dem Genießer!

Auf vielen Tellern haben die saarländischen Nachbarn ihre delikaten Einflüsse hinterlassen. Hinzu kommt das Erbe der bergmännischen Hausmannskost. Entstanden ist daraus eine außergewöhnliche kulinarische Vielfalt und Qualität, die das Saarland als wahre Genussregion qualifiziert. Saarländer genießen das schon lange, Gäste von außerhalb wissen es mehr und mehr zu schätzen. Wie und wo Sie die kulinarischen Seiten des kleinen charmanten Landes neben einem Restaurant-Besuch erleben, entdecken und vor allem schmecken können, zeigen Ihnen die folgenden Seiten.

Information und Buchung:
Tourismus Zentrale Saarland GmbH,
Franz-Josef-Röder-Str. 17, 66119 Saarbrücken,
Tel.: +49 (0)681/927 20-0, Fax: +49 (0)681/927 20-40,
E-Mail: info@tz-s.de, www.kulinarisches.saarland.de

Fotos: Bilddatenbank der Tourismus Zentrale Saarland GmbH,
www.tourismus.saarland.de

Kulinarische Erlebnisse

Was gibt es Schöneres, als immer wieder neue, köstliche Erfahrungen zu sammeln? Geführte Wanderungen durch schmackhafte Landschaften, kulinarische Stadtführungen, den Produzenten bei Betriebsbesichtigungen über die Schulter schauen, professionell angeleitete Kochkurse und kulinarische Events das ganze Jahr über – Genießer kommen im Saarland voll auf ihre Kosten!

Kulinarische Wanderungen – Wandern mit Genuss-Garantie

Ein Stück Urlaub versprechen Wanderungen durch die saarländische Naturlandschaft, bei denen der Genuss im Vordergrund steht – die Verköstigung oder Sammlung kulinarischer Köstlichkeiten am Wegrand inbegriffen!
Das Weingut Schmitt-Weber (www.schmitt-weber.de) führt Sie beispielsweise auf eine kulinarische Wanderung mit einem Winzer. Auf dieser grenzüberschreitenden Wandertour lernen Sie Spezialitäten aus drei Ländern kennen und lassen den erlebnisreichen Tag in der gemütlichen Weinprobierstube ausklingen.

Saarland
mit grenzenlosem Charme

Tafeltouren – Wandern und Schlemmen auf eigene Faust

Die „Saarland Tafeltouren" sind besondere Premiumwanderwege, bei denen Sie auf ausgewählten Rundwegen unterwegs sind und den Tag mit einem Streifzug durch die hervorragende regionale Küche abrunden können. Alle Tafeltouren finden Sie unter www.wandern.saarland.de

Löwenzahnwanderungen, Wildkräuterwanderungen, Schlemmerführungen und Pilzexkursionen sind nur einige Angebote, die regelmäßig im Naturpark Saar-Hunsrück angeboten werden. Alle kulinarischen Termine finden Sie im Online-Veranstaltungskalender des Naturparks (www.naturpark.org). Die herbstliche Pilzwanderung im „Urwald vor den Toren der Stadt" vermittelt viel Wissen über die kleinen Zwerge im Wald – im Anschluss wartet ein Pilzgericht auf die Wanderer (www.saar-urwald.de).

Das UNESCO-Biosphärenreservat Bliesgau erschließt sich dem Besucher ebenfalls über Wanderungen als besonders schmackhafte Landschaft, z.B. über Bärlauchwanderungen oder kulinarische Wanderungen mit Honigverkostungen oder der Verkostung alter Apfelsorten (www.saarpfalz-kreis.de/urlaub).

Die Termine für kulinarische Wanderungen finden Sie alle im Online-Veranstaltungskalender unter www.tourismus.saarland.de oder auf den jeweiligen Internetseiten der Veranstalter.

Erleben Sie den Charme und Flair der saarländischen Städte in einer kulinarischen Stadtführung oder auf eigene Faust.

Kulinarische Stadtführungen

Auf kulinarischen Streifzügen durch die saarländischen Städte erfahren Sie eine Menge über die Städte selbst und die hiesige Küche.

Während den unterhaltsamen Stadtführungen in Saarbrücken (www.saarbruecken.de) oder Saarlouis (www.gigajaeck-reisen.de) kehren Sie in unterschiedlichen Restaurants ein und genießen dort jeweils einen Gang des gesamten Abend-Menüs.

Kultur und Genuss verbinden sich ebenfalls eindrucksvoll in den Städten entlang der Barockstraße: Auf einem kulinarischen Stadtrundgang durch das barocke Blieskastel begleitet Sie die Stadtführerin Gräfin Marianne von der Leyen. Gereicht werden kleine Anekdoten, historische Informationen und original barocke Spezialitäten (www.barockstrasse-saarpfalz.de).

Schlemmen wie die Römer ...

... das können Sie auch heute noch in authentischer Umgebung in der Römischen Villa Borg. Nach ein paar Wohlfühlstunden im Römischen Bad wird Ihnen ein original römisches 3-Gang-Menü serviert. Das Angebot ist ein Gruppen-Angebot und kann über die Tourismus Zentrale Saarland gebucht werden.

Veranstaltungen für Genießer

Von A wie Apfel bis W wie Wild finden das ganze Jahr über kulinarische Events im Saarland statt. Dabei kommen Genießer voll auf ihre Kosten. Die Termine für die hier aufgeführten Events sowie weitere kulinarische Veranstaltungen finden Sie unter www.tourismus.saarland.de

Bettsäächer-Tage im Naturpark Saar-Hunsrück (März/April)

Während der Bettsäächertage bieten die Eichenlaubwirte, Mettlacher und Orscholzer Gastronomen sowie teilnehmende Betriebe in den Naturpark-Gemeinden und entlang des Saar-Hunsrück-Steigs Gerichte rund um den Löwenzahn an. Geführte Wanderungen, Workshops und Märkte umrahmen die Aktionstage.
www.naturpark.org

Bliesgau-Lammwoche (Oktober)

Während der Bliesgau-Lammwoche kommen Sie in den Genuss von bester Lammfleischqualität aus dem Bliesgau, angeboten in vielen Variationen und fein zusammengestellten Menüfolgen von 11 Spitzenköchen. Begleitet wird die Lammwoche von einer imaginären Biosphären-Wanderung. Lassen Sie sich überraschen! www.kunstschaefer.de

Kulinarische Wochen an der Viezstraße (Oktober)

Von Wallerfangen über den Saar-Mosel-Gau bis hinauf nach Konz dreht sich fast alles um den Apfel. Erleben Sie die Viezstraße in ihrem Hauptveranstaltungsmonat Oktober, z.B. während des Merziger Viezfestes oder des großen Saargau-Äppelfeschd in Tettingen-Butzdorf, Borg, Eft und Sinz.
www.viezstrasse-online.de

Hochwälder Wildwoche (November)

In den Gemeinden des Hochwalds dreht sich im November alles um das Thema Wild. Gastronomen, Jäger sowie die Gemeinden laden dazu ein, neue Wildgerichte und interessante Aktionen zu entdecken. Acht Restaurants verwöhnen die Gäste mit heimischen Wildspezialitäten. www.wadern.de

Geschenke für jeden Geschmack

Genießer-Kisten

Die Bliesgau-Kiste

Gefüllt mit hochwertigen regionalen Produkten aus dem Biosphärenreservat eignet sich diese Kiste als individuelle Geschenkidee. Zur Produktpalette gehören z.B. der Bliesgau-Apfelsaft und Apfelsecco, verschiedene Wurstsorten, Kürbisspezialitäten, eingelegtes Gemüse und Gemüsesäfte, Mariendistel- oder Leindotteröl. Nach Ihren Wünschen werden die Bliesgau-Kisten als herzhafte, süße oder alkoholfreie Variante zusammengestellt.

Weitere Infos:
Erika Schunck
Tel.: +49 (0)6842/56 97
E-Mail: familie.schunck@gmx.de

Saarvoirvivre Freundschaftskiste

Eine kulinarische Völkerverständigung! Inhalt: Eine Terrine Artisanale Lorraine aux Mirabelles 200 g, ein Chutney d'oignons rouges au vin de Moselle 50 g, ein exzellenter Wein aus dem Elsass 0,75 l, zwei saarländische Stubbi-Biere 0,33 l, ein saarländischer Senf aus Senfkörnern aus dem St. Wendeler Land und eine Bioland Wurst aus dem Bliesgau.

Weitere Infos:
Die Heimat Manufaktur
Tel.: +49 (0)681/68 50 947
www.heimat-manufaktur.de

Lokalwarenkiste

Die Lokalwarenkiste beinhaltet einen interessanten Querschnitt von Produkten der Erzeuger mit ihren jeweiligen saisonalen Angeboten aus dem Lokalwarenmarkt St. Wendeler Land. Kisten mit Delikatess-Nudeln, Fruchtaufstrichen und heimischem Honig, Wurstspezialitäten, Ölen, herzhaftem Käse und vielem Mehr erhalten Sie in verschiedenen Preisklassen.

Weitere Infos:
WZB gGmbH Wendelinushof
Tel.: +49 (0)6851/939 87-0
www.lokalwarenmarkt.de

Kochkurse – Kochen wie die Profis

Kochkurse sorgen für frischen Wind in der heimischen Küche. Verschenken Sie einen genussvollen Abend in schönem Ambiente oder lassen Sie sich selber von unseren Kochprofis in die Geheimnisse ihrer Küche einweihen. Angeboten werden unterschiedliche Kurse z.B.
von **Frank Seimetz** (www.die-genussfabrik.de),
Kai Mehler (www.kochkultour.de),
Malte Mehler (www.malte-kocht.de) oder
Michael Buchna (www.hotel-saarschleife.de).
Ein besonderes Erlebnis sind die Grill-Kurse von Vize-Grill-Weltmeister **Thomas Zapp** und seinem Team (www.grill-maeschda.de).

Kulinarische Lektüren

In unseren kulinarischen Kochbüchern finden Sie eine große Auswahl an reizvollen Rezepten aus der traditionellen, rustikalen, festlichen und eleganten saarländischen Küche. Außerdem erfahren Sie nebenbei viel Wissenswertes über die kulinarische Tradition und Geschichte des Saarlandes. Wir wünschen viel Spaß beim Nachkochen!

Dialekt schmeckt

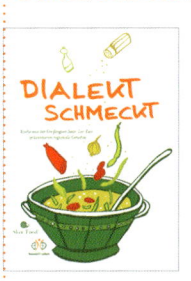

Dieses Buch führt Sie auf kulinarische Reisen durch regionale Kochkulturen. Die Bewahrung regionaler Geschmacksvielfalt zeichnet die beteiligten Köche im Sinne der Slow-Food-Philosophie aus. Deren Kunst, auf traditionelle Art und Weise die Gaumen ihrer Gäste zu beglücken, können Sie am eigenen Herd mit mehr als 40 Rezepten nachvollziehen.

5,00 €

Planet Barbecue

Steven Raichlen, der amerikanische Grill-Guru, hat sich auf kulinarische Weltreise in mehr als 50 Länder begeben. Mitgebracht hat er über 200 neue Rezepte, außergewöhnliche Fotos und Hintergrundinformationen – auch zur saarländischen Schwenk- und Grill-Kultur.

19,99 €

Eine kulinarische Entdeckungsreise durch das Saarland

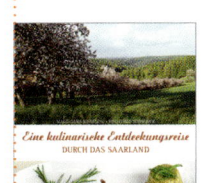

Auf 130 Seiten werden verschiedene Restaurants mit ausgewählten Rezepten vorgestellt. Neben ursprünglichen Häusern, die traditionelle Gerichte wie „Verheiratete" oder „Dibbelabbes" anbieten, lassen sich auch mehrere Sterneköche und ein Europameister der Patisserie über die Schulter schauen.

24,90 €

Kulinarisch 2011

In unserem kostenlosen Katalog „Kulinarisch" finden Sie weitere kulinarische Geschenktipps, Adressen und Arrangements für Genießer. Gerne machen wir Ihnen damit noch mehr Appetit auf die genussreichen Seiten des Saarlandes. Einfach anfordern unter www.tourismus.saarland.de

Diese und viele weitere Kochbücher finden Sie in unserem Online-Shop unter www.tourismus.saarland.de Sie können die Bücher über den Shop oder direkt bei der Tourismus Zentrale Saarland bestellen. Rufen Sie uns einfach an (+49 (0)681/927 20-0) oder schreiben Sie uns eine E-Mail (info@tz-s.de).

Saarland GENUSS REGION

Genuss Region Saarland

Hinter der kulinarischen Vielfalt und Qualität, die das Saarland zu bieten hat, stehen viele Akteure mit ihrem Können und Engagement: Neben Köchen sind das zum Beispiel Winzer, Metzger, Bäcker oder Milchbauern. Sie alle stehen für qualitativ hochwertige Produkte, die regionaltypische saarländische Küche und kulinarische Erlebnisse. Gemeinsam stark als Partner auftreten, das ist das Ziel der Initiative „Genuss Region Saarland".

Die Genuss-Macher

Die Initiative vereint verschiedene landwirtschaftliche Betriebe, Genuss-Veredler wie Ölmühlen oder Marmeladenhersteller ebenso wie Hotellerie- und Gastronomiebetriebe. Die Genuss-Partner arbeiten gemeinsam daran, regionale Produkte aus dem Saarland frisch auf den Tisch zu bringen und saarländische Gerichte oder Getränke auf den Speisekarten zu platzieren. Die Zusammenarbeit der Betriebe ist dabei der entscheidende Vorteil: Wie sonst kämen die Äpfel von den Streuobstwiesen in die Flaschen, das Bliesgau-Lamm von der Weide auf den Tisch oder die zu Frischkäse veredelte Ziegenmilch vom Hof als ausgefallene „Crème brûlée vom Ziegenfrischkäse" in das Drei-Gang-Menü?

Sie erkennen die Genuss-Partner und deren Angebote an dem Logo der „Genuss Region Saarland". Das Netzwerk der Genuss-Partner erweitert sich stetig; eine aktuelle Auflistung aller Genuss-Partner finden Sie unter www.kulinarisches.saarland.de

Echt Saarländisch – Regional ist erste Wahl

Gemeinsam reagieren die beteiligten Betriebe auf die verstärkte Nachfrage der Kunden nach typisch „Saarländischem". Denn Einheimische und vor allem Gäste aus dem In- und Ausland – ob Wanderer, Radfahrer oder Kulturbegeisterte – zeigen mehr und mehr Interesse an regionalen Spezialitäten und Genusserlebnissen.

Die Grumbeere (Kartoffel), verschiedene Obstsorten wie Mirabellen oder Mispeln, Bettsäächer, Bachsaiblinge, der berühmte Lyoner und das Bliesgau-Lamm – sie alle sind Beispiele für typisch saarländische Erzeugnisse, die von den Genuss-Partnern eigens hergestellt werden. Die Genuss-Gastwirte bereiten daraus typisch saarländische Gerichte zu, die auf ganz traditionelle Weise angeboten werden oder in innovativen Kreationen Eingang finden. Vor allem die Vielfalt der saarländischen Gastronomie sollen die Gäste erleben können – von der bodenständigen Küche bis hin zu ausgefallenen Kompositionen.

Hauptsach' gudd gess ...

... heißt es zweimal im Jahr bei den kulinarischen Aktionen der „Genuss Region Saarland". Zudem sind viele Genuss-Partner auf weiteren Märkten und Veranstaltungen inner- und außerhalb des Saarlandes im Auftrag des grenzenlosen Genusses unterwegs. Termine zu Festen, Führungen und Feinschmeckerabenden, bei denen Ihr Gaumen die eine oder andere freudige Überraschung erleben wird, finden Sie unter www.kulinarisches.saarland.de

INTERVIEW MIT CHRISTIAN BAU
***-Sterne Koch

Christian Bau ist seit April 1998 Küchenchef des Victor's Gourmet-Restaurant Schloss Berg in Perl-Nennig. Seine Kochkunst wurde mit drei Sternen ausgezeichnet.

Rolf Klöckner: In den letzten Monaten liest man in den Fachorganen oder Restaurantlisten, eine Wachablösung in Deutschland hätte stattgefunden. Ganz vorne dabei in den Ranglisten: Christian Bau, Klaus Erfort und Joachim Wissler ...

Christian Bau: Ich weiß nicht, ob eine Wachablösung stattgefunden hat. Wir sprechen immer noch von großen Namen, die mehr denn je im Saft stehen. Ich hab wöchentlich Kontakt zu Harald Wohlfahrt, der ehrgeizig ist und unverändert alles tut, um seine Gäste glücklich zu machen.

Sicherlich ist ein neues Zeitalter angebrochen, ob die Wachablösung vollzogen ist, stelle ich hier jetzt erstmal in Frage. Ich sehe das nicht so! Wenngleich, es gibt eine neue Generation von Spitzenköchen, aber auch eine neue Generation von Gästen und Journalisten, die natürlich Neues herbeiführen. Das ist im Sport so, in der Medienwelt und auch in den Küchen. Nehmen wir als Beispiel aus der Medienwelt Wolfram Siebeck. Da sind jetzt neue Kritiker da, die auch etwa mit dem Internet arbeiten. So sind es heute Professor Ingo Scheuermann oder Christian Stromann, die ihre Blogs im Internet haben mit immens vielen Lesern. Ihre Leser sind dadurch immer ganz aktuell informiert und besuchen dann auch die Restaurants, die dort positiv beschrieben werden. Heute geht alles viel schneller, die Zeit hat sich geändert. Früher gab es ein paar Feinschmeckerbibeln mit einer Haltbarkeit von einem oder mehreren Jahren, das ist heute viel rasanter geworden. Das bedeutet ja nicht, dass die Kollegen, allen voran Harald Wohlfahrt, schlechter kochen, um Gottes Willen: Es ist eine andere Zeit, auch ein anderes Publikum. Natürlich haben sich auch die Journalisten verändert, es hat sich eine neue Generation von Gästen entwickelt, die vielleicht auch ein anderes Anforderungsprofil an ein Restaurant und deren Küche stellen.

Rolf Klöckner: Was bedeutet dies für Ihre tägliche Arbeit?

Christian Bau: Wir, mit unserm Restaurantkonzept, mit unserer Küche, mit unserer Servicekultur und Weinkultur sprechen dann wohl ein jüngeres Publikum an. Ältere Journalisten und ältere Gäste haben da vielleicht noch andere Prioritäten. Das ist auch ein Konflikt, der bei weitem noch nicht beendet ist.

Rolf Klöckner: Wir sind uns sicherlich einig, dass Witzigmann, Wohlfahrt und auch Winkler in Deutschland Herausragendes geleistet haben?

Christian Bau: Ich habe vor ein paar Wochen zum Jubiläum seines Restaurants bei Heinz Winkler gekocht. Dabei waren auch Eckart Witzigmann, Harald Wohlfahrt, Marc Haeberlin. Es waren alle großen Namen da! Heinz Winkler hatte das Jubiläumsmenü ausgeschrieben und er hatte 1500 Anfragen. Das muss man sich mal vorstellen! Oder auch die Traube Tonbach, sie haben treue Gäste, die deren Kochkunst in den höchsten Tönen, zu Recht, loben! Harald Wohlfahrts Traube Tonbach ist immer noch das am meisten gebuchte deutsche Restaurant. Deshalb von Wachablösung zu sprechen? Dann müsste Schloss Berg fünf Tage mittags und abends voll sein, da müsste Klaus Erforts Gästehaus auch fünf Mal die Woche ausgebucht sein, bei Amador, Elversfeld, Wissler, wie sie alle heißen, auch dort. Das schafft annähernd nur Harald Wohlfahrt.

Rolf Klöckner: Ferran Adrià hat im Sommer 2011 sein Restaurant geschlossen. Wie bewerten Sie das?

Christian Bau: Man muss das respektieren. Jeden Tag diese Leistung auf diesem Level zu bringen mit der rasenden Geschwindigkeit und Kreativität, mit der er arbeitete, da brennt man irgendwann mal aus. Das merkt man ja an sich selbst. Ich habe in den letzten zwei Jahren versucht, extrem anders zu werden. Auch andere Einflüsse zuzulassen, hab dann natürlich im kreativen Prozess vieles angestoßen. Wenn man aber auf Hochleistung arbeitet, sich dabei neu erfinden will, und das hat Ferran Adrià ja jedes Jahr gemacht, dann brennst Du aus. Ich kenne ihn als Kollegen, hab ihn auch schon mehrfach im eigenen Restaurant genossen, auf manchem Symposium erlebt. Der Mann ist so kreativ, dass er sich jetzt zu Recht eine Pause nimmt! Er hat die Weltküche beeinflusst wie kein Anderer! Auch nachhaltig! Er hat alles in Frage gestellt, hat neue Kreationen geschaffen. Die Nachhaltigkeit, um die es da geht, die werden wir erst in Jahren bemerken. Ich war nie bekennender Fan von ihm, als Mensch ja, ich mag ihn, er ist ein ganz feiner Mensch. Ich war nie ein Fan der Molekularküche. Ich hatte unlängst ein freundschaftliches Gespräch mit Harald Wohlfahrt. Er meinte, vor fünf, sechs Jahren habe er

WWW.CHRISTIAN-BAU.DE

die Espumaflaschen verteufelt. Heute gehört dies zum Alltag eines Kochs. Wieso? Weil du ganz einfach bessere Ergebnisse erzielst! Heute kannst du eine Sauce hollandaise aus der Espumaflasche machen, die noch viel schaumiger, viel lockerer ist als eine herkömmliche. Adrià hat Möglichkeiten aufgezeigt, die Du vorher nicht hattest! Er hat das angestoßen und dafür ist er für mich der größte Revoluzzer der neuzeitlichen Küche.

Rolf Klöckner: Was ist schwieriger, drei Sterne zu bekommen oder sie zu halten?

Christian Bau: Die drei Sterne zu halten ist natürlich schwierig. Doch durch das Erreichen der drei Sterne, und darüber spricht niemand, ist auch vieles einfacher!

Denn vieles wird auch leichter. Es ist wie im Fußball. Wenn du Meister geworden bist, dann wollen auch Superstars bei Dir spielen. Du hast ein anderes Publikum, kannst teure Logen verkaufen. Du spielst international, hast zusätzliche Einnahmen. Du hast in allen Bereichen, auch betriebswirtschaftlich, andere Möglichkeiten.

Herr Ostermann wollte ein Drei-Sterne-Restaurant nicht des Habitus wegen, er wollte es wegen der Werbewirksamkeit und der Betriebswirtschaftlichkeit. Ich sehe das unter anderen Gesichtspunkten, ich wollte mich verwirklichen! Für uns Köche ist es die Krone, die uns aufgesetzt wird! Es ist natürlich schwierig, drei Sterne zu erreichen, und es ist natürlich schwierig, sie zu halten! Ich empfand es schwieriger, sie zu erreichen.

Rolf Klöckner: Wie lange haben Sie gebraucht?

Christian Bau: Von null auf drei brauchte ich sieben Jahre. Und ich war vorher nirgendwo Küchenchef.

Rolf Klöckner: Aber Souschef bei Wohlfahrt … das ist auch so was wie Küchenchef!

Christian Bau: (lacht) … Ja! Ja! Doch es war etwas anderes, alles alleine hinzukriegen. Schauen Sie mal, in Deutschland haben wir 18 Zwei-Sterne-Restaurants. Und von diesen träumen sicherlich 15 davon, den dritten Stern zu bekommen. Von diesen 15 werden es 95 % nie erreichen. Und sie wissen nicht warum! Es gehört auch Demut dazu, Glück und Dankbarkeit. Ich durfte sie bekommen, aus welchen Gründen auch immer! Natürlich haben wir es uns erarbeitet. Aber, alles ist subjektiv! Ich bin dankbar, dass es so kam. Der ehemalige deutsche Michelin-Chef, Alfred Bercher, heute in Rente, kommt immer noch hierher. Wir haben auch öfters miteinander gesprochen. Bei uns habe alles gepasst, er hat uns als Ehepaar gut gefunden, ihm hat die Küchenrichtung gut gefallen. Deshalb fuhr er nach Paris und hat uns vorgeschlagen! Dies wurde dann abgesegnet.

Rolf Klöckner: Was kam da als junger Mensch, mit 34 Jahren, alles auf Sie zu?

Christian Bau: Ich sage Ihnen ganz offen, man ist maßlos überfordert!

Auf Dich strömen alle möglichen Dinge ein, die du so nicht erwartest! Du träumst noch nicht mal davon. Ich hatte ja in der Traube schon viel erlebt, ich war aber nicht Chef. Die Reservierungszahlen verdoppelten sich, die Ansprüche der Gäste stiegen. Als Chef erlebst du das aber alles viel extremer!

Du hast das tägliche Gespräch mit Journalisten und Gästen. Da kamen Dinge auf mich zu, es hätte auch nicht so weitergehen können, wie anfangs nach dem dritten Stern. Es hat nicht viel gefehlt und ich hätte den Bettel hingeschmissen.

Rolf Klöckner: Echt?

Christian Bau: Da kommen ältere Leute rein, mit Zigarre in der Hand, damals war ja Rauchen noch erlaubt, und sagen: „An diesem Tisch hier werde ich nicht sitzen. Geben Sie mir einen anderen Tisch oder ich gehe! Ich will den Geschäftsführer sprechen." Dann stehst du als 34-jähriger vor einem älteren Herrn mit einer Cohiba in der Hand. Du versuchst mit freundlichen Worten, das Problem zu lösen. Doch es gibt einfach Leute, die sich respektlos und unmöglich verhalten. Da muss man sich ganz klar positionieren. Gott sei Dank hat mir Herr Ostermann immer alle Freiheiten übertragen. Er hat mich sogar in meinen Entscheidungen immer bestärkt! Er sagte immer zu mir, wenn Leute Sie, Ihre Frau und Ihre Mitarbeiter beschimpfen, schmeißen Sie diese Menschen raus. Ich habe einige Leute rausgeschmissen, ich sage es Ihnen ganz ehrlich.

Herr Ostermann und vor allem Frau Kleehaas haben mich immer bedingungslos unterstützt. Ich bin auch Frau Kleehaas sehr dankbar, sie hat unser gemeinsames Projekt entscheidend mit auf den Weg gebracht. Die beiden haben immer ein offenes Ohr für mich.

Rolf Klöckner: Wie war dann Ihre weitere Entwicklung?

Christian Bau: Durch diese Unterstützung von Frau Kleehaas und Herrn Ostermann konnte ich mich entwickeln! So erarbeitete ich mir ein klares Auftreten, eine andere Rhetorik und Selbstsicherheit. Ohne Überheblichkeit.

Rolf Klöckner: Wie stellt sich Ihr Leben, Ihre Arbeit heute dar?

Christian Bau: Ich habe mich freigeschwommen, jetzt ist alles viel spannender! Daraus schöpfe ich meine Motivation. Mich jeden Tag ein Stück weit verwirklichen zu können. Jeden Tag neue Anforderungen erfüllen zu müssen, jeden Tag interessante Leute kennenzulernen. Das macht auch den Reiz aus! Von den Idioten habe ich mich freigemacht und durch die drei Sterne kommen sehr viele interessante Menschen in unser Haus. Ich habe heute ein fachkundiges Publikum und hervorragendes Personal. Dadurch ist es heute auch leichter.

Rolf Klöckner: Das habe ich so noch nie gehört.

Christian Bau: Wenn ich Ihnen die Zahl sage, wie gestern Abend unsere Belegung war, wundern Sie sich. Dann weiß ich, ich kann morgen gut einkaufen. Früher erreichten wir solche Zahlen nur vor Weihnachten. Wenn Du nichts in der Kasse hast, dann hast du ein Problem, gute Produkte zu kaufen. Wissen Sie, das ist ja oft eine Spirale. Ich habe meine Lieferanten, die mich heute mit guten, teuren Produkten versorgen.

Rolf Klöckner: Wie sehen Sie heute Ihre Küche?

Christian Bau: Bei uns gibt es immer noch eine französische Küche, weil die Produktauswahl, die Fonds, die Vinaigrettes, die Saucen immer noch traditionell hergestellt werden! Eine Taube bei uns wird ausgelöst und aus den Karkassen wird dann die Sauce gekocht. Darin sind wir noch Traditionalisten. Allerdings lasse ich die Einflüsse aus aller Welt zu. Dies beinhaltet die Küchentechnik, die Geschmacksbildung, die Gewürze, aber auch, was die Produkte anbelangt. Vor Jahren wäre es undenkbar gewesen, ein Gericht zu kochen, in dem Ingwer, Pak Choi und anderes drin ist.

Rolf Klöckner: Herr Bau, wie sind Sie als Privatperson?

Christian Bau: Ich habe mit meiner Frau Yildiz ein großes Hobby: Reisen. Wir haben viele Fleckchen dieser Erde gesehen. Von rund 90 Drei-Sterne-Häusern auf der Welt waren wir in Zweidritteln dieser Restaurants. Dadurch haben wir viel gesehen, wir besuchen auch gerne Märkte. Da findet Inspiration statt. So bauen wir mal eine thailändische Frucht ein, ein asiatisches Gewürz und so weiter.

Wir beobachten viel in diesen Ländern: riechen, schmecken, erkunden diese Küchen und Produkte. Doch die Gliederung meiner Küche ist noch ganz traditionell. Wir arbeiten heute allerdings deutlich weltoffener, was die Produkte und Geschmacksbilder betrifft. Wir wollen auch entschlackt kochen, mit weniger Fett, bekömmlich kochen. Bei uns soll ein Gast sagen, auch nach 20 Tellern: „Ich habe gut gegessen, ich habe viel gegessen, aber ich fühle mich wohl."

Ich schätze Bocuse sehr, aber als ich das erste Mal bei ihm gegessen habe, konnte ich nachts nicht schlafen. Er hatte es gut gemeint, aber es war mir zu viel.

Rolf Klöckner: Mir auch. Als ich dann 1982 las, er würde eine leichte, neue Küche zelebrieren, musste ich lachen …

Christian Bau: Ja, es war aber bei ihm ganz großes Kino, doch nach dem dritten Gang war bei mir Feierabend.

Rolf Klöckner: Stimmen Sie mir zu, dass wir festhalten können, dass die „steifen Zeiten" vorbei sind?

Christian Bau: Absolut! Vor Jahren hätte ich mit schwarzer Hose und Krawatte hier gesessen, heute in Jeans. Man muss auch das leben, was man selber ist. Entweder das Unternehmen, die Mitarbeiter, die Gäste und die Journalisten kommen damit zurecht oder sagen: „Mensch, der hat ja ein Tattoo am Arm und da sitzt er in der Jeanshose oder in Turnschuhen oder sonst was."
Ich bin nun mal so, schön ist, was gefällt, und man sollte immer gegenseitig Respekt vor dem Andern haben, die Journalisten vor den Gastronomen, die Gastronomen vor den Gästen, die Gäste aber auch vor den Journalisten … wenn Respekt da ist, dann ist alles wunderbar!

Rolf Klöckner: Ihrem Haus sind noch ein herrliches Hotel und eine Spielbank angeschlossen. Kommen von da noch Gäste Siebeckscher Prägung?

Christian Bau: Mit der Klientel der Spielbank haben wir nichts am Hut. Das ist eine andere Klientel. Am Anfang war das noch in Ordnung, da hat sich das ein klein wenig gegenseitig befruchtet. Wir haben früher auch Jetons ausgegeben. Doch die Gäste in den Spielcasinos haben sich extrem verändert. Da will auch niemand mehr mit Schlips reingehen und hier im Dreiländereck kommen diese Leute auch in kurzen Hosen und mit Badesandalen.

Anders beim Schwesterhotel gegenüber. Wir als Flaggschiff des Unternehmens ziehen Golfer und Businessgäste an. Das ist doch schön. Wir ziehen Gourmetreisende an, aber auch junge Leute, in Jeans und Sakko, die bei uns das große Menü essen. Wir sind breit aufgestellt und wollen keinen dieser Gäste verprellen.

Rolf Klöckner: Ich habe heute zum dritten Mal Ihre neuen Kücheninterpretationen genießen dürfen. Ich bin noch viel begeisterter als beim ersten Mal. Sie sind noch gar nicht angekommen, die Reise hat erst begonnen …

Christian Bau: Ich betrachte dies natürlich als ständige Weiterentwicklung! Ich meine das nicht nur von meinem Charakter, ich beziehe das auf mein Handeln. Mit 40 Jahren ist man ja nicht am Ende seiner Weiterentwicklung! Ich lerne jeden Tag neu hinzu. Ich lerne hinzu durch unsere Gäste, durch unsern Alltag, ich lerne aber auch hinzu durch meine Mitarbeiter.

Wenn ich mit vierzig schon angekommen wäre, das wär doch schlimm …

WWW.CHRISTIAN-BAU.DE

KUNZ THEATRE Dinnershow im Spiegelpalais

Die „THEATRE-Dinnershow" ist eine Herausforderung der besonderen Art. Einerseits kulinarisch: Geht es doch darum, an den vorgesehenen 62 Spielabenden jeweils 300 Gästen ein Menü zu zelebrieren, das auch höchsten Ansprüchen genügt.

Dafür stehen neben dem Meister ein Team von ca. 30 Personen in der Küche und im Service parat, angeführt von Alexanders Frau Anke, die ihrerseits für die Auswahl der Weine nicht nur im Spiegelpalais, sondern auch im heimischen Restaurant verantwortlich zeichnet.

Oben:
Alexander Kunz
und sein Team

Unten:
Schillerndes
Ambiente im
Spiegelzelt

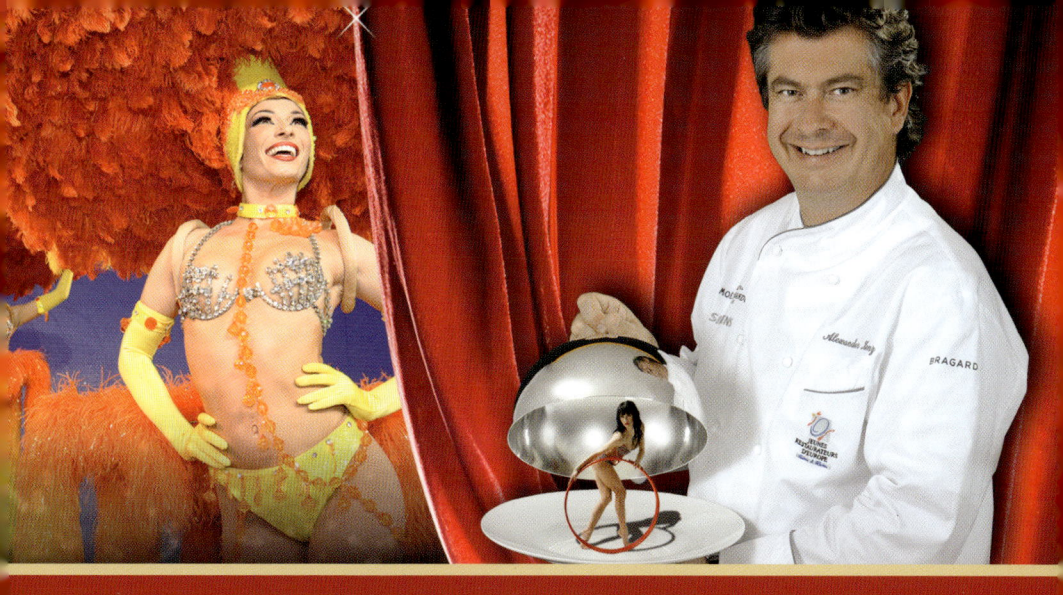

Auch das Progamm ist ein Hochgenuss! Leidenschaftliche Gesangseinlagen, traumhaft schöne und verführerische Revue-Tänzerinnen und ausdrucksstarke Körperkunst sind Elemente des atemberaubenden Abends, der einerseits zum Erstaunen und andererseits zum herzhaften Lachen einlädt.

MENÜ / MENÜ VEGETARISCH

Preise:

November

	Manege	Rang/Loge
Mi	109,- EUR	89,- EUR
So, Do	119,- EUR	99,- EUR
Fr, Sa & v. F.	135,- EUR	119,- EUR

Dezember/Januar

	Manege	Rang/Loge
Di	109,- EUR	89,- EUR
So, Mi, Do	119,- EUR	99,- EUR
Fr, Sa & v. F.	135,- EUR	119,- EUR
Silvester	199,- EUR	179,- EUR

Tickets & Infos:
01805 22 55 44
0,14 Cent/Minute aus dem deutschen Festnetz, evtl. abweichende Mobilfunkpreise

www.kunz-theatre.de

L'ARNSBOURG
Cathy & Jean-Georges Klein

18, Untermuhlthal · F-57230 Baerenthal
Fon: +33 3 87065085 · www.arnsbourg.com

Über Generationen hinweg, versteckt im Herzen der Vogesen, führte die Familie Klein ihr Forsthaus bei Bärenthal zu einem heute weltberühmten Restaurant und Hotelleriebetrieb. Ihr Hotel K. ist ein einmaliges Erlebnis, Kleins Ehefrau Nicole leitet es.

Eingebettet in einer malerischen Umgebung, präsentiert der Drei-Sterne-Koch Jean-Georges Klein seine einmaligen kulinarischen Spezialitäten. Dabei verlässt er sich auf seine zeitgenössischen und unverwechselbaren Kreationen, um seine Gäste zu verwöhnen. Aber auch neuen Eindrücken ist das Genie nicht abgeneigt, so kombiniert er die Klassik seiner Zunft mit Spezialitäten aus Frankreich, der Welt, ja dem ganzen Universum.

Mit dem Ausblick auf ein grünes Meer und eine atemberaubende Berglandschaft beginnen alle Sinne gemeinsam mit den Meisterwerken von Jean-Georges Klein ein Spiel, das sich im Laufe eines Essens zu einem unvergesslichen Erlebnis, einem Fest der Sinne steigert. Die Melodie gibt der Ausnahmekoch vor. Es ist kein kleines Lied, es ist eine Symphonie ungewöhnlicher Geschmackseindrücke. Außergewöhnlich.

Jean-Georges Klein Schwester Cathy leitet Service und Keller. In diesem kleinen, verschlafenen Nest in Lothringen befindet sich eines der besten Häuser, nicht nur dieser Region.

Geschlossen
Dienstag · Mittwoch

Fermé
Mardi · Mercredi

Preis ø | Prix ø 120 €

Info Terrasse

Depuis des générations, cachée au cœur des Vosges, la famille Klein a transformé la petite maison forestière près de Baerenthal en un hôtel-restaurant mondialement connu. L'Hôtel K., dirigé par Nicole Klein, propose une expérience unique.

Le chef trois étoiles Jean-Georges Klein y présente ses spécialités culinaires dans un cadre exceptionnel. Il fait confiance à ses créations modernes et incomparables pour étonner et régaler ses clients. Mais le génie n'est pas réticent à la nouveauté, il peut ainsi combiner des influences venant des spécialités françaises ou du monde entier à son savoir-faire.

Avec vue sur une mer de verdure et un paysage de montagne à vous couper le souffle, tous vos sens commencent un jeu qui, avec les chefs-d'œuvre de Jean-Georges Klein, va devenir au fur et à mesure du repas une expérience inoubliable, un vrai festival des sens. Extraordinaire!

La sœur de Jean-Georges, Cathy, dirige le service et la cave. Au creux de ce petit nid douillet, en Lorraine, se trouve une des meilleures adresses de la région, si ce n'est plus!

Mit freundlicher Unterstützung von · Avec l'aimable soutien de

WWW.TOURISMUS.SAARLAND.DE

Geschlossen
Samstagmittag
Montag · Dienstag

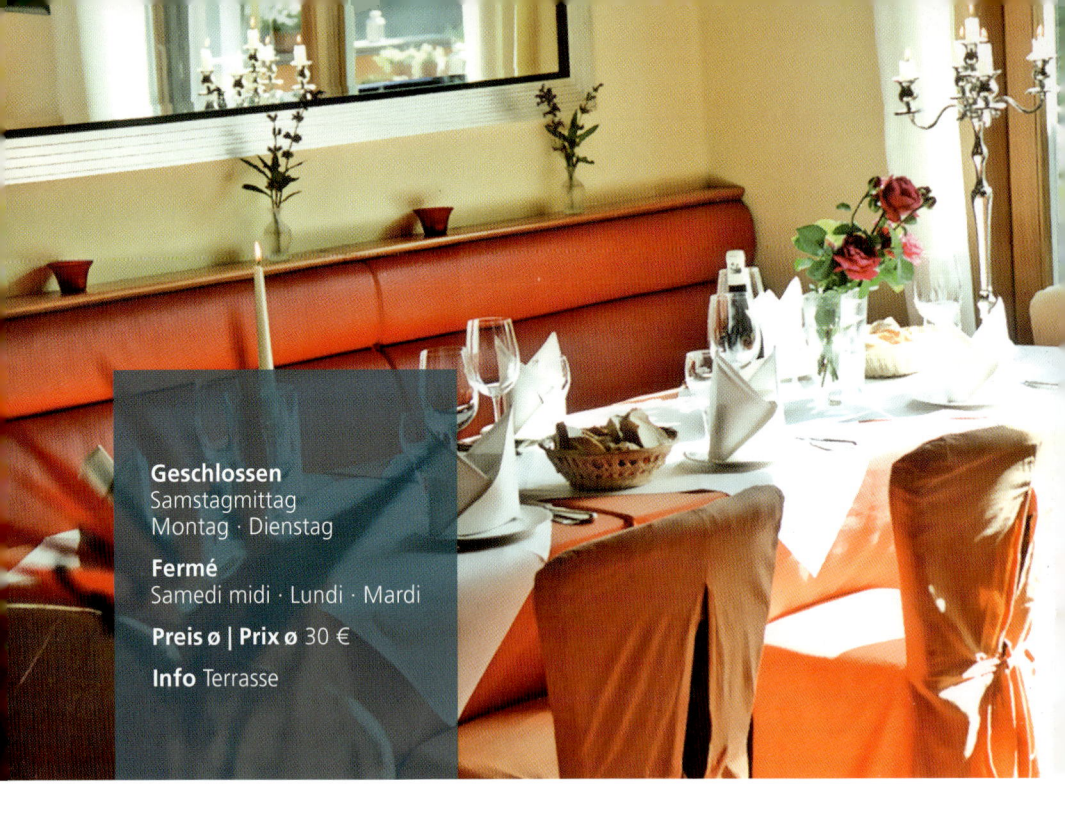

Fermé
Samedi midi · Lundi · Mardi

Preis ø | Prix ø 30 €

Info Terrasse

Willkommen im Wohnzimmer der Gaumenfreuden! Hier leben Natur, Kunst, feines Essen und Liebe zum Wein ganz natürlich zusammen. 500 Meter vom Gipfelkreuz entfernt, direkt am Naturdenkmal „Grauer Stein" führt die Bildhauerin Margret Lafontaine seit April 2003 ein Restaurant, das man an diesem Ort so nicht erwartet.

Hier vereinen sich Genuss, Charme, Wohlfühlambiente und Originalität. Die Atmosphäre ist herzlich, gemütlich und elegant zugleich. Das engagierte Küchenteam interpretiert die ländliche Küche auf eigene und zeitgemäße Weise. Es sorgt für Gaumenfreuden auf der Basis einer mediterranen, französisch beeinflussten Küche mit regionalen Einlagen und kulinarischen Überraschungen.

Bekannt ist Margret Lafontaine auch für ihre hervorragende Weinauswahl. Hier finden Sie immer ein edles Tröpfchen! Sonntags bietet sie hausgebackenen Kuchen, den gerade Wanderer nach einer Tour am Nachmittag zu schätzen wissen. Es ist ein einmaliges Restaurant, denn hier vereinigt sich der Genuss für alle Sinne. So gibt es nach dem Essen auch mal ein Hauskonzert oder die Künstlerin lässt Sie ihre Kunstwerke besichtigen.

ACHTUNG: ab Frühjahr 2012 wird sie ihre kulinarischen Aktivitäten nur noch zwischen Freitagmittag und Sonntagabend anbieten. Die Kunst braucht auch ihre Zeit, nicht nur die Kunst in der Küche …

MARGRETS BAUERNSTUBE
Margret Lafontaine

Litermont 22 · D-66701 Beckingen-Düppenweiler
Fon: +49 6832 800804 · www.litermont.com

Bienvenue dans la maison des délices! Ici cohabitent de manière tout à fait naturelle la nature, l'art, la bonne cuisine et l'amour du vin. A 500 mètres de la croix sommitale, à proximité de la curiosité naturelle «Grauer Stein», la sculptrice Margret Lafontaine tient depuis avril 2003 un restaurant qu'on ne s'attend pas forcément à trouver à cet endroit.

Le bon goût, le charme et une ambiance agréable y règnent. L'atmosphère est charmante, à la fois confortable et élégante. L'équipe de cuisine interprète les plats régionaux à sa façon, tout en restant dans l'air du temps. On se régale d'une cuisine influencée par la France et la Méditerranée, avec des apports régionaux et de bonnes surprises culinaires.

Margret Lafontaine est aussi connue pour sa sélection de vins. On trouve chez elle toujours un bon nectar! Le dimanche, elle propose sa cuisine aux randonneurs. Il s'agit d'un restaurant unique, et tous vos sens en sortent comblés. Parfois, après le repas, se tient un concert, ou l'artiste laisse le client admirer ses œuvres.

ATTENTION : A partir du printemps 2012, son restaurant ne sera ouvert que du vendredi midi au dimanche soir. Margret doit donner de son temps à son art, pas seulement à la cuisine …

Mit freundlicher Unterstützung von · Avec l'aimable soutien de

WWW.TOURISMUS.SAARLAND.DE

LE STRASBOURG
Cynthia & Lutz Janisch

24, rue Teyssier · F-57230 Bitche
Fon: +33 3 87960044 · www.le-strasbourg.fr

Lutz Janisch und seine Frau Cynthia, die der gebürtige Ostdeutsche in deren französischer Heimat kennen und lieben gelernt hatte, hörten 1997 von einem Gasthof in Bitche: Le Strasbourg. Er stand zum Verkauf. Sie besprachen dieses Projekt mit einer Bank und schlugen zu.

Es dauerte nicht lange, und die Restaurantkritiker fanden den Weg nach Bitche. Gilles Pudlowski, der wichtigste französische Restaurantkritiker, kürte Janisch, der aus der Lausitz stammt, zum besten französischen Nachwuchskoch. Im Jahre 2009 bekam er als erster Ostdeutscher in Frankreich den Michelinstern. In Fachkreisen sagt man, ein Michelinstern bedeutet 40 Prozent mehr Umsatz. Nicht nur Bitche stand kopf. In einem Land, in dem die Küche Weltkulturerbe ist, hat diese Leistung einen ganz besonderen Stellenwert. Heute gehört Le Strasbourg zu den besten Restaurants der Region.

Dies liegt auch ganz wesentlich an Janischs Frau Cynthia, Restaurantleiterin und Hotelchefin, die vom Weinkeller bis zur Büroorganisation dem Haus ihren unverwechselbaren Stempel aufgedrückt hat. Lutz Janisch bereitet seine Kreationen mit großem Sachverstand und viel Kreativität zu. Seine zurückgenommene Preispolitik ist auch ein Grund, warum er so viele Stammgäste hat.

Geschlossen
Sonntagabend
Montag · Dienstagmittag

Fermé
Dimanche soir
Lundi · Mardi midi

Preis ø | Prix ø 60 €

Info Terrasse

Mit freundlicher Unterstützung von · Avec l'aimable soutien de

WWW.TOURISMUS.SAARLAND.DE

Geschlossen
Sonntagabend
Montag · Dienstagmittag

Fermé
Dimanche soir
Lundi · Mardi midi

Preis ø | Prix ø 60 €

Info Terrasse

LE STRASBOURG
Cynthia & Lutz Janisch

24, rue Teyssier · F-57230 Bitche
Fon: +33 3 87960044 · www.le-strasbourg.fr

Cynthia a connu son mari Lutz Janisch, natif d'ex-Allemagne de l'Est, en France, où ils ont également appris à s'aimer. En 1997, ils entendent parler d'une auberge à Bitche: le Strasbourg. Il leur était possible de l'acheter. Ils parlèrent du projet avec une banque et ont finalement sauté sur l'occasion.

Cela ne dura pas longtemps avant que les critiques gastronomiques ne trouvent le chemin de Bitche. Gilles Pudlowski, le plus important critique gastronomique français, nomma Janisch, l'Allemand de l'Est, meilleur espoir cuisinier français. En 2009, il reçut en tant que premier Allemand de l'Est son étoile Michelin. On dit souvent dans le milieu gastronomique qu'une étoile au guide Michelin équivaut à 40 pourcents de chiffre d'affaires en plus. Bitche et tout le monde en furent bluffés. Dans un pays où la cuisine fait partie du patrimoine mondial de l'humanité, cette performance a une valeur toute particulière. Aujourd'hui, Le Strasbourg compte parmi les meilleurs restaurants de la région.

Le mérite en revient également à Cynthia, gérante du restaurant et de l'hôtel, qui a marqué la maison de son sceau, de la cave à vins à l'organisation du bureau. Lutz Janisch prépare ses créations avec un savoir-faire énorme et beaucoup de créativité. Sa politique de prix bas est également une des raisons qui fait qu'il a de nombreux habitués.

Mit freundlicher Unterstützung von · Avec l'aimable soutien de

WWW.TOURISMUS.SAARLAND.DE

RESTAURANT KUNZ – KAMINZIMMER
Anke & Alexander Kunz

Kirchstraße 22 · D-66606 Bliesen
Fon: +49 6854 8145 · www.restaurant-kunz.de

Seit über 100 Jahren steht Familie Kunz für kulinarischen Genuss, in Restaurant und Metzgerei. Eine Tradition, der sich auch Sternekoch Alexander Kunz und Ehefrau Anke verpflichtet fühlen. In ihrem Familienbetrieb in Bliesen setzen sie auf ein Erfolgsrezept, dessen wichtigste Zutaten ausgezeichnete Kochkunst, herzliche Gastfreundschaft und gehobene Lebensart sind.

Alexander Kunz kocht seit 1992 erfolgreich im elterlichen Betrieb, welchen er 2002 übernahm. Ich esse gerne hier im Kaminzimmer, das eher an ein Pariser Bistrot erinnert als an ein ländliches Nebenzimmer eines großen Sternerestaurants. Hier brennt ein Kaminfeuer, die roten Lederbänke wirken edel. Es herrscht eine angenehm-gediegene Atmosphäre.

Die Weinkarte lässt keine Wünsche offen, und dann genießen wir Rinderkraftbrühe mit hausgemachten Markklößchen, Wurzelgemüse und gekochter Rinderbrust sowie Froschschenkel in Salzbutter gebraten mit gestoßenem Knoblauch, Petersilie, Kräuterbaguette und Salat. Danach kommen wir bei Rehragout mit Apfel-Rotkohl, Preiselbeeren und Spätzle oder Kalbsnieren in Meaux-Senfsauce mit grünen Bohnen und breiten Bandnudeln ins Schwärmen. Wenn regionale Küche in Bistrotatmosphäre, dann bitte schön so, wie sie hier in der Nähe des Bostalsees, bei Kunz, zelebriert wird …

Geschlossen
Montag · Dienstag · Samstagmittag

Fermé
Lundi · Mardi · Samedi midi

Preis ø | Prix ø 30 €

Info Terrasse

Depuis plus d'un siècle, le nom de la famille Kunz est synonyme de bon goût, de régal, dans le restaurant comme dans la boucherie. Une tradition que se sentent obligés d'honorer le chef étoilé Alexander Kunz et sa femme Anke. Dans leur restaurant familial de Bliesen, ils se basent sur une recette à succès, dont les ingrédients principaux sont: un art culinaire exceptionnel, recevoir ses invités chaleureusement et un art de vivre raffiné.

Alexander Kunz cuisine depuis 1992 dans le restaurant familial, qu'il a repris en 2002. Je mange souvent ici dans la Kaminzimmer, qui me rappelle plus un bistrot chic de Paris qu'un petit bistrot, appendice d'un grand restaurant étoilé. Un feu brûle dans la cheminée, les bancs de cuir rouge ajoutent au charme de l'endroit. Une atmosphère très agréable y règne.

La carte des vins satisfait tous vos souhaits. Nous dégustons donc un bouillon de bœuf avec boulettes faites maison, des légumes avec de la poitrine de bœuf et des cuisses de grenouilles frites au beurre salé avec des pointes d'ail, du persil, une baguette au beurre persillé et de la salade. Ensuite nous prenons un ragoût de cerf avec chou rouge, pommes, airelles et spätzle, ou des rognons de veau dans une sauce à la moutarde de Meaux accompagnés de haricots verts et de tagliatelles … Un régal. Si l'on veut de la bonne cuisine régionale dans une atmosphère détendue, alors autant en profiter ici, près du Bostalsee, chez la famille Kunz … On ne trouvera pas mieux.

Mit freundlicher Unterstützung von · Avec l'aimable soutien de

RESTAURANT KUNZ
Anke & Alexander Kunz

Kirchstraße 22 · D-66606 Bliesen
Fon: +49 6854 8145 · www.restaurant-kunz.de

Alexander und Anke Kunz entwickeln ihr Geschäft immer weiter nach vorne. Der Sternekoch ist auch außer Haus omnipräsent. Ob bei der Berlinale, auf dem „Mittelmeer Kochevent", dem Pariser Autosalon oder beim Deutschen Bundesrat, der Koch aus dem St. Wendeler Land ist gefragt.

Im zweiten Jahr organisiert er nun in Saarbrücken seine Dinner-Show im Spiegelpalais, von November bis Januar. Seine Ehefrau Anke hält ihm den Rücken frei, hat auch das Talent, Kunz' Theatre und Restaurant zu händeln. Damit das auch entsprechend den Kunzschen Qualitätsansprüchen über die Bühne geht, hat der Sternekoch seine rechte Hand, Patrick Jenal, zum Küchenchef in der Bliesener Küche gemacht. Jenal, vom REGIOGUIDE schon mehrfach ausgezeichnet, ist ein Meister seines Faches. Auch Kunz' Frau Anke übernimmt immer mehr Verantwortung im Haus. So ist das Haus für die Zukunft sehr gut aufgestellt.

Kunz' Gourmetrestaurant bleibt einer der Höhepunkte unserer Restaurantbesuche. Es ist einfach ungewöhnlich, mit welcher Akribie hier gekocht und mit welchem Einsatz die Gäste umsorgt werden. Ein ganz großes Haus, eine ganz besondere Adresse in einer Region, in der es gute und ausgezeichnete Restaurants wie Sand am Meer gibt …

Geschlossen
Montag · Dienstag ·
Mittwoch bis Samstagmittag ·
Sonntag

Fermé
Lundi · Mardi ·
Mercredi au Samedi midi ·
Dimanche

Preis ø | Prix ø 80 €

Info Terrasse

Alexander et Anke Kunz développent toujours plus leur restaurant. Le chef étoilé est littéralement partout. Que ce soit pour la Berlinale, pour l'évènement gourmand «Mittelmeer Kochevent», au Salon International de l'Automobile de Paris ou pour le Bundesrat allemand, le cuisinier de St. Wendel est très demandé.

L'année dernière, il organisait à Sarrebruck un dîner-spectacle, de novembre à janvier. Sa femme Anke le laisse soutient dans son entreprise: elle aussi doit s'occuper du dîner spectacle et du restaurant. Pour que les exigences de Kunz en matière de qualité soient portées bien haut, Alexander a fait de son bras droit, Patrick Jenal, le chef de cuisine du restaurant de Bliesen. Jenal, qui a déjà été plusieurs fois récompensé par le REGIOGUIDE, est un maître de son art. Sa femme a également de plus en plus de responsabilités dans la maison. Ainsi, le restaurant est plus que prêt pour faire face à l'avenir.

Ce grand restaurant est toujours l'un des points d'orgues de mes visites. C'est toujours extraordinaire de voir avec quelle méticulosité la cuisine est faite, et avec quelle attention les clients sont servis. C'est vraiment une très grande maison, une des adresses les plus réputées dans une région, où l'on peut trouver autant de restaurants primés que de grains de sable sur une plage …

Mit freundlicher Unterstützung von · Avec l'aimable soutien de

WWW.TOURISMUS.SAARLAND.DE

Geschlossen
Samstagmittag · Sonntag · Montagmittag

Fermé
Samedi midi · Dimanche · Lundi midi

Preis ø | Prix ø 60 €

Info Terrasse
Klimaanlage · Air conditionné

Wenn man seine Leistung jedes Jahr konsequent steigert, gehört man irgendwann zu den Allerbesten. Bei Cliff Hämmerle ist das schon seit Jahren der Fall. Er wird jedes Jahr besser, gehört aber schon seit langem mit seinem Restaurant in Blieskastel zu den besten Restaurants in der Region. Und das zu bemerkenswerten Preisen! Da das auch die regionale und nationale Restaurantkritik erkannt hat, ist das Haus im Bliesgau schon lange kein Geheimtipp mehr. Im schönen Biosphärenreservat gehen Landschaft und Genuss Hand in Hand. Und Cliff Hämmerle weiß die Besonderheiten des Biosphärenreservats zu nutzen.

Wer bei Hämmerle's ankommt, kann zwischen dem „Landgenuss" und dem „Restaurant Barrique" wählen. Wie auch immer man sich entscheidet, man entscheidet sich richtig. Da sind natürlich die hervorragenden Lammgerichte, aber noch viel mehr. Ich habe es leider noch nicht geschafft, alle Gerichte der Karte einmal zu probieren, aber ich bin auf dem besten Weg, weil alles so hervorragend klingt. „Rückensteak vom Angusrind mit Feigensenf, Schalottenkruste, Rahmwirsing und Rosmarin-Röstkartoffeln", „Variation vom Webenheimer Lamm auf Ratatouille-Gemüse mit Salbei und Kartoffellauchküchlein" oder „Charolais-Rinderfilet mit Erfweiler Ziegenfrischkäse gratiniert, Soße von grünem Pfeffer auf Rahmwirsing und Röstkartoffeln" – allein bei den Hauptspeisen ist die Auswahl so unglaublich, dass ich immer wieder in den Bliesgau fahren muss. Regionalität pur! Beispielsweise die Käseauswahl: Die Menüs werden abgerundet mit Käse-Produkten vom Haus Sonne, Kuhkäse aus Böckweiler, Ziegenkäse aus Erfweiler-Ehlingen und Milchprodukten des französischen Affineurs Philippe Olivier. Ich freue mich auf jeden Besuch bei Stéphanie, Cliff und ihrem Team, denn glücklicherweise gibt es jedes Jahr noch eine Steigerung.

HÄMMERLE'S RESTAURANT
Stéphanie & Cliff Hämmerle

Bliestalstraße 110a · D-66440 Blieskastel
Fon: +49 6842 52142 · www.haemmerles-restaurant.de

Quand quelqu'un progresse chaque année de manière constante, on finit par faire partie des meilleurs. Cliff Hämmerle fait partie de cette dernière catégorie depuis quelques années déjà. Il s'améliore d'année en année, mais fait d'ores et déjà partie des tous meilleurs de la région avec son restaurant de Blieskastel. Et tout cela à un prix très raisonnable! Comme maintenant les critiques régionaux et nationaux l'ont reconnu, le restaurant dans le Bliesgau est depuis longtemps maintenant un secret de Polichinelle. Dans cette réserve de biosphère, la nature et le goût marchent côte à côte. Et Cliff Hämmerle n'a pas son pareil pour utiliser les ressources de la réserve. Quand vous arrivez chez Hämmerle's, il faut se décider entre le Restaurant Landgenuss et le Restaurant Barrique. Quel que soit votre choix, vous aurez fait le bon! Les exceptionnels plats d'agneau seront au rendez-vous, mais attendez-vous à bien d'autres choses. Je n'ai malheureusement pas encore réussi à goûter tous les plats de la carte, mais je suis en bon chemin. Tout sonne très bien. «Faux-filet d'Angus avec moutarde aux figues, croûte aux échalotes, chou frisé à la crème et pommes de terre rôties au romarin», «Variation d'agneau de Webenheim sur ratatouille, feuilles de sauge et petits gâteaux de pommes de terre et poireaux» ou «Filet de charolais gratiné au fromage de chèvre d'Erfweiler, sauce au poivre vert, chou frisé à la crème et pommes de terre rôties» … rien que pour le plat principal, le choix est tellement extraordinaire que je ne peux résister à toujours retourner dans le Bliesgau. La région à l'état pur! Par exemple pour les fromages: les menus sont couronnés par des produits laitiers de la Haus Sonne, les fromages à base de lait de vache viennent de Böckweiler, les fromages de chèvre d'Erfweiler-Ehlingen et les produits laitiers de chez l'affineur Philippe Olivier. Je suis toujours très heureux de me rendre chez Stéphanie, Cliff et leur équipe, car tous les ans, ils font encore mieux qu'auparavant.

Mit freundlicher Unterstützung von · Avec l'aimable soutien de

WWW.TOURISMUS.SAARLAND.DE

CAFÉ RESCH
Sigrid und Franz-Josef Resch

Am Markt 12 · D-66571 Eppelborn
Fon: +49 6881 7236

1997 übernahmen die heutigen Betreiber, Sigrid und Franz-Josef Resch, die Confiserie von ihren Eltern. Franz-Josef Resch erinnert sich: „Bei einem Besuch an der Nordsee wurden wir von einem Künstler, Gerhard Schiel, ermutigt, unsere Kreationen in Kunstschachteln zu präsentieren. Der Künstler selbst malte uns dazu ein Bild, welches das Motiv auf den Pralinenschachteln wurde. Wir lernten den Perler Winzer Thomas Schmitt kennen. Daraufhin beschlossen wir eine „Saarweintrüffel" herzustellen." Sohn Josef, mittlerweile selbst Konditormeister, und seine Schwester Barbara arbeiten engagiert im Unternehmen mit. Sie entwickeln viele Ideen und präsentieren die Confiserie Resch auch außerhalb des Landes. Die Pralinen des Hauses sind einmalig, durch Handwerk und Kreativität werden sie zu einem unvergleichlichen Geschmackserlebnis und bereichern somit die ohnehin berühmte saarländische Esskultur um weitere Spezialitäten wie den Saar-Landbier-Trüffel.

Die Produkte des Hauses wurden ausgezeichnet vom internationalen Gourmetmagazin „Der Feinschmecker", waren Sieger im bundesweiten Kreativitätswettbewerb 2004 und 2006 und Vizemeister der „Roussillon – Dessert – Trophy 2010". Die Kunst der „Chocolatiers", wie sie in Frankreich heißen, ist eine anerkannt hohe. Pralinen dürfen nur als solche bezeichnet werden, wenn mindestens 25 Prozent Schokoladenanteil verwendet wurde und sie mundgerecht sind. Größere Süßwaren aus Schokolade, wie zum Beispiel Riegel, fallen unter den Begriff Konfekt. Die Herstellung von Pralinen ist sehr aufwendig und an die Zutaten werden höchste Anforderungen gestellt.

Öffnungszeiten
Montag: Ruhetag
Dienstag bis Samstag
8.00 Uhr-19.00 Uhr
Sonntag
11.00 Uhr-19.00 Uhr

Heures d'Ouverture
Lundi: Fermé
Mardi à Samedi
8.00 h-19.00 h
Dimanche
11.00 h-19.00 h

Les propriétaires actuels, Sigrid et Franz-Josef Resch reprennent en 1997 la confiserie de leurs parents. Franz-Josef se souvient: «Lors de vacances près de la mer du Nord, nous avons été convaincu par Gerhard Schiel, un artiste, de présenter nos créations dans des boîtes décorées. Il nous dessina alors une image qui est ensuite devenue le motif de nos boîtes. Nous avons ensuite fait la connaissance du vigneron de Perl, Thomas Schmitt. C'est de là que nous est venue l'idée de faire une «truffe au vin de Sarre».» Le fils, Josef, qui est entre-temps lui-même devenu un maître-pâtissier, et la sœur Barbara travaillent également de manière engagée dans l'entreprise familiale. Ils développent de nouvelles idées et représentent la confiserie Resch en dehors des frontières du Land. Leurs pralines sont uniques, elles offrent une expérience gustative extraordinaire, grâce à la créativité et au travail fait à la main des confiseurs. Ainsi, elles ajoutent à la culture culinaire sarroise, déjà reconnue, une nouvelle spécialité.

La maison aux nombreuses récompenses et à la truffe à la bière de Sarre. Décorée par le magazine international gourmet «Der Feinschmecker». Vainqueur de la compétition fédérale de créativité en 2004 et 2006. Vice-champion du «Roussillon Dessert Trophy» en 2010. L'art des chocolatiers est un grand art reconnu. Les pralines ne peuvent s'appeler ainsi que lorsqu'elles contiennent au moins 25% de chocolat et qu'elles représentent une bouchée. Les sucreries plus grosses à base de chocolat sont appelées «confections». La fabrication de pralines est très difficile et très exigeante vis-à-vis des ingrédients.

Mit freundlicher Unterstützung von · Avec l'aimable soutien de

WWW.TOURISMUS.SAARLAND.DE

Saarland
Kulinarisch

Saarland
mit grenzenlosem Charme

Kulinarisch 2012
Dem Genuss auf der Spur

Bestellen Sie unsere kostenfreie Broschüre!

Rezepte von Sterneköchen bis zur Hausmannskost, Kochkurse und Genuss-Arrangements, Hausgemacht im Saarland, Kulinarischer Kalender …

www.kulinarisches.saarland.de
E-Mail: info@tz-s.de, Tel.: +49 (0) 681 / 927 20-0

Wohnen wie Gott im Alten Pfarrhaus

Unser Arrangement

Genießen Sie das außergewöhnliche Ambiente des Barockbaus aus dem Jahre 1762 und lassen Sie Ihren Gaumen verwöhnen. Tagsüber besichtigen Sie die ehemalige Festungsstadt Saarlouis, abends schlemmen Sie bei kulinarischen Köstlichkeiten aus der Region.

Leistungen

- 2 Übernachtungen mit Frühstück im Doppelzimmer
- 1 saarländisch-lothringisches Drei-Gänge-Menü
- 1 Gourmet-Fünf-Gänge-Menü

ab 153,-€

Tourismus Zentrale Saarland
Franz-Josef-Röder-Str. 17, 66119 Saarbrücken
www.kulinarisches.saarland.de

LA BONNE AUBERGE
Lydia & Isabelle Egloff

15, rue Nationale · F-57600 Forbach/Stiring-Wendel
Fon: +33 3 87875278

Im 32. Jahr präsentieren Lydia und Isabelle Egloff die große Küche in der kleinen französischen Grenzgemeinde. Nur sieben Kilometer von Saarbrücken entfernt, erleben Sie hier ganz Großes. Für mich sind die beiden außergewöhnlichen Schwestern mit das Beste, was die Region, und nicht nur diese, zu bieten hat.

Als Pariser Freunde zu Besuch waren und wir bei Egloffs essen gingen, meinten diese: Da muss man in Paris lange suchen, um dieses Preis-Genuss-Verhältnis zu finden. Überhaupt, diese Qualität!

Von Anfang an begleitete ich dieses herrliche Restaurant, nicht weit vom Elternhaus von Patricia Kaas gelegen. Seit 25 Jahren steht der Olivenbaum, hinter Glas, inmitten des Restaurants. Die Küche schlägt einen Bogen von Tradition bis Moderne, vom Mittelmeer bis nach Lothringen. Der Garten weckt Urlaubsgefühle.

Isabelle Egloff, eine Sommelière, wie es nur ganz wenige gibt, präsentiert Ihnen mit sehr viel Sachverstand und Charme die kleinen Geheimnisse und die großen Kreszenzen ihrer außergewöhnlichen Weinkarte.

Vor diesen beiden Frauen ziehe ich den Hut. Ich weiß, mit welcher Intensität sie ihre Arbeit verrichten und was sie alles dem Ziel unterordnen, jeden Tag das Beste zu bieten. Ich war in vielen Restaurants unterwegs, doch heute noch ist ein Besuch in der Bonne Auberge immer ein ganz besonderes Highlight!

Geschlossen
Samstagmittag
Sonntagabend · Montag

Fermé
Samedi midi
Dimanche soir · Lundi

Preis ø | Prix ø 80 €
Info Terrasse

WWW.TOURISMUS.SAARLAND.DE

Geschlossen
Samstagmittag
Sonntagabend · Montag

Fermé
Samedi midi
Dimanche soir · Lundi

Preis ø | Prix ø 80 €

Info Terrasse

LA BONNE AUBERGE
Lydia & Isabelle Egloff

🇫🇷 15, rue Nationale · F-57600 Forbach/Stiring-Wendel
Fon: +33 3 87875278

Cela fait 32 ans que Lydia et Isabelle Egloff font de la grande cuisine dans la petite commune frontalière. A seulement sept kilomètres de Sarrebruck, vous vivrez ici quelque chose d'énorme. Les deux sœurs exceptionnelles sont pour moi ce que la région a de meilleur à offrir.

Alors que des amis parisiens, venus me rendre visite, sont allés manger chez les sœurs Egloff, ils m'ont dit: à Paris, il faut chercher vraiment longtemps pour trouver un endroit avec un aussi bon rapport entre le prix et le goût. Et quelle qualité!

Depuis le début, je suis ce restaurant, qui n'est pas très loin de la maison natale de Patricia Kaas. Depuis 25 ans, l'olivier, sous verre, se tient au milieu du restaurant. La cuisine propose un éventail large, allant de la cuisine traditionnelle a la cuisine moderne, de la Méditerranée à la Lorraine. Le jardin éveille des sentiments de vacances.

Isabelle Egloff est une sommelière comme il en existe peu. Elle vous présente avec une connaissance, un professionnalisme et un charme bien à elle les petits secrets et les grands crus de la carte des vins.

Je tire mon chapeau à ces deux dames. Je sais avec quelle volonté elles travaillent vers un seul but: chaque jour proposer le meilleur. J'ai visité plusieurs restaurants, mais encore aujourd'hui, une visite à La Bonne Auberge rend votre journée exceptionnelle!

Mit freundlicher Unterstützung von · Avec l'aimable soutien de

WWW.TOURISMUS.SAARLAND.DE

KOCHKULTOUR
Kai Mehler

Industriegebiet 2a · D-66453 Gersheim
Fon: +49 6843 9639185 · www.kochkultour.de

In den letzten drei Jahren haben wir Kai Mehlers Kochkultour als „Kochschule des Jahres" ausgezeichnet. Ein viertes Mal ist das nicht möglich, dass widerspricht unseren Regeln. Doch für viele Hobbyköche bleibt Mehler das Maß aller Dinge. Er hat seinen ganz eigenen Stil in der Kochschule geprägt. Obwohl auch andere Köche gute Kochkurse anbieten, bei Kai Mehler ist einfach alles perfekt. Seine Klientel ist international, ebenso seine Themen. Er selbst hat auch in der ganzen Welt Auszeichnungen bekommen.

Ich empfand es immer als äußerst angenehm, wie didaktisch klug er seine Kurse vorbereitet. Er geht auf jedes Problem breit ein, keine Frage bleibt unbeantwortet. Mit Freude und Wohlfühlfaktor können Sie bei ihm Ihre kulinarische Weiterbildung erleben, Ihre Kochkenntnisse erweitern und gerne lässt er für die nächsten Kurse von seinen Teilnehmern gewünscht Themen einfließen. Auch bei Ihnen zuhause bietet er seine Kochkurse an – fragen Sie ihn einfach an!

Der REGIOGUIDE 2012 wird die Auszeichnung in dieser Kategorie nicht vergeben! Kai Mehler geht nicht und keine andere Kochschule auf diesem Niveau hat uns wirklich überzeugt …

Ces trois dernières années, nous avons décerné à l'entreprise Kochkultour, dirigée par Kai Mehler, le titre d' «école de cuisine de l'année». Ce n'est pas possible de remporter ce titre quatre années de suite, cela va à l'encontre de nos règles. Mais pour beaucoup de cuisiniers amateurs, Mehler reste la référence! Il a marqué le style de l'école de cuisine comme aucun autre avant lui. Bien sûr, d'autres cuisiniers proposent également des cours de cuisine, mais chez Kai Mehler, tout est parfait! Sa clientèle est internationale, tout comme les thèmes qu'il aborde. Il a lui-même reçu de nombreuses distinctions tout autour du monde.

J'ai toujours apprécié la façon dont il prépare ses cours. C'est très agréable et riche du point de vue didactique. Il aborde tous les problèmes que vous pouvez avoir, et aucune question ne reste sans réponse. Dans la joie et la bonne humeur, vous pourrez chez lui poursuivre votre formation culinaire, élargir vos connaissances et il laisse souvent les participants décider des thèmes à aborder lors des prochaines rencontres. Il peut également donner ses cours directement chez vous. Demandez, tout simplement!

Le REGIOGUIDE 2012 ne décernera cette année pas le prix «école de cuisine de l'année». Kai Mehler ne peut pas recevoir ce prix, et aucune autre école ne nous a vraiment convaincu …

Mit freundlicher Unterstützung von · Avec l'aimable soutien de

WWW.TOURISMUS.SAARLAND.DE

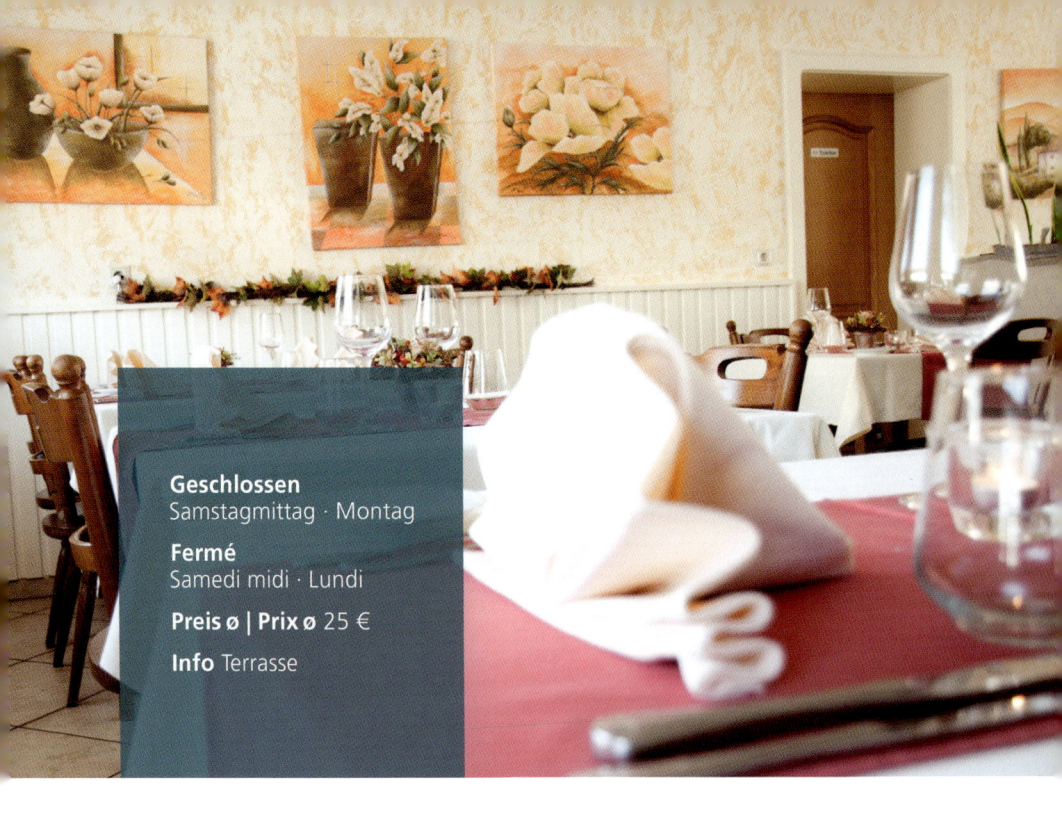

Geschlossen
Samstagmittag · Montag
Fermé
Samedi midi · Lundi
Preis ø | Prix ø 25 €
Info Terrasse

Im letzten Jahr zeichneten wir Andreas Quirin als „Aufsteiger des Jahres" aus. Wir haben die Entwicklung des Hauses im Auge behalten und stellen heute fest: Birgit und Andreas Quirin haben ihr Haus noch Schritt für Schritt weiterentwickelt. Sie spielen im Konzert der Großen mit und eine Reise nach Gersheim in den Bliesgau wird Ihnen eine genussvolle Zeit bescheren.

Quirin kocht immer besser, immer gelassener, hat seinen Stil gefunden. Seine Frau Birgit hat das Restaurant weiterentwickelt, hier etwas verbessert, da etwas verschönert. Die Weinkarte hat viele kleine Kreszenzen, die mit hohem Sachverstand ausgesucht wurden! Das Haus bietet in einem ausgezeichneten Preis-Genussverhältnis ein Menü des Monats an. Sonderaktionen, wie „Alles aus dem Meer", „Wild zur Herbstzeit" oder auch „Lammwochen" prägen die Speisekarte. Hier gibt es auch regionale Klassiker, wie etwa Spanferkel mit Majorankartoffeln.

Überhaupt, das Haus hat sich sehr abwechslungsreich auf höherem Niveau aufgestellt. Ich freue mich, dass die beiden es geschafft haben, aus einem Dorfgasthaus ein Restaurant für alle Gäste zu schaffen. Denn hier ist jeder willkommen und wird sein kulinarisches Glück finden …

RESTAURANT QUIRIN
Birgit & Andreas Quirin

Bliesstraße 5 · D-66453 Gersheim
Fon: +49 6843 315 · www.restaurant-quirin.de

L'année dernière, nous avions élu Andreas Quirin «Révélation de l'année». Nous avons suivi l'évolution de son restaurant et nous pouvons donc conclure: Birgit et Andreas Quirin ont mené pas à pas leur restaurant vers les sommets. Ils jouent maintenant dans le même registre que les plus grands, et faire le voyage à Gersheim, dans le Bliesgau, vous offrira un moment de plaisir et de détente.

Quirin cuisine de mieux en mieux, de façon plus relâchée: il a trouvé son propre style. Sa femme Birgit a développé le restaurant, améliorant quelque chose par-ci, redécorant par-là … La carte des vins dévoile beaucoup de vins choisis avec la plus délicate attention et une grande compétence. L'établissement propose pour un prix très raisonnable un menu du mois de grande qualité. Des actions, comme par exemple «Tout vient de la mer», «Du gibier pour l'automne» ou alors «Les semaines de l'agneau» trouvent leur place dans le menu. On trouve également des plats classiques de la région, comme le cochon de lait aux pommes de terre à la marjolaine.

En résumé, la maison s'est diversifiée pour atteindre un plus haut niveau. Je suis content de voir comment les deux propriétaires ont réussi à faire d'une petite auberge de village un restaurant pour tous. Car tous sont ici les bienvenus et sauront trouver le bonheur dans leur assiette …

Mit freundlicher Unterstützung von · Avec l'aimable soutien de

WWW.TOURISMUS.SAARLAND.DE

LA MARMITE
Christian Stablot

🇫🇷 18, rue de Sarrebruck · F-57520 Grosbliederstroff
Fon: +33 3 87091881

Die schönste Terrasse der Gegend

Ich fahre gerne mal ins nahe gelegene Großblittersdorf. Viele sind schon oft an diesem kleinen, unscheinbaren Restaurant in diesem pittoresken Grenzdörfchen vorbei gefahren, ohne zu ahnen, welch paradiesische Momente sie hier erleben könnten. Wenn Sie die Grenze bei Güdingen passieren, liegt das Anwesen zwischen dem ehemaligen französischen Zollhaus und dem ersten Kreisverkehr. Doch wenn Sie diesen erreicht haben, sind Sie schon zu weit. 30 Meter davor, auf der linken Seite, versteckt sich „La Marmite".

Ein Besuch in diesem Haus ist eine Reise in den Süden, vor allem im Sommer. Huguette und Christian Stablot betreiben das Restaurant seit nunmehr 14 Jahren. Es ist diese umwerfende Terrasse, die mich und andere Feinschmecker gerade im Sommer hierher zieht. Zwei kleine Teiche mit Springbrunnen und eine üppig sprießende Flora lassen Erinnerungen an die Provence, Italien oder Nordspanien wach werden.

Christian Stablot zelebriert dazu eine klassische, französische Küche, wie man sie nicht aller Tage vorfindet. Seine Preispolitik ist eher zurückgenommen, ein weiteres Argument, um hier auch eine ordentliche Flasche Wein zu bestellen. Dann sollten Sie aber mit der Saarbahn anreisen, von der Kleinblittersdorfer Haltestelle bis ins Restaurant sind es lediglich zehn Minuten zu Fuß.

Geschlossen
Montag · Dienstagmittag

Fermé
Lundi · Mardi midi

Preis ø | Prix ø 30 €

Info Wintergarten · Jardin d'hiver

WWW.TOURISMUS.SAARLAND.DE

Geschlossen
Montag · Dienstagmittag

Fermé
Lundi · Mardi midi

Preis ø | Prix ø 30 €

Info Wintergarten · Jardin d'hiver

LA MARMITE
Christian Stablot

18, rue de Sarrebruck · F-57520 Grosbliederstroff
Fon: +33 3 87091881

La plus belle terrasse de la région

Je me rends à Großbliederstroff, pas très loin de Sarrebruck. Beaucoup sont déjà passés dans ce village frontalier pittoresque, devant ce petit restaurant qui n'a l'air de rien, sans penser un seul instant aux moment paradisiaques qu'ils pourraient y vivre. Si vous passez la frontière par Güdingen, l'endroit se trouve entre l'ancienne douane et le premier rond-point. Arrivés au rond-point, vous êtes déjà trop loin. 30 mètres avant celui-ci, sur la gauche, se cache «La Marmite».

Une visite dans cette maison correspond à un voyage dans le Sud, surtout en été. Huguette et Christian Stablot la tiennent depuis maintenant une quinzaine d'années. C'est la terrasse magnifique qui me pousse, ainsi que d'autres gourmets, précisément en été, en ces lieux. Deux petits étangs avec fontaine et une flore luxuriante rappellent la Provence, l'Italie ou le nord de l'Espagne.

Christian Stablot y célèbre une cuisine française classique, qu'on ne trouve pas tous les jours dans son assiette. Ses prix sont plutôt bas, ce qui représente un argument supplémentaire pour y commander une bonne bouteille de vin. Dans ce cas, il vaut mieux s'y rendre grâce à la Saarbahn: il n'y a de la station de Kleinblittersdorf au restaurant qu'une dizaine de minutes à pied.

Mit freundlicher Unterstützung von · Avec l'aimable soutien de

WWW.TOURISMUS.SAARLAND.DE

Deutschland–Frankreich: Schne
Allemagne–France : Rapide et direc

*TGV ist eine Marke der SNCF.

Das wird Ihnen schmecken:

Saarbrücken–Paris ab 29 Euro, 5x täglich und in weniger als 2 Stunden. Auch 4x täglich direkt von Karlsruhe nach Paris. Sie sind schneller am Ziel, denn Sie reisen mit Tempo 320. Dass Sie ein erstklassiger Service und Komfort erwartet, ist Ihnen sicher bekannt. Aber wussten Sie schon, dass wir Ihnen in der 1. Klasse (ab 49 Euro) eine leichte Mahlzeit am Platz servieren? Geschmack bekommen? Informationen unter **www.bahn.de.**

Railteam High Speed Europe

DB BAHN

nd direkt. Mit ICE oder TGV*.
vec ICE ou TGV*.

*TGV est une marque déposée de la SNCF.

Prenez goût au rail :

Sarrebruck–Paris cinq fois par jour à partir de 29 €, en moins de deux heures. Karlsruhe–Paris quatre fois par jour en liaison directe. À 320 km/h, le rail a décidément passé la vitesse supérieure. Et puisque vous voyagez plus vite, vous parvenez plus vite à destination. Mais nous n'allons pas nous arrêter en si bon chemin. Aussi, pour un trajet international en 1ère classe (à partir de 49 €) en ICE ou en TGV, nous vous offrons, sans supplément, un repas léger servi à votre place. Vous verrez, vous allez prendre goût. Plus d'informations sur **www.bahn.de**.

DB **SNCF**

in Kooperation / en coopération

Geschlossen
Samstagmittag · Sonntag · Montagmittag

Fermé
Samedi midi · Dimanche · Lundi midi

Preis ø | Prix ø 60 €

Info Terrasse · Raucherbereich · Espace fumeur

Rita und Erich Hubers Restaurant im idyllischen Homburger Stadtteil Schwarzenbach gehört zu den Top-Adressen der Region. Dieses noble Hotel-Restaurant, umgeben von Wäldern, bietet Ihnen in den herrlichen Räumen, im Wintergarten sowie auf der Terrasse einen unvergesslichen Aufenthalt.

Rita Hubers französische Küche ist seit vielen Jahren stilprägend für das Haus, immer wieder brachte sie mich mit ihren Kreationen ins Staunen. Für mich ist sie Saarlands Kochkönigin. Ihre Kochkurse sind schnell ausgebucht, deshalb bitte früh anmelden.

Erich Huber ist ein absoluter Weinfachmann, seine Karte kann mit den Weinkarten der besten Restaurants unserer Region durchaus mithalten! Ich weiß, mit welcher Sorgfalt er seine Weine auswählt und zum richtigen Zeitpunkt dann anbietet. Ein ganz Großer seines Faches! Ihm untersteht auch der Service, der aufmerksam und kompetent Ihren Aufenthalt zu einem Erlebnis macht.

Auszeichnungen in vielen Restaurantführern begleiten die Arbeit der Betreiber seit vielen Jahren. Das kleine Schloss ist immer eine Reise wert und das Saarland wäre ohne dieses Haus um ein kulinarisches Highlight ärmer ...

PETIT CHÂTEAU
Rita & Erich Huber

🇩🇪 Alte Reichsstraße 4 · D-66424 Homburg-Schwarzenbach
Fon: +49 6841 15211 · www.petit-chateau.de

Le restaurant de Rita et Erich Huber, situé dans le joli quartier de Schwarzenbach, à Homburg, fait partie des meilleures adresses de la région. Cet hôtel-restaurant d'allure noble, entouré de forêts, vous propose un séjour inoubliable, que ce soit dans ses chambres splendides, dans le jardin d'hiver ou en terrasse.

La cuisine française de Rita Huber a depuis plusieurs années imposé sa marque sur l'établissement. Elle a toujours réussi à m'étonner avec ses créations. Pour moi, elle est la reine de la cuisine, ici en Sarre. Les cours de cuisine qu'elle propose sont très vite pleins, alors inscrivez-vous le plus tôt possible.

Erich Huber, quant à lui, est un véritable connaisseur, sa carte des vins peut très bien rivaliser avec les cartes des meilleurs restaurants de la région. Je sais quel soin il met dans le choix de ses vins, qu'il propose ensuite toujours au meilleur moment. Erich est vraiment l'un des meilleurs dans son domaine! C'est lui qui s'occupe du service, et il fera de votre séjour une expérience agréable grâce à son attention et son professionnalisme.

Le travail de Rita et Erich Huber est depuis de nombreuses années récompensé par de nombreuses distinctions dans plusieurs guides gastronomiques. Ce petit château vaut toujours le détour, et sans cet établissement, la Sarre aurait un haut lieu de la gastronomie en moins …

Mit freundlicher Unterstützung von · Avec l'aimable soutien de

WWW.TOURISMUS.SAARLAND.DE

WEINGUT & LANDHAUS BÜHLER
Familie Bühler

Backhausgasse 2 · D-67169 Kallstadt
Fon: +49 6322 61261 · www.buehler-pfalz.de

In unserer letzten Ausgabe kürten wir Jens Bühler aus Kallstadt zum „Winzer des Jahres", weil wir von seiner Arbeit begeistert sind. Der 27-jährige hat uns mit seinem Qualitätsanspruch überzeugt. Seine Arbeit im Weinberg, das rigorose Qualitätsstreben, unser Besuch in seinem Weinkeller und die dort getesteten Tropfen ließen uns vermuten, dass da einer auf dem richtigen Weg sein könnte.

Eine Veranstaltung in einem saarländischen Restaurant mit dem Titel „Dinner & Wein" bestätigte uns, dass seine Lage „Saumagen" nicht nur zu dieser pfälzischen Spezialität passt. Es war eine rundum gelungene Veranstaltung, hervorragend begleitet von diesen herrlichen Weinen.

Was ist jetzt in den letzten Monaten passiert? Zuerst qualifizierte sich Jens Bühler unter den deutschen Rieslingen als einer der Besten, indem er beim Deutschen Riesling-Cup mit einer Spätlese einen herausragenden Platz 6 belegte. Im letzten Sommer erreichte uns dann noch diese Meldung: Zum 19. Mal vergab die hochrangige „Ruländer-Akademie" in Speyer den Grauburgunder-Preis für den besten Pfälzer Grauburgunder. Gewinner, mit seiner 2010 Grauburgunder Spätlese trocken, wurde der Winzer Jens Bühler vom Weingut Bühler in Kallstadt.

Diesen rasanten und erfolgreichen Weg hätten wir so nicht prognostiziert. Aber Sie sehen, auf REGIOGUIDE ist Verlass …

Öffnungszeiten
Freitag bis Samstag
ab 16.00 Uhr
Sonn- und Feiertage
ab 12.00 Uhr

Heures d'Ouverture
Vendredi et samedi
à partir de 16.00 h
Dimanche et à des jours
fériés à partir de 12.00 h

Dans notre précédente édition, nous avions élu Jens Bühler, de Kallstadt, «Vigneron de l'année», car nous avions été conquis par son travail. Le jeune homme de 27 ans nous a convaincu par ses standards de qualité. Son travail dans les vignes, toujours à rechercher la meilleure qualité, notre visite dans sa cave et les vins que nous avons dégusté nous ont laissé penser qu'il était sur le bon chemin.

Un évènement baptisé «Dinner & Wein» («dîner et vin») organisé dans un restaurant sarrois nous a confirmé que son vin venu du terroir dit «Saumagen» se marie très bien avec autre chose que la spécialité du Palatinat [NdT: Saumagen est aussi le nom d'un plat]. La manifestation était plus que réussie, et les vins étaient un accompagnement merveilleux.
Que s'est-il passé durant ces derniers mois? Tout d'abord, le Riesling de Jens Bühler se classait parmi les meilleurs: son Riesling vendanges tardives se classait lors de la Riesling-Cup allemande à une très bonne 6ème place. L'été dernier, nous recevions également cette information: la très renommée Ruländer Akademie de Speyer donnait pour la 19ème année consécutive le Grauburgunder-Preis (prix des pinots gris) pour les meilleurs vins du Palatinat de cette catégorie. Le vainqueur fut le Pinot gris vendanges tardives sec 2010 de Jens Bühler, du vignoble Bühler de Kallstadt.

Nous n'avions pas prévu un succès aussi rapide, mais vous voyez bien qu'on peut faire confiance au REGIOGUIDE …

Mit freundlicher Unterstützung von · Avec l'aimable soutien de

WWW.TOURISMUS.SAARLAND.DE

Geschlossen
Sonntag · Montag
Dienstag- bis Samstagmittag
Abends ab 18.00 Uhr geöffnet

Fermé
Dimanche · Lundi
Du mardi au samedi midi
Dans la soirée, à 18.00 h
ouverte

Preis ø | Prix ø 50 €

Info Terasse

Im alten Kirkeler Ortskern steht die alte Scheune, die sich unter dem Namen Rützelerie Geiß großes Ansehen bei Feinschmeckern von nah und fern verschafft hat. Der Name ist ein Wortspiel, zusammengesetzt aus dem Spitznamen Rützi von Küchenchef Rudi Geiß und Hostellerie und hat nichts, wie vielfach beschrieben, mit der Schweiz zu tun.

2012 feiert das Haus sein 20-jähriges Bestehen in Kirkel. Es ist eines der ältesten Häuser des Ortes, davon zeugt im Inneren das Original-Sandsteinmauerwerk. Die eingezogene Galerie unterteilt das Restaurant in zwei heimelige Galerie unterteilt das Restaurant in zwei heimelige Galerie unterteilt das Restaurant in zwei heimelige Gasträume, die mit Antiquitäten und vielen Originalgrafiken nostalgisch-elegant eingerichtet sind.

Rudi Geiß kocht ungemein gut, uns allen ist noch in Erinnerung, als er im Jahre 2009 im REGIOGUIDE für das „Gericht des Jahres" ausgezeichnet wurde. Er verwendet keine der heute so oft üblichen Convenience-Produkte, hier wird alles handgemacht. Obwohl das Haus die Woche über erst abends öffnet, steht Geiß mit seinen Mitarbeitern schon tagsüber in der Küche und bereitet alles selber zu. Sein „Pfauenradmenü" ist eine Offenbarung und zeigt seine vielfältige Schaffenskraft.

Cornel Geiß, ausgebildete Pädagogin, umsorgt Sie bei Ihrem Besuch sehr kompetent. Die Weinkarte bietet auch Kreszenzen, die Sie auf anderen Karten nicht finden. Ein Haus mit großen Referenzen und vielen Auszeichnungen!

RÜTZELERIE GEISS
Rudi Geiß

Blieskasteler Straße 25 · D-66459 Kirkel
Fon: +49 6849 1381 ·

Dans le vieux quartier de Kirkel se trouve une ancienne grange, qui a su se faire un nom parmi les gourmets de la région ou d'ailleurs: Rützelerie Geiß. Le nom est le résultat d'un jeu de mots, qui vient du surnom «Rützi», donné au chef Rudi Geiß, et d'Hostellerie, et n'a absolument rien à voir avec la Suisse, contrairement à ce que certains disent.

En 2012, la maison fête ses 20 ans. C'est l'un des bâtiments les plus anciens de Kirkel, comme peut en témoigner le mur en grès, toujours visible à l'intérieur. Une galerie sépare le restaurant en deux salles accueillantes, qui sont décorées de beaucoup d'antiquités et de gravures originales, dans un style nostalgique et élégant.

Rudi Geiß cuisine extrêmement bien. Nous nous souvenons encore quand le REGIO-GUIDE lui a remis le prix de «Plat de l'année» en 2009. Il n'utilise aucun des plats préparés qu'on trouve dorénavant un peu partout, ici, tout est fait à la main. Même si le restaurant n'est ouvert que le soir, Rudi et son équipe sont déjà en cuisine en pleine journée et préparent tout eux-mêmes. Son menu «roue du paon» (Pfauenrad) est une révélation, et il montre l'étendue de son talent.

Cornel Geiß, pédagogue de formation, saura s'occuper de vous lors de votre visite. La carte des vins vous proposera des crus que vous ne pourrez pas trouver ailleurs. Un restaurant avec de nombreuses références et récompenses!

Mit freundlicher Unterstützung von · Avec l'aimable soutien de
WWW.TOURISMUS.SAARLAND.DE

LUKAS KRAUSS
Weingut Krauß

🇩🇪 Weisenheimerstraße 23 · D-67245 Lambsheim
Fon: +49 6233 55688 · www.weingut-krauss.de

Der Winzer mit Panik-Hut

Lukas Krauß ist der Weinbauer unter den Winzern. Seine Felder liegen 7,44 Kilometer Luftlinie von der Weinstraße entfernt, wo die Hügellandschaft in Ackerfläche übergeht. Hier gelingt ihm, neben andern guten Weinen, ein Silvaner, den ihm seine Kunden aus den Händen reißen.

Wie das geht? Zufall ist es jedenfalls nicht. Lukas Krauß hat sein Handwerk bei Martin Franzen gelernt, dem derzeitigen Weingutsverwalter von Müller-Catoir. Von ihm hat er den Ansatz übernommen, mit viel Fleiß und Geduld das Beste aus seinen Reben zu machen, statt den Wein erst im Keller veredeln zu wollen. Er verbringt viel Zeit draußen, beobachtet das Wachstum seiner Pflanzen und bringt mit präziser Laubarbeit, sorgfältiger Bodenbearbeitung und Handlese zur Geltung, was seine Lößböden leisten können. Wer dem jungen Mann im Weinberg begegnet, wie er mit Hut und Sonnenbrille daher spaziert, hat nicht gerade das gravitätische Urbild eines Winzers vor sich. Auch sein Internetauftritt kennt keine Buchstabenschnörkel, Lagenkarten und Ahnengalerien, sondern zeichnet mit einfachen Linien das Porträt eines eigenwilligen Landarbeiters, der zurück zu den Wurzeln gegangen ist und sich auf das konzentriert, was wirklich zählt. Und nach seinen jüngsten Erfolgen kann man nur sagen: Glückwunsch! Es geht auch anders. Der sympathisch-verrückte Winzer überzeugte uns bei unserem Besuch. Hier geht ein 23-Jähriger neue Wege, und wir begleiten ihn dabei. Auf die Frage, was er gerne mal machen würde, sagt er spontan: „Mit Udo Lindenberg würde ich gern ein Glas Wein zu viel trinken." Keine Panik.

Verkaufszeiten
Freitag
17.00 Uhr - 19.00 Uhr
Samsatag
10.00 Uhr - 12.00 Uhr
14.00 Uhr - 18.00 Uhr

Heures de vente
Vendredi
17.00 h -19.00 h
Samedi
10.00 h - 12.00 h
14.00 h - 18.00 h

Le vigneron au chapeau

Lukas Krauß est le faiseur de vin parmi les viticulteurs. Ses vignes ne se trouvent qu'à 7,44 km à vol d'oiseau de la Weinstraße [route des vins], là où le paysage de collines laisse place aux terres labourées. C'est là qu'il a réussi, à côté d'autres bons vins, à faire un Silvaner que ses clients s'arrachent. Comment est-ce possible? Ce n'est en rien dû au hasard. Lukas Krauß a appris son métier auprès de Martin Franzen, qui était à l'époque le gérant du vignoble de Müller-Catoir. C'est de lui que lui vient cette approche: tirer le meilleur de sa vigne, avec beaucoup de patience et de travail, plutôt que de vouloir que son vin ne s'affine qu'en cave. Il passe beaucoup de temps à l'extérieur, étudie la croissance de ses plants, et grâce à un travail précis au niveau du feuillage et du sol et à des vendanges faites à la main, il arrive à tirer le meilleur de son sol de lœss. Qui rencontre ce jeune homme dans les vignes, alors qu'il s'y promène avec chapeau et lunettes de soleil, n'est pas vraiment face à un vigneron grave, comme on pourrait se l'imaginer. Son site internet est également sans fioritures, sans cartes du terrain, ou galeries de portrait d'ancêtre; il dessine simplement le portrait d'un agriculteur volontaire, qui est revenu à la source et qui se concentre sur ce qui est vraiment important. Et après ses exploits et réussites les plus récents, on ne peut que dire: Félicitations! On peut faire du vin autrement. Le vigneron, un peu fou et sympathique à la fois nous a convaincu, lorsque nous l'avons rencontré. Un jeune homme de 23 ans prend une nouvelle direction, et nous l'y accompagnons volontiers. Lorsque nous lui demandons, ce qu'il aimerait bien faire, il répond du tac au tac: «J'aimerais bien boire quelques verres de vin avec Udo Lindenberg.»

Mit freundlicher Unterstützung von · Avec l'aimable soutien de

WWW.TOURISMUS.SAARLAND.DE

Geschlossen
Dienstag · Mittwoch

Fermé
Mardi · Mercredi

Preis ø | Prix ø 50 €

Info Terrasse

Im kleinen Languimberg, umgeben von zahlreichen Seen, erwartet Sie eines der besten Häuser Lothringens. Verantwortlich in der Küche: Bruno Poiré. Der junge, ambitionierte Küchenmeister hat in den letzten Jahren eine rasante Entwicklung genommen. Der Lohn: zahlreiche Auszeichnungen in allen wichtigen Restaurantführern!

Zwischen Seen, Wäldern, unweit der Vogesen erleben Sie hier in herrlicher Umgebung ein unvergessliches Genusserlebnis. Bruno Poiré hat seinen eigenen Stil gefunden und bereitet Ihnen seine Spezialitäten so zu, dass Sie sofort begreifen, warum mancher Kritiker dabei ins Schwärmen kommt!

Bei der Auswahl seiner Produkte ist er mehr als streng und Sorgfalt ist ein sicherer Begleiter, um in der Küche etwas Besseres zu erreichen als der Mitbewerber! Bruno Poiré hat mich in den letzten Jahren immer wieder zum Staunen gebracht, seine Küche alleine ist schon eine Reise wert.

Im Saal wird Sie seine Mutter Michèle mit ihren sympathischen Mitarbeiterinnen liebevoll umsorgen. Die Karte bietet Ihnen zahlreiche, gut abgestimmte Menüs an und Michèle wird Ihnen aus der großen Weinkarte dazu die richtigen Vorschläge machen. Ein Erlebnis, hier zu essen und zu trinken! Lothringen hat viel zu bieten, eine Reise nach Languimberg ist sicherlich ein Höhepunkt für jeden Feinschmecker …

CHEZ MICHÈLE
Bruno Poiré

57, rue Principale · F-57810 Languimberg
Fon: +33 3 87039225 · www.chezmichele.fr

Dans le petit village de Languimberg, entouré par d'innombrables lacs, venez profiter d'une des meilleures maisons de Lorraine. Bruno Poiré s'occupe de la cuisine. Le maître-cuisinier, jeune et ambitieux, a connu une évolution très rapide ces dernières années. Sa récompense: de nombreuses distinctions dans tous les guides les plus importants!

Entre lacs, forêts et au pied des Vosges, vous vivrez ici dans un cadre enchanteur une expérience gustative que vous n'êtes pas prêt d'oublier. Bruno Poiré a trouvé son propre style et prépare ses spécialités de telle façon que vous puissiez immédiatement comprendre pourquoi de si nombreux critiques en font les louanges!

Bruno Poiré est plus que sévère dans le choix de ses produits, et il est toujours très soigneux lorsqu'il s'agit d'aller toujours plus haut et de faire toujours mieux que ses concurrents en matière de cuisine. Bruno a toujours réussi à m'étonner lors de ces dernières années. Sa cuisine vaut à elle seule le déplacement.

En salle, c'est sa mère, Michèle, et son équipe qui prendra soin de vous. La carte vous propose de nombreux menus bien équilibrés, et Michèle saura vous proposer le vin qu'il faut pour l'accompagnement. Manger et boire chez Michèle est une expérience unique. La Lorraine a beaucoup à offrir, et un détour par Languimberg est un passage obligé pour tous les gourmets …

AUBERGE DU CHEVAL BLANC
Pascal Bastian

4, rue de Wissembourg · F-67510 Lembach
Fon: +33 3 88944186 · www.au-cheval-blanc.fr

Das Cheval blanc war und ist eines der Aushängeschilder großer elsässischer Genusskultur. Vor ein paar Jahren wussten wir noch nicht, wie es hier weitergehen soll, nachdem sich der große Fernand Mischler in den Ruhestand verabschiedete. Doch die Antwort und damit die Zukunft dieses legendären Hauses heißt Carole und Pascal Bastian.

Der Pfaffenhofener Pascal Bastian hat bei Mischler gelernt, war am Ende seiner Regentschaft schon Sous-Chef. Weitere Stationen seiner Arbeit sind: zweiter Mann in L'Arnsbourg bei Jean-Georges Klein, in der Hostellerie de Plaisance in St. Emilion und im Les Crayères in Reims. Bastian schaffte es, in eine traditionelle Küche frischen Wind zu bringen. Er verbindet die modernen Interpretationen mit den Traditionen der großen französischen Küche. Dabei vergisst er auch die regionalen Impulse nicht, was uns sehr gut gefallen hat. Die alte Poststation hat ihre Seele wieder, ist für die Zukunft gut aufgestellt. Wer in dieser Ecke des Elsass sein Restaurant auf die Erfolgsspur bringen will, muß Besonderes anbieten, denn nur wenige Kilometer entfernt sind ganz herausragende elsässische Feinschmeckertempel.

Pascals engagierte Frau Carole managt dieses herrliche Anwesen mit vielen innovativen Ideen. Neben dem Feinschmeckerrestaurant können Sie sich hier in einer elsässischen „Winstub" mit regionalen Spezialitäten und besonderen, großen Elsässer Weinen, viele glasweise angeboten, verwöhnen lassen. Das Haus bietet auch sechs Zimmer mit Wohlfühlprogramm an: Sauna, Massagedusche und vieles mehr …

Geschlossen
Montag · Dienstag

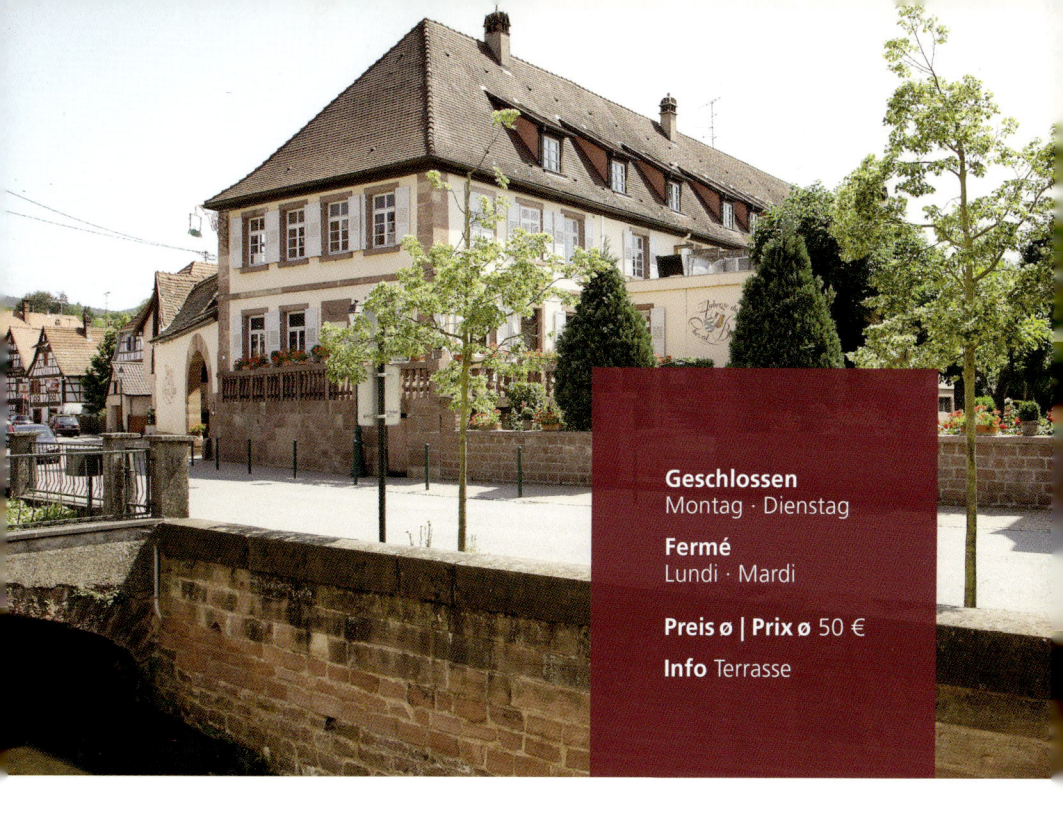

Fermé
Lundi · Mardi

Preis ø | Prix ø 50 €

Info Terrasse

Le Cheval blanc a toujours été et est d'ailleurs toujours l'une des figures de proue de la culture gourmande alsacienne. Il y a encore quelques années, nous ne savions pas ce qu'il allait advenir du restaurant, après le départ en retraite du grand Fernand Mischler. La réponse à cette incertitude, et le futur de cette maison légendaire sont maintenant représentés par Carole et Pascal Bastian.

Pascal, originaire de Pfaffenhofen, a appris sous les ordres de Fernand Mischler, et à la fin du règne de ce dernier, il était déjà sous-chef. Les étapes suivantes de son travail furent: deuxième homme à L'Arnsbourg de Jean-Georges Klein, à L'Hostellerie de Plaisance à Saint-Emilion et à Les Crayères, à Reims. Pascal Bastian a réussi à insuffler un vent nouveau dans la cuisine traditionnelle. Il sait interpréter de façon moderne les traditions de la grande cuisine française. Il n'oublie pas pour autant les impulsions régionales, ce qui nous a beaucoup plu. L'ancienne station de postes a retrouvé son âme, et elle est maintenant bien préparée pour l'avenir. Qui veut guider son restaurant sur la route du succès doit faire très attention dans ce coin de l'Alsace, car il héberge beaucoup d'autres temples de la gastronomie alsacienne.

Carole, la femme de Pascal, toujours très motivée, gère cette agréable propriété et a toujours des idées nouvelles. A côté du restaurant, vous pouvez vous laisser gâter dans une « Winstub» alsacienne qui propose des spécialités régionales et des grands vins d'Alsace, à déguster au verre. La maison propose également six chambres et un programme plaisir: sauna, douche à massage et bien d'autres choses encore …

Mit freundlicher Unterstützung von · Avec l'aimable soutien de

WWW.TOURISMUS.SAARLAND.DE

Geschlossen
Montag · Dienstag

Fermé
Lundi · Mardi

Preis ø | Prix ø 90 €

Info Terrasse

Seit über 30 Jahren kenne ich einen paradiesischen Ort in Lothringen: das Château d´ Adoménil. Einen schöneren Ort um ein perfektes Genusswochenende zu erleben, findet sich in unserer Region nur sehr schwer. Der weitläufige Park lädt zu ausgedehnten Spaziergängen ein, mit idyllischen Ecken zum Verweilen. Im Sommer sollten Sie den Pool nutzen, auch hier wird selbstverständlich serviert. Die Zimmer sind außergewöhnlich, auch die im Anbau.

Seit 2005 haben Sophie, Tochter von Michel Million, und ihr Mann, Cyril Leclerc, die Verantwortung für diesen besonderen Feinschmeckertempel. Cyril kocht mit unverwechselbarer Handschrift, spielt mit Aromen und macht seine Gäste jeden Tag sehr glücklich. Sophie versprüht vom ersten Moment an gute Laune. Der Service ist sehr aufmerksam, professionell und kompetent, aber nie steif. Die prachtvollen Räume mit interessanter Architektur, mit Kontrasten von Tradition und Moderne bieten einen fürstlichen Rahmen. Erwähnenswert sind die liebevollen Details und Baccarat-Lüster.

Es ist ein paradiesischer Ausflug in die Stadt des großen Stanislas, mit wunderschönen Ecken zum Entspannen. Bleiben Sie hier auf jeden Fall über Nacht, denn es gibt zwei unschlagbare Argumente dafür: eine ganz herausragende Weinkarte, in Tiefe und Breite, mit vielen, sehr guten Geheimtipps in Bezug auf Qualität und Preis, aber auch den großen Prestige-Weinen! Der zweite Grund ist ein herausragendes Frühstück im Zimmer oder auf der Terrasse, auch mit aktuellen, deutschen Zeitungen. Eine Reise nach Lunéville ist immer wieder etwas ganz Besonderes!

CHÂTEAU D'ADOMÉNIL
Sophie und Cyril Leclerc

Rehainviller · F-54300 Lunéville
Fon: +33 3 83740481 · www.adomenil.com

Je connais depuis plus de 30 ans un véritable petit coin de paradis en Lorraine: le château d'Adoménil. On trouve difficilement dans notre région un endroit aussi agréable pour passer un week-end de détente et de bon goût. Le grand parc aux alentours nous invite à de longues balades, avec des recoins idylliques pour se reposer. En été, un passage à la piscine est obligé, et bien sûr, vous pouvez être directement servis au bord de celle-ci. Les chambres sont exceptionnelles, même celles qui se trouvent dans les anciennes dépendances.

Depuis 2005, c'est Sophie, fille de Michel Million, et son mari Cyril Leclerc qui ont la responsabilité de ce temple de la gastronomie. Cyril cuisine d'une manière inimitable, il joue avec les arômes et rend ses invités tous les jours extrêmement heureux. Sophie fait régner la bonne humeur dès que vous passez la porte. Le service est très attentionné, professionnel et compétent, sans pour autant être crispé. Les pièces sont superbement aménagées, présentent une architecture intéressante, entre tradition et moderne, le tout dans un cadre princier. Il convient d'admirer les moindres détails et les lustres en cristal de Baccarat.

C'est un voyage paradisiaque dans la ville du grand Stanislas, avec des coins où il fait bon se détendre. Restez pour la nuit! Il y a à cela deux arguments imbattables: une carte des vins exceptionnelle, de A à Z, contenant de nombreux vins peu connus qui ont un excellent rapport qualité-prix, mais également des grands crus! La deuxième raison est le délicieux petit-déjeuner servi dans la chambre ou sur la terrasse, qui peut être accompagné de la presse du jour. Se rendre à Lunéville est toujours quelque chose de spécial!

Mit freundlicher Unterstützung von · Avec l'aimable soutien de

WWW.TOURISMUS.SAARLAND.DE

LUXEMBURG

WWW.VDL.LU

107

Geschlossen
Samstag · Sonntag

Fermé
Samedi · Dimanche

Preis ø | Prix ø 90 €

Nach Luxemburg fahren viele zum Tanken und Zigaretten kaufen. Sie sind clever, aber noch cleverer sind sie, wenn sie nach dem Besuch an der Tankstelle nicht direkt den Heimweg antreten. Denn dieses kleine, liebeswürdige Land hat viel mehr zu bieten als Tabak und Sprit. Im Großherzogtum kann man wunderbar shoppen und noch besser genießen. Eine der auserlesensten Adressen findet sich mitten im Zentrum der Hauptstadt.

Das Restaurant Clairefontaine an der Place de Clairefontaine gehört zu den vornehmen Adressen der Stadt. Das Haus wird stets in einem Atemzug mit den bekannten Top-Restaurants genannt. Zwischen dem Platz Guillaume und dem Palast des Großherzogs zaubern Arnaud und Edwige Magnier. Viele Jahre arbeiteten die beiden in Paris, bis sie kurz nach der Jahrtausendwende das Traditionshaus vom großen Tony Tintinger übernahmen. Ursprünglich kommt der Küchenchef Arnaud aus dem Burgund und weiß genau, was die Freunde der französischen Küche lieben. Seine Art, Wildhase zuzubereiten, findet man in der Region nur ganz selten, Qualität und Geschmack sind außergewöhnlich. Arnaud und seine Frau geben alles für die Gäste.

Sie wollen nicht nur, dass sich die Gäste in ihrem Haus wohlfühlen, sie wollen, dass diese hier die Zeit und den Alltag vergessen und in eine Welt des Genusses abtauchen. Genau mein Geschmack. Ganz nach meinem Geschmack ist auch die Käseplatte in diesem Haus. Da die Weinexperten hier auch die angebotenen Käse-Sorten bestens kennen, ist die Kombination immer wieder köstlich. So köstlich, dass ich vor lauter Gaumenfreude schon zwei Mal vergessen habe, auf dem Heimweg zu tanken.

CLAIREFONTAINE
Arnaud und Edwige Magnier

Place de Clairefontaine 9 · L-1341 Luxembourg
Fon: + 352 462211 · www.restaurantclairefontaine.lu

Beaucoup de gens se rendent au Luxembourg pour faire le plein et acheter des cigarettes. Ce sont des personnes intelligentes, mais les plus intelligents sont encore ceux qui ne rentrent pas directement à la maison après être sortis de la station service. Ce petit pays très agréable a beaucoup plus à offrir que simplement du tabac et du carburant. On peut également faire d'autres achats et profiter de la vie dans le Grand-duché. En plein centre de la capitale se trouve par exemple un vrai morceau de choix.

Le restaurant Clairefontaine, sur la place du même nom, est l'une des meilleures adresses de la ville. Le restaurant est toujours cité dans le même souffle que les grands restaurants de la ville. Entre la place Guillaume et le palais grand-ducal, Arnaud et Edwige Magnier vous enchantent. Tous deux ont longtemps travaillé à Paris, avant de reprendre, au début des années 2000, le restaurant traditionnel du grand Tony Tintinger. Arnaud, le chef de cuisine, est originaire de Bourgogne, et il sait exactement ce que veulent les amateurs de cuisine française. Sa façon de préparer le lièvre est quasiment unique dans la région. La qualité et le goût sont exceptionnels. Arnaud et sa femme donnent tout pour leurs invités.

Ils ne veulent pas simplement que les invités se sentent bien chez eux, ils veulent que leurs clients oublient le temps qui les pressent et sortent de la routine quotidienne pour plonger dans un monde de saveur. Tout à fait à mon goût. Ce qui est également tout à fait à mon goût, c'est le plateau de fromage qui est proposé. Et comme le sommelier dispose également d'une excellente connaissance des fromages, les combinaisons sont toujours délicieuses. Tellement délicieux d'ailleurs, que par deux fois en rentrant, je ne pensais qu'au repas que je venais de déguster, et j'en ai oublié de faire le plein …

Mit freundlicher Unterstützung von · Avec l'aimable soutien de

WWW.TOURISMUS.SAARLAND.DE

RESTAURANT LÉA LINSTER
Léa Linster

17, route de Luxembourg · L-5752 Frisange
Fon: +352 23668411 · www.lealinster.lu

Wenn man in Deutschland nach Frauen in den großen Restaurants Ausschau hält, landet man auch im luxemburgischen Frisange. Hier regiert Luxemburgs Kochkönigin Léa Linster. Ich lernte sie vor vielen Jahren kennen, als wir mit der leider viel zu früh verstorbenen Krimhild Waskönig einen Film über sie gemacht hatten. Daraufhin verpflichtete sie der Saarländische Rundfunk für eine wöchentliche Kochshow. Danach ging ihr medialer Weg weiter zum ZDF, heute ist sie in den deutschen Medien omnipräsent.

Ihre Küche steht auf den Pfeilern der großen französischen Kochphilosophie. Hier gibt es keinen Firlefanz, sondern die besten Produkte, die dazu passenden Gewürze und fertig. Sie kocht traditionell, einfach und gerade deshalb genial, eine andere Auffassung zu der exotisch angesagten Fülle manch modischer Rezepte. Dazu kocht sie mit viel Liebe und regionaler Identität. Unser Prinzip „Genuss grenzenlos – des Gourmandises sans frontières" entstand eines Abends bei ihr im Restaurant, als sie uns die luxemburgischen Edelbrände aus Schwebsange vorstellte.

Mittlerweile betreibt sie ihren eigenen Weinberg und bietet auch zwei Veranstaltungsorte für Familien, Firmen oder Feierlichkeiten an. Auch mit ihren Kochbüchern und ihren Kolumnen in unterschiedlichen Medien ist sie sehr erfolgreich. Léa Linster ist eine genussvolle Botschafterin unserer Region.

Geschlossen
Montag · Dienstag

Fermé
Lundi · Mardi

Preis ø | Prix ø 90 €

Info Terrasse

Si l'on cherche des femmes dans les grands restaurants d'Allemagne, on peut se retrouver aussi à Frisange, au Luxembourg. C'est là que règne la reine de la cuisine Léa Linster. J'ai fait sa connaissance il y a plusieurs années, alors que nous tournions un film sur elle avec Krimhild Waskönig, qui nous a quitté trop tôt. A la suite de ce reportage, la Saarländische Rundfunk lui faisait signer un contrat pour une émission de cuisine hebdomadaire. Son parcours la mena ensuite sur ZDF, maintenant Léa Linster est omniprésente dans les médias allemands.

Sa cuisine se repose sur les piliers de la grande gastronomie française! Pas de gadgets, simplement les meilleurs ingrédients, les épices appropriées … et voilà! Léa cuisine de façon traditionnelle et simple, et de ce fait de façon géniale; une conception tout à fait différente de la cuisine, en comparaison avec les lourdeurs exotiques de certaines recettes à la mode. Elle ajoute à sa cuisine beaucoup d'amour et une pincée d'identité régionale. Notre principe «Genuss grenzenlos – des gourmandises sans frontières» a en fait vu le jour un soir que nous mangions chez elle, alors qu'elle nous présentait les eaux de vie luxembourgeoises de Schwebsange.

Depuis, Léa Linster gère son propre vignoble et deux endroits où familles, entreprises ou particuliers peuvent passer un agréable moment. Avec ses livres de recettes et ses articles, elle a également du succès dans d'autres médias. Léa Linster est une véritable ambassadrice des plaisirs culinaires de notre région.

Mit freundlicher Unterstützung von · Avec l'aimable soutien de

Geschlossen
Samstagmittag · Sonntag · Montag

Fermé
Samedi midi · Dimanche · Lundi

Preis ø | Prix ø 90 €

Im zehnten Jahr betreiben Simonetta und Ilario Mosconi ihr außergewöhnliches Restaurant in der Capitale unseres Nachbarlandes. Das Haus, in einem ruhigeren Teil der Stadt Luxemburg gelegen, ist das höchstausgezeichnete Restaurant im Großherzogtum. Unsere Luxemburger Freunde sind voll des Lobes, und auch ich kann Ihnen, ohne Wenn und Aber, bestätigen, dass ich hier ganz hervorragend gespeist habe.

Simonetta Mosconi ist eine hinreißende Gastgeberin. Ihr Mann ein Ausnahmekoch, ein Italiener in Luxemburg, und nicht irgendeiner. In einem italienischen Gourmet-Magazin stand einst: „Der beste Italiener nördlich der Alpen …"

Ilario Mosconi stammt aus der Lombardei und veredelt die Küche seines Heimatlandes. Sein Credo? Authentizität. „Vom toskanischen Rindfleisch bis zum Kalbfleisch aus dem Piemont über sizilianische Tomaten und weiße Albatrüffel, fast alle unserer Produkte kommen unmittelbar aus Italien", verrät Simonetta Mosconi. Sie verwöhnt die Gäste mit ihrem liebenswürdigen Service, so wie ihr Mann dies auf dem Teller tut.

Entdecken Sie den Charme dieses Bürgerhauses an der Alzette und die Köstlichkeit und Raffinesse dieses ungewöhnlichen Hauses. Natürlich herrscht hier italienische Lebensfreude, denn mit einem Lächeln geht manches umso leichter …

RESTAURANT MOSCONI
Ilario Mosconi

13, rue Munster · L-2160 Luxembourg
Fon: + 352 546994 · www.mosconi.lu

Simonetta et Ilario Mosconi dirigent depuis dix ans leur extraodinaire restaurant dans la capitale du pays voisin. La maison, installée dans un quartier calme de la ville de Luxembourg, est le restaurant le plus primé du Grand-duché. Nos amis luxembourgeois ne sont pas avares de compliments, et je peux leur assurer que j'ai également eu droit à un repas de grande qualité.

Simonetta Mosconi est une hôte ravissante, son mari est un cuisinier d'exception. Un Italien au Luxembourg, et pas n'importe lequel! Il y a quelques temps, on pouvait lire dans un magazine gourmet italien: «Le meilleur italien au nord des Alpes …»

Ilario Mosconi vient de Lombardie, et il célèbre la cuisine de son pays. Son credo? L'authenticité! «De la viande de bœuf de Toscane à la viande de veau du Piémont, des tomates de Sicile à la truffe blanche d'Alba, presque tous nos produits viennent d'Italie», nous révèle Simonetta Mosconi. Elle régale les clients avec son service attentionné, tout comme le fait son mari dans nos assiettes.

Découvrez le charme de cette maison sur l'Alzette et profitez de ses délices et de son raffinement. Il y règne bien sûr une atmosphère de joie de vivre italienne. Avec un sourire, tout est possible, et encore plus facile …

Mit freundlicher Unterstützung von · Avec l'aimable soutien de

WWW.TOURISMUS.SAARLAND.DE

LUXEMBURG – DIE ADRESSEN DES GUTEN GESCHMACKS

De Pefferkär
49, route d´Esch
L-3340 Huncherange
Fon: +352 513575
www.de-pefferkaer.lu

Ristorante Favaro
19, rue des Remparts
L-4303 Esch-sur-Alzette
Fon: +352 5427231
www.favaro-restaurant.lu

Influence des Saveurs
118, rue de Belvaux
L-4026 Esch sur Alzette
Fon: +352 558094

K-Restaurant
2, rue Stavelot
L-9964 Huldange
Fon: +352 9790561
www.krestaurant.lu

L´Ernz Noire
2, route de Beaufort
L-6360 Grundhof
Fon: +352 836040
www.lernznoire.lu

L´Inoui
67, grand rue
L-8510 Redange
Fon: +352 26620231
www.inoui.lu

La Mirabelle
9, place d´Argent
L-1413 Luxembourg
Fon: +352 422269

La Rameaudière
Op der Jhanglisgare
L-5690 Ellange-Gare
Fon: +352 23661063
www.larameaudiere.lu

Le Bouquet Garni
32, rue de l'eau
L-1449 Luxembourg
Fon: +352 26200620
www.lebouquetgarni.lu

Le sud
2, rue Emile Mousel
L-6521 Luxembourg
Fon: +352 26478750
www.le-sud.lu

Les Roses – CASINO 2000
rue Th. Flammang
L-5618 Mondorf-les-Bains
Fon: +352 23611-213
www.casino2000.lu

Ma Langue sourit
1, rue de Remich
L-5331 Moutfort
Fon: +352 26352031
www.mls.lu

LES ADRESSES DU BON GOÛT

🇱🇺 **Manoir Kasselslay**
Maison 21
L-9769 Roder
Fon: +352 958471
www.kasselslay.lu

🇱🇺 **Mathes**
37, route du Vin
L-5401 AHN
Fon: +352 760106
www.restaurant-mathes.lu

🇱🇺 **Roma**
5, rue Louvigny
L-1946 Luxembourg
Fon: +352 223692
www.roma.lu

🇱🇺 **Parc Le´h**
Rue du Parc
L-3542 Dudelange
Fon: +352 519990
www.parcleh.lu

🇱🇺 **Restaurant Patin d´Or**
40, route de Bettembourg
L-1899 Kockelscheuer
Fon: +352 226499
www.patin-dor.lu

🇱🇺 **Peitry Restauberge**
18, rue de Luxembourg
L-6910 Roodt-sur-Syre (Rued-Sir)
Fon: +352 26787598
www.peitry.lu

🇱🇺 **Saison´Art Restaurant**
15, route de Thionville
L-6791 Grevenmacher
Fon: +352 26729066
www.saisonart.lu

🇱🇺 **Sensi** – Lounge Restaurant & Sushi Bar
2/4 Bld. X Septembre
L-1475 Luxembourg
Fon: +352 26441513
www.sensi.lu

🇱🇺 **Sobogusto**
41, rue de Bouillon
L-1248 Luxembourg
Fon: +352 27763700
www.sobogusto.lu

🇱🇺 **Taverne beim Baron**
33, rue Principale
L-6570 Osweiler
Fon: +352 728757
www.ernesto.lu

🇱🇺 **Toit pour toi**
2, rue du 9 Septembre
F-4996 Schouweiler
Fon: +352 26370232
www.toitpourtoi.lu

🇱🇺 **Wäissen Haff**
30, rue Principale
L-5240 Sandweiler
Fon: +352 26701411
www.waissen-haff.lu

GRÄFINTHALER HOF
Jörg Künzer

Gräfinthal 6 · D-66399 Mandelbachtal
Fon: +49 6804 91100 · www.graefinthaler-hof.de

Eine Fahrt nach Gräfinthal ist eine Reise in eine beschauliche Welt. Ruhe, Abgeschiedenheit und Genuss grenzenlos. So lassen die alten behäbigen Wohnhäuser und Scheunen, die heute zum Teil wunderbar restauriert sind, erkennen, dass Gräfinthal einmal anderen Zwecken gedient haben muss. Die altersgrauen Klostermauern mit ihrem Wildwuchs, die einstmals den Gräfinthaler Hof umgaben, entzücken heute noch viele Pilger und Wanderer, denn der Ort gehört zu den bekanntesten Wander- und Wallfahrtszielen des Saarlandes.

Doch ich bin heute hier, um die große Küchenkunst von Jörg Künzer zu erleben! Mein Fazit: Dieser Mann hat es drauf und mit Unterstützung der ganzen Familie ein Kleinod des Genusses geschaffen. Der neu angelegte Weinkeller, in dem sein Vater eine herausragende Auswahl bester Weine zusammengestellt hat, ist alleine schon die Reise zu den alten Klostermauern wert.

Die kreativ-klassische Küche von Küchenmeister Jörg Künzer zeichnet sich durch Verarbeitung von hochwertigen, regionalen Produkten aus, die man im klassisch-eleganten Restaurant oder dem sonnendurchfluteten Wintergarten genießen kann. Auf der ruhigen Terrasse sitzen Sie im Sommer unter schattigen Kastanien und Palmen. All das ist wunderschön, doch die Küche des Meisters ist der unwidersprochene Grund für einen nächsten Besuch, sie hat mich begeistert …

Geschlossen
Montag · Dienstag

Fermé
Lundi · Mardi

Preis ø | Prix ø 30 €

Info Terrasse
Klimaanlage · Air conditionné

Se rendre à Gräfinthal est un voyage dans un monde merveilleux. Calme, isolement et des gourmandises sans frontières. Les anciennes habitations et granges, qui sont aujourd'hui pour partie superbement rénovées, laissent penser que Gräfinthal avait auparavant un autre but. Les vieux murs gris du cloître, avec sa vigne vierge, qui entouraient le Gräfinthaler Hof, sont encore admirés par nombre de pèlerins et de randonneurs, car Gräfinthal est l'un des lieux de randonnée et de pèlerinage les plus connus de la Sarre.

Quant à moi, je suis ici pour découvrir l'art culinaire de Jörg Künzer! Mon bilan: cet homme est très doué, et il a réussi, avec l'aide de toute sa famille, a créer une oasis du goût. La nouvelle cave à vins où son père a réuni une sélection exceptionnelle de grands vins, vaut à elle seule de faire le détour au cloître de Gräfinthal.

La cuisine créative et classique du chef Jörg Künzer se distingue par l'utilisation de produits régionaux de grande qualité, que l'on peut ensuite déguster dans le restaurant, élégant et classique ou sous la véranda, baignée par le soleil. Sur la terrasse, en été, vous serez assis à l'ombre de châtaigniers et de palmiers. Tout cela est magnifique, mais c'est la cuisine du maître qui sera l'unique raison d'une prochaine visite. Il m'a convaincu …

Mit freundlicher Unterstützung von · Avec l'aimable soutien de

WWW.TOURISMUS.SAARLAND.DE

METZ

WWW.METZ.FR

119

METZ

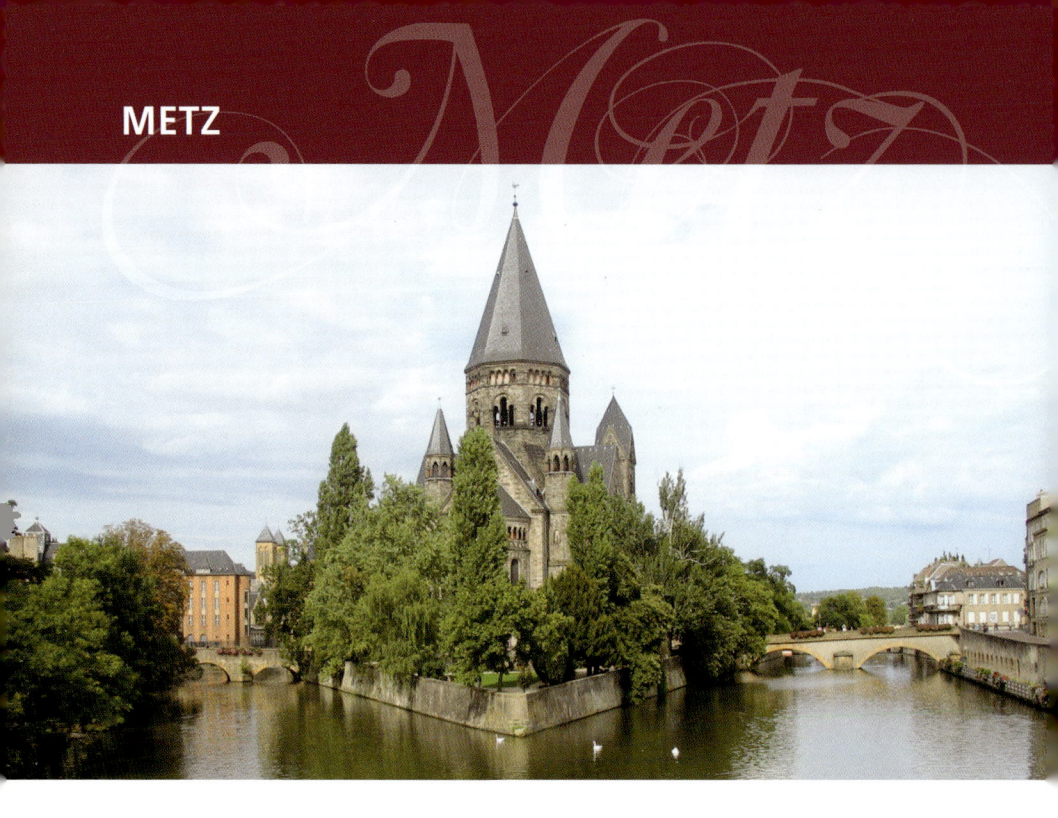

Samstagsmorgens fahre ich öfters nach Metz auf den Markt. Hier finde ich das Angebot, das ich suche, um die nächsten Tage kulinarisch glücklich zu werden. Im Schatten der Kathedrale, der „Laterne Gottes", wie sie hier liebevoll genannt wird, geht es dann zum Einkauf. Vor und in den Markthallen finden Sie alles, was Sie für die Küche brauchen. Das Angebot an Fisch, Fleisch, Gemüse und Käse inspiriert! Auf diesem Markt esse ich dann auch schon mal um 11 Uhr eine heiße Suppe, die in bei „Soupes à Soup's" jeden Samstag in großer Auswahl angeboten wird. Ab und zu gehe ich auch noch in die Boucherie-Charcuterie Humbert in die Rue du Grand-Cerf. Dieses Haus hat ganz tolle Spezialitäten und Fleisch vom Feinsten. Danach habe ich die Qual der Wahl.

Oft zieht es mich unterhalb der Kathedrale zu Thierry Krompholtz in die Rue des Piques. Der ehemalige Weltenbummler ist vor ein paar Jahren in seine Geburtsstadt zurückgekehrt. Mitgebracht hat er eine Küche voller Einflüsse und Aromen aus Afrika, der Karibik, dem Iran oder aus Mexiko. Diese präsentiert er mit einem Lächeln auf dem Gesicht und sorgt somit gleich für Genuss grenzenlos. Gegenüber liegt das „Cantino", ein paar Schritte weiter „Georges-la ville de Lyon". Beide auch sehr beachtenswerte Adressen. Diese Region ist so vielfältig, dass ich immer wieder erstaunt bin. Unterhalb der Kathedrale findet der Feinschmecker weitere, lohnenswerte Ziele.

Das Centre Pompidou-Metz hat schon mehr als eine Million Besucher angelockt. Dort hat das kulinarische Sagen Jean-Marie Visilit im Restaurant „ La Voile blanche", der vor den Toren von Metz im beschaulichen Condé-Northen, sein Feinschmecker-Hotel „La

Grange de Condé" betreibt. Metz hat viel zu bieten, eine besondere Adresse ist das Restaurant „Magasin aux Vivres", im Hotel La Citadelle. Christophe Dufossé, der sich heute als Wahllothringer sieht, schätzt die Grenzregion und ihre internationale Kundschaft. „Wir sind hier im Herzen Europas. Deutschland und Luxemburg sind unsere unmittelbaren Nachbarn. Der TGV/ICE, der Metz mit Frankfurt und Paris verbindet, wird uns noch

weitere Gäste aus Japan und Amerika bescheren und die Gastronomie und das Hotelgewerbe unserer Stadt weiter vorantreiben." Christophe Dufossé und seine Gattin sehen für Metz eine große Zukunft voraus, die sie aus dem Schatten des elsässischen Nachbarn heben wird: „Wir verarbeiten vor allem lokale Produkte, die uns von Zulieferern angeboten werden, die jeden Tag das Beste aus den Märkten der Grenzregion auswählen."

Er hat Recht, das Herz Europas schlägt in dieser Region! Ich bummele weiter durch Metz, es gibt hier so unendlich viel zu entdecken. Vor 20 Jahren verbrachte ich hier einmal eine Woche an der Universität, Weiterbildung beim Nachbarn, aus dieser Zeit kenne ich noch viele Adressen, auf die mich meine Metzer Kommilitonen aufmerksam machten.

So schlendere ich noch zum „Café Jehanne d'Arc" an der Place Jeanne d'Arc. Es ist ein gemütliches und ruhiges Café, etwas vom Zentrum entfernt. Der Service ist sehr aufmerksam und sehr nett. Der Kaffee, oder im Winter eine heiße Schokolade, schmecken mir hier. In diesem kleinen Café kann ich auch in Ruhe eine Zeitung lesen oder mal ein Gespräch fernab der Hektik führen.

Und wenn ich hier meine Metzer Genusskomplizin Frau Colombo treffe, erfahre ich auch wieder jede Menge kulinarische Neuigkeiten. Hab ich hier dann einen ruhigen Nachmittag verbracht, besuche ich am Abend noch „La Vigne d' Adam" in Plappeville. Das ehemalige Winzerhaus im Zentrum ist in ein herrliches Restaurant mit Weinbar und einer außergewöhnlichen Küche.

WWW.METZ.FR

METZ

Le samedi matin, je me rends souvent au marché à Metz. Là, je trouve toujours ce que je cherche pour mon plaisir gourmand des jours suivants. A l'ombre de la cathédrale, surnommée gentiment «Lanterne du bon Dieu» par les autochtones, je fais mes courses. A l'intérieur et à l'extérieur du marché couvert, vous trouverez tout le nécessaire pour votre cuisine. L'offre en poissons, viandes, légumes et fromages est source d'inspiration. C'est sur ce marché que je déguste déjà à onze heures une bonne soupe chaude du «Soupes à Soup's», où on trouve le samedi matin un très grand choix! Je me rends aussi parfois dans la Boucherie-Charcuterie Humbert de la Rue du Grand-Cerf. Cet établissement propose différentes pièces de viande de la meilleure qualité. Après, je n'ai plus que l'embarras du choix.

Souvent, je me rends au pied de la cathédrale, chez Thierry Krompholtz, dans la Rue des Piques. Le globe-trotter est revenu il y a peu dans sa ville natale. Il y a ramené une cuisine influencée par des arômes venant d'Afrique, des Caraïbes, d'Iran ou du Mexique. Il me présente ses plats avec un sourire aux lèvres, et apporte sa pierre à l'édifice des gourmandises sans frontières. À côté se trouve le «Cantino», un peu plus loin, le «Georges – à la Ville de Lyon», toutes deux des adresses hautement recommandables. Cette région est si diverse que j'en suis toujours étonné. Et dans le quartier de la Cathédrale, le gourmet trouve également d'autres destinations qui valent le détour.

Le Centre Pompidou-Metz a déjà accueilli plus d'un million de visiteurs. Là, dans le restaurant «La voile blanche», c'est Jean-Marie Visilit qui a son mot à dire. C'est lui également qui gère le restaurant et hôtel gourmet «La Grange de Condé», aux portes de Metz. Metz a beaucoup à offrir, et l'une des adresses à retenir est le restaurant «Le Magasin aux Vivres», dans l'hôtel «La Citadelle». Christophe Dufossé, qui se considère comme un Lorrain par choix, sait apprécier la région et sa clientèle internationale: «Nous sommes au cœur de l'Europe. L'Allemagne et le Luxembourg sont nos voisins directs. Le TGV/ICE qui relie Metz à Paris et Francfort nous permet d'accueillir encore plus de clients venant du Japon ou des Etats-Unis, ce qui va favoriser encore plus les activités hôtelières

et de restauration dans notre ville.» Christophe Dufossé et sa femme voient un avenir radieux pour Metz, la ville qui veut sortir de l'ombre de sa voisine alsacienne. «Nous utilisons en premier lieu des produits régionaux qui nous sont proposés par nos fournisseurs. Tous les jours, ils choisissent le meilleur des marchés de la région.»

Il a raison: le cœur de l'Europe est situé dans la région, et il y bat! Je continue ma promenade dans Metz, il y a toujours quelque chose à découvrir. Il y a 20 ans, je passais une semaine à l'Université: formation continue chez le voisin français. De cette époque, je connais encore quelques adresses qui m'avaient été recommandées par mes camarades messins.

Alors je me rendis au «Café Jehanne d'Arc», sur la place Jeanne d'Arc. C'est un café confortable et calme, un peu plus éloigné du centre-ville. Le service est très attentionné et très sympathique. Le café, ou en hiver un chocolat chaud, y sont très bon. Dans ce café, je peux tranquillement lire un journal ou discuter, sans aucune pression.

Et quand j'y rencontre ma complice gourmande Mme Colombo, j'apprends toujours de nombreuses nouveautés culinaires. Lorsque j'ai passé un agréable après-midi, je me rends ensuite à «La Vigne d'Adam», à Plappeville. L'ancienne maison de vigneron est aujourd'hui un agréable restaurant disposant d'un bar à vins et d'une cuisine remarquable.

WWW.METZ.FR

METZ – DIE ADRESSEN DES GUTEN GESCHMACKS

🇫🇷 **Au Pampre D´Or**
31, place de Chambre
F-57000 Metz
Fon: +33 3 87741246

🇫🇷 **Auberge de la Klauss**
1, route de Kirschnaumen
F-57480 Montenach
Fon: +33 3 82837238
www.auberge-de-la-klauss.com

🇫🇷 **Boucherie-Charcuterie Humbert**
8, rue du Grand-Cerf
F-57000 Metz
Fon: +33 3 87750938

🇫🇷 **L´Instant**
32, rue du Coëtlosquet
F-57000 Metz
Fon: +33 3 87655809

🇫🇷 **La Ferme Lorraine**
2, place Raymond Mondon
F-57000 Metz
Fon: +33 3 87630909
www.la-ferme-lorraine.com

🇫🇷 **La Goulue**
24, place Saint-Simplice
F-57000 Metz
Fon: +33 3 87751069

LES ADRESSES DU BON GOÛT

🇫🇷 **La Grange de Condé**
41, rue des Deux Nieds
F-57220 Condé-Northen
Fon: +33 3 87793050
www.lagrangedeconde.com

🇫🇷 **La Vigne d´Adam**
50, rue du Général de Gaulle
F-57050 Plappeville
Fon: +33 3 87303668
www.lavignedadam.com

🇫🇷 **La Voile Blanche / Le 333**
1, parvis des Droits de l´Homme
F–57000 Metz
Fon: +33 3 87206666

🇫🇷 **Le Chat Noir**
30, rue Pasteur
F-57000 Metz
Fon: +33 3 87569919

🇫🇷 **Les Cols du Champé**
5, rue du Champé
F-57000 Metz
Fon: +33 3 87189133
www.lescolsduchampe.fr

🇫🇷 **Opalettes**
23, avenue Foch
Entrée rue Charlemagne
F-57000 Metz Gare
Fon: +33 3 87366064
www.opalettes.com

WWW.METZ.FR

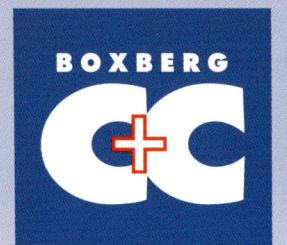

BOXBERG C+C
CASH+CARRY GROSSHANDEL

Die Gastronomie liegt uns am Herzen

Gastronomen haben ein Ziel ...

... ihren Gästen eine optimale Küche zu bieten und trotzdem Geld zu verdienen! Um dieses Ziel zu erreichen, braucht man einen verlässlichen, kompetenten Partner, der Qualität, Frische, Fachberatung und profihafte Sortimente bietet, und das alles zu einem Preis, der Gastronomen noch etwas verdienen lässt. Also einen Partner, mit dem man rechnen kann! Wir vom Boxberg C+C in Neunkirchen sind der Partner, der Ihnen diese Vorteile bieten und Ihnen somit das „Gastro-Leben" leichter macht, denn ...

... damit können Sie bei uns rechnen:

- Unser umfangreiches Lebensmittelsortiment, besonders unsere Frischeabteilungen und unsere Vinothek, bieten eine außergewöhnliche Qualität und eignen sich bestens zur Deckung Ihres gewerblichen und privaten Bedarfs.
- In unserer Non-Food-Abteilung finden Sie ein gastrotypisches Sortiment sowie hochwertige und dennoch preisgünstige Geschenk- und Dekorationsartikel.
- Wir informieren Sie gerne persönlich über individuelle Möglichkeiten unseres Hauses. Zum Beispiel:
- Über individuelle Ordersätze für Gastronomie und Hotellerie und Angebote, die auf Ihre speziellen Bedürfnisse zugeschnitten sind.
- Wir sind Ihnen bei der Erstellung von Weinkarten behilflich.
- Für Gastronomiekunden erfüllen unsere beiden Metzgermeister nach Rücksprache Sonderwünsche, wie z.B. individuelle Angebote und Zuschnitte bei Fleisch.
- Unser zuverlässiger Lieferservice.

Der Einkauf beim Boxberg C+C lohnt sich!

Am besten besuchen Sie uns und testen unsere Leistungsstärke, denn mit uns können Sie rechnen.

BOXBERG C+C
Betzenhölle 28 • 66538 Neunkirchen
Telefon: 06821 984-0 • Telefax: 06821 984-299
E-Mail: info@boxberg-cc.de • Internet: www.boxberg-cc.de

Fotos: Heidecker GmbH

Willkommen im Erlebniszentrum Mettlach

Keravision mit Film · Erlebniswelt Tischkultur · Keramikmuseum Mettlach · Informationszentrum Bad, Küche, Fliesen und Wellness · Schinkel-Brunnen, Alter Turm · Living Planet Square mit Erdgeist · Factory Outlet

Öffnungszeiten:
Mo.-Fr.   9.00 - 18 Uhr
Sa./So.*   9.30 - 16 Uhr
* 01.04.-31.10. sonntags und an Feiertagen geöffnet

Villeroy & Boch AG · Erlebniszentrum/Besucherservice
Alte Abtei · Saaruferstraße · D-66693 Mettlach
Fon +49(0)6864.81-1020 · Fax +49(0)6864.81-2305
www.villeroy-boch.com

My House of Villeroy & Boch

Villeroy & Boch
1748

Geschlossen
Kein Ruhetag

Fermé
Ouvert tous les jours

Preis ø | Prix ø 30 €

Info Terrasse

Eine knappe Autostunde von Saarbrücken Richtung Sarrebourg liegt das Paradies für Urlaub und Entspannung. Im Hafen von Mittersheim haben die Touristenboote angelegt, um die Mittagszeit sitzen alle beim Essen auf dem Boot. Ein weiteres Boot kommt langsam den Kanal runter geschippert und biegt in den Hafen zum Anlegen ab. Ruhe, Entspannung, weit weg die Welt, wo gehetzt wird …

Ein paar Meter weiter liegt das L´Escale. Natalie und Jean-Paul Noé betreiben dieses Hotel-Restaurant seit elf Jahren. Nach der Übernahme wurde das Hotel komplett renoviert, die Küche machte sich auf, eine steile Entwicklung einzuschlagen. Noé bietet heute die Woche über vier Menüs zwischen 10 und 25 Euro, am Wochenende kostet das Festmenü 35 Euro. Von Nancy, Saarbrücken, Sarrebourg und aus dem Elsass kommen Feinschmecker, um von diesem herausragenden Preis-Genussverhältnis zu profitieren. Das Haus ist die ganze Woche geöffnet, hat keinen Ruhetag. Während Jean-Paul mit seiner kleinen Equipe die köstlichen Menüs zubereitet, leitet Natalie mit großem Engagement, Freundlichkeit und Wissen den Service. Ihre Weinempfehlungen treffen immer, und auch ansonsten wird sie alles tun, um Ihren Aufenthalt so schön wie möglich zu machen. Noé bezieht seine Produkte aus Saarbrücken, vom Metzer Großmarkt, aus Rungis oder von Bauern aus der Gegend. Die Schnecken stammen aus Molring, die Gemüse sind alle frisch aus der Gegend und schmecken auch so. Der Edelbrand stammt aus der Nähe von der Distillerie du Castor, und die kleine Champagnerspezialität, die die Noés anbieten, gibt es exklusiv nur bei ihnen. Der Produzent des edlen Perlweins ist der Pate ihrer süßen Tochter Elodie. Worauf warten Sie noch, fahren Sie mal hin …

HÔTEL-RESTAURANT L'ESCALE
Natalie & Jean-Paul Noé

33, route de Dieuze · F-57930 Mittersheim
Fon: +33 3 87076701 · www.lescalemittersheim.fr

En direction de Sarrebourg, à un peu plus d'une heure de route de Sarrebruck, se trouve un paradis pour les vacances et la détente. Les bateaux des touristes se sont amarrés au port de Mittersheim, à l'heure du repas, tous mangent sur le pont. Un autre bateau navigue lentement sur le canal et tourne pour s'arrêter au port. Le calme, la détente, loin du monde où tout s'agite …

Quelques mètres plus loin se trouve «L'Escale». Natalie et Jean-Paul Noé tiennent cet hôtel-restaurant depuis 11 ans. Juste après l'avoir repris, ils ont complètement rénové l'hôtel, ont ouvert la cuisine, se sont rapidement développés. M. Noé propose maintenant chaque semaine quatre menus différents, de 10 à 25 euros. Le week-end, le menu de fête s'élève à 35 euros. Des gourmets viennent de Nancy, de Sarrebruck, de Sarrebourg ou d'Alsace afin de profiter d'un excellent rapport qualité/prix. Le restaurant est ouvert toute la semaine, il n'y a pas de jour de repos. Alors que Jean-Paul et sa petite équipe préparent en cuisine les délicieux menus, Natalie dirige le service en salle d'une main de maître et d'une manière très amicale. Ses conseils en matière de vins sont toujours avisés, et elle fera tout ce qui est en son pouvoir pour rendre votre séjour le plus agréable possible. La famille Noé mise sur des produits venant de Sarrebruck, du marché de gros messin, de Rungis ou de fermes de la région. Les escargots viennent de Molring, tous les légumes sont frais, et cela se sent. L'eau de vie vient également de la région, de la distillerie du Castor, et les petites spécialités au Champagne que propose le couple ne sont disponibles que chez eux. Leur producteur de champagne est le parrain de leur charmante fille Elodie. Qu'est-ce que vous attendez donc, allez y faire un tour …

Mit freundlicher Unterstützung von · Avec l'aimable soutien de

NANCY

WWW.NANCY.DE

NANCY

Nancy ist immer eine Reise wert. In dieser Stadt, die den Besucher mit so viel Geschichte und Charme empfängt, habe ich vor vielen Jahren einen ganz besonderen Koch und Menschen kennengelernt: Patrick Tanésy. Mit meinem geduldigen Freund Thomas Pelletier fuhr ich um die Jahrtausendwende die Region hoch und runter, kreuz und quer. Vieles wussten wir nicht, Neues gab es zu entdecken. Wir lernten die kulinarischen Seiten der Region intensiv kennen. Eines Tages besuchten wir das Restaurant von Patrick Tanésy. Das große Menü und die Weinkarte, bitte! Da fand Thomas, ein exzellenter Weinfachmann, so manchen Tropfen, den er lange schon suchte: eine Flasche von Guigal, La Turque 1990, einen Wein der Côte Rôtie. Gesehen, nicht auf den Preis geschaut, bestellt! Plötzlich schienen sich einige Gourmets in diesem Restaurant für uns zu interessieren. Patrick Tanésy kam zu uns an den Tisch und ein gewisser Antoine Patrick, dessen Restaurant Cap Marine ein paar Schritte weiter liegt.

Die Weinbestellung war die Eintrittskarte, um die Genusswelt in Nancy kennenzulernen. Wir freundeten uns an und Monsieur Tanésy wurde mein Berater für das Département Meurthe et Moselle. Wir verabredeten uns für den nächsten Morgen, den Markt in Nancy zu besuchen. Dieser Markt ist einer der größten Märkte Frankreichs, ein Paradies für Genießer. Mitten in der Stadt gelegen, eine Bastion französischer Tischkultur. Nach dem Markt sagte er: „Ich muss Ihnen zwei junge Leute vorstellen, die beide lange im Dreisternetempel von Boyer in Reims gearbeitet haben. Sie haben sich in Nancy niedergelassen." Damals lernte ich Laurence und Hervé Fourrière kennen. Und so ging das weiter. Ich lernte die Stadt immer besser kennen und merkte schnell, dass die schönste Brasserie Flo nicht in Paris, sondern in Nancy steht.

Das Leben in der rue Primatiale ist etwas ganz Besonderes. Eine kleine Gasse hinter dem Rathaus, in der an einem Freitagnachmittag um fünf gar nichts los ist. Um die Cave l`Échanson gibt es dort zwei, drei gute Bistrots, Bars und ein Weinhaus. Um acht tobt hier der Bär. Man trinkt einen Apéritif, entdeckt Freunde beim Essen, quetscht sich noch an den Tisch, dann wird die nächste Runde vor dem Weinhaus getrunken. Es wird immer voller, immer lebenslustiger. Der Besitzer des Weinhauses kommt auf mich zu, zeigt mir drei Flaschen Wein und sagt: „Diese ist Plörre, das ist unterirdisch und die dritte ist gar nichts ..." Ich schau ihn fragend an und er erzählt weiter: „Gestern Abend war ein Aufschneider mit einem hübschen Mädchen bei uns. Er spielte sich als Weinkenner auf, sie hatte Ahnung, auch bestellt und er wurde von ihr eingeladen. Heute wollte er diese drei Weine kaufen, die sie gestern tranken, sicherlich für ein romantisches Wochenende zuhause. Als ich ihm die Preise sagte, entgegnete er mir ..."

Nach meinem zweiten Mittagessen in einem kleinen Bistrot in Nancy, so gegen 14.30 Uhr, rief Herr Tanésy an: „Ich hab um halb drei einen Tisch für Sie bestellt im „Au grand Sérieux", direkt am Markt. Gehen Sie da mal hin, das ist einmalig." Nach zwei Mittagessen ist selbst Herr Klöckner nicht mehr sehr hungrig, doch, wenn Herr Tanésy ruft, komme ich ...

Ich mache mich also auf in die rue Raugraff. Dort betrat ich eine hässliche Resopalkneipe, völlig verräuchert, mit dem Charme einer Autowerkstatt. Was ist denn das? Benoît Keller hatte eine große Kochkarriere hinter sich. Der freundliche Mann arbeitete bei, und halten Sie sich jetzt fest, Alain Senderens und Alain Chapel. Danach hatte er keine Lust mehr auf diesen Dreisternestress und machte diese Pinte auf! Er servierte mir die beste Zunge in Madeira, die ich je gegessen habe.

So hat mich Patrick Tanésy begleitet, fast 15 Jahre, immer auf der Spur nach guten Häusern und den besten Produzenten. Die Köche in Nancy betrachten den jovialen Südfranzosen als das kulinarische Gewissen der Stadt. Antoine Patrick, mit dem wir nach unserm ersten Besuch bei Tanésy, nachmittags um vier, noch in sein Restaurant gegangen sind, um eine kleine Weinprobe zu machen, zählt heute zu den besten Restaurants Lothringens. Ich habe ihn entdeckt, noch bevor Michelin, Gault-Millau oder Pudlowski auf ihn aufmerksam wurden. Dank einer Flasche Wein bei Tanésy. Ein Koch, der nur Gutes über seine Kollegen erzählt, ist etwas Außergewöhnliches. Dieser Mann ist etwas Besonderes! Ich bin ihm zu großem Dank verpflichtet! Santé, Patrick Tanésy!

NANCY

Se rendre à Nancy vaut toujours le déplacement. C'est dans cette ville, qui accueille le visiteur avec tant d'histoire et de charme, que j'ai rencontré il y a plusieurs années un cuisinier et une personne exceptionnelle: Patrick Tanésy. Avec mon très patient ami Thomas Pelletier, j'ai parcouru la région en long, en large et en travers au début des années 2000. Nous ne savions pas beaucoup, nous avions énormément de choses nouvelles à découvrir. Nous avons donc fait connaissance de manière très intense avec la cuisine de la région, et un jour nous avons franchi la porte du restaurant de Patrick Tanésy. Le menu et la carte des vins, s'il vous plaît! Thomas, un grand connaisseur, y a trouvé des bouteilles qu'il cherchait depuis longtemps: un Guigal, La Turque 1990, un Côte-Rôtie. Vu et immédiatement commandé, sans même regarder le prix! C'est alors que certains invités du restaurant commencèrent à s'intéresser à nous. Patrick Tanésy vint à notre table avec un certain Antoine Patrick, dont le restaurant Cap Marine se trouve à seulement quelques mètres de là.

La commande d'un vin était notre ticket d'entrée pour le monde gourmet de Nancy. Nous nous liions d'amitié, et Monsieur Tanésy devint mon conseiller pour la Meurthe-et-Moselle. Nous nous donnons rendez-vous pour le lendemain, au marché de Nancy. Ce marché est l'un des plus grand de France, un paradis pour le gourmet gourmand. C'est un bastion de la culture de la table française, en plein centre ville. Après notre visite du marché, il nous dit: «Je dois vous présenter deux jeunes gens qui ont tous les deux longtemps travaillé dans le temple trois étoiles de Boyer, à Reims. Maintenant, ils se sont installés à Nancy.» C'est ainsi que j'ai fait la connaissance de Laurence et Hervé Fourrière. Et ainsi de suite. J'ai rapidement fait la connaissance de la ville, et j'ai appris que la plus belle des brasseries Flo n'est pas à Paris, mais à Nancy.

La vie dans la rue Primatiale est quelque chose de passionnant. C'est un petit passage derrière la mairie, où on a l'impression que rien ne se passe un samedi après-midi à cinq heures. Il y a pourtant autour de la cave l'Echanson, deux ou trois bistrots et bar réputés, et un bar à vin. A huit heures, l'endroit est plein à craquer. On y prend l'apéritif, on se fait de nouveaux amis en mangeant, on se serre à une table, et la prochaine tournée arrive. Le propriétaire du bar à vins vint me voir, me montre trois bouteilles de vin et me dit: «Le première est une piquette, la seconde est plus bas que terre, et la troisième ne vaut pas grand-chose…» Je le regardais de manière interrogative, et il me raconta: «Hier, un frimeur est venu chez moi avec une jolie demoiselle. Il a voulu faire comme s'il y connaissait quelque chose. Elle, par contre, s'y connaissait, elle a commandé, et c'est finalement lui qui s'est fait invité. Aujourd'hui, il voulait acheter les trois vins qu'ils avaient bu la veille, sans doute pour passer un agréable week-end à la maison. Lorsque j'annonçais les prix, c'est ce qu'il m'a rétorqué …»

Après mon deuxième repas de midi dans un petit bistrot de Nancy, Patrick Tanésy m'appela. Il était alors presque deux heures et demie. «J'ai réservé une table pour vous Au grand Sérieux, directement sur la place du marché, à deux heures et demie. Allez-y faire un tour, c'est une expérience unique.» Après deux déjeuner, même M. Klöckner n'a plus très faim, mais si c'est M. Tanésy qui appelle, alors j'y vais …

Je me rends donc dans la rue Raugraff. J'entrais alors dans un bar horrible, tout en formica, complètement enfumé, ayant le charme d'un garage automobile. Qu'est-ce que c'est donc? Benoît Keller avait une grande carrière de cuisinier derrière lui. L'homme, très amical, avait travaillé pour (tenez-vous bien!) Alain Senderens et Alain Chapal. Ensuite, il n'avait plus envie du stress d'un trois étoiles, et il a ouvert un café! Il me servit la meilleure langue dans une sauce madère que j'aie eu l'occasion de manger!

C'est depuis lors que Patrick Tanésy m'accompagne, depuis presque 15 ans, sur les traces des meilleures maisons et des meilleurs producteurs. Les cuisiniers de Nancy considèrent le jovial méridional comme la conscience culinaire de la ville. Après notre premier repas chez Tanésy, nous nous rendîmes avec Antoine Patrick dans son restaurant, à quatre heures de l'après-midi, pour une dégustation de vin. Son restaurant compte aujourd'hui parmi les meilleurs de Lorraine. Je l'ai découvert bien avant que le Michelin, le Gault-Millau ou Pudlowski ne commencent à s'intéresser à lui. Et tout cela grâce à une bouteille de vin chez Patrick Tanésy. Un cuisinier qui ne dit que du bien de ses collègues, c'est quelque chose d'exceptionnel! Cet homme est quelqu'un d'exceptionnel! Je dois lui rendre un grand merci. A ta santé, Patrick Tanésy!

NANCY – DIE ADRESSEN DES GUTEN GESCHMACKS

LES ADRESSES DU BON GOÛT

Chez Tanésy
23, grande rue
F-54000 Nancy
Fon: +33 3 83355194

L´Avant-Première
1/5, rue Victor
F-54000 Nancy
Fon: +33 3 83320386

L´Institut
102, grand-rue
F-54000 Nancy
Fon: +33 3 83322414

La Maison dans le Parc
3, rue Sainte Catherine
F-54000 Nancy
Fon: +33 3 83190357
www.lamaisondansleparc.com

Le Cap Marine
60, rue Stanislas
F-54000 Nancy
Fon: +33 3 83370503
www.restaurant-capmarine.com

Le Capucin Gourmand
31, rue Gambetta
F-54000 Nancy
Fon: +33 3 83352698
www.lecapu.com

Le P´tit Cuny
99, grande rue
F-54000 Nancy
Fon: +33 3 83328594

Le Stan
au Grand Hôtel de la Reine
2, place Stanislas
F-54000 Nancy
Fon: +33 3 83350301

Les Pissenlits
27, rue des Ponts
F-54000 Nancy
Fon: +33 3 83374397
www.les-pissenlits.com

Maison de Myon
7, rue Mably
F-54000 Nancy
Fon: +33 3 83465656
www.maisondemyon.com

Maison Gwizdak
19, rue Raugraff
F-54000 Nancy
Fon: +33 3 83321230
www.gwizdak.fr

MVP
13, rue Jacques Callot
F-54000 Nancy
Fon: +33 6 27384164

WWW.NANCY.DE

LA SOURCE DES SENS
Anne & Pierre Weller

19, route de Haguenau · F-67360 Morsbronn-les-Bains
Fon: +33 3 88093053 · www.lasourcedessens.fr

Eine wahre Quelle der Sinnlichkeit ist die Source des Sens in Morsbronn-les-Bains. Im Umland von Hagenau haben Pierre und Anne Weller eine moderne Wellness-Oase geschaffen und verwöhnen ihre Gäste in allen Bereichen. Wie in Deutschland sind auch in Frankreich die Restaurant-Ranglisten in Bewegung, Pierre Weller gehört zum Besten, was das Elsass heute zu bieten hat. Hier kommt das Glück aus der Küche und diese Küche ist ungemein vielfältig. Sein großes Wissen hat sich Weller in drei Erdteilen erarbeitet. In Frankreich arbeitete er bei Alain Ducasse in Monte Carlo im Drei-Sterne-Tempel! Keine Fragen mehr …

Das große Menü trägt den Zusatz „Entspannung und Entdeckung", und auf eine entspannte Entdeckungsreise begibt man sich dann auch mit Pierre Weller. Sein Motto der Sinnlichkeit überträgt er auf jedes Gericht. Fisch, Gemüse und Fleisch werden mit Saucen und Kräutern zu wahren Gedichten. Ein Tipp für alle Feinschmecker: Besuchen Sie einmal seine Kochkurse! In einer eigenen Unterrichtsküche lernen Sie die Geheimnisse seiner großen Kochkunst kennen. Der Unterricht bei ihm ist eine Weiterbildung der Sinne, der große Koch hat es nicht nötig, eine „One-man-Show" abzuziehen …

Fünf bis zehn Kochschüler nimmt er an, die dann selbst der Mittelpunkt des Geschehens sind, angeleitet und beraten von Pierre Weller!

Geschlossen
Sonntagabend · Montag

Fermé
Dimanche soir · Lundi

Preis ø | Prix ø 60 €

Info Terrasse

Mit freundlicher Unterstützung von · Avec l'aimable soutien de

WWW.TOURISMUS.SAARLAND.DE

Geschlossen
Sonntagabend · Montag

Fermé
Dimanche soir · Lundi

Preis ø | Prix ø 60 €

Info Terrasse

LA SOURCE DES SENS
Anne & Pierre Weller

🇫🇷 19, route de Haguenau · F-67360 Morsbronn-les-Bains
Fon: +33 3 88093053 · www.lasourcedessens.fr

La Source des Sens, à Morsbronn-lès-Bains, port très bien son nom. Pierre et Anne Weller ont créé, à proximité d'Haguenau, une oasis moderne, dédiée au bien-être, et ils savent ravir leurs clients dans tous les domaines. La relève dans le classement des grands restaurants n'est pas assurée qu'en Allemagne: Pierre Weller est l'un des meilleurs cuisiniers d'Alsace. Le bonheur sort directement de ses cuisines! Sa cuisine est très diverse, Pierre Weller a acquis ses connaissances dans trois continents différents. Il a travaillé chez Alain Ducasse, dans son grand trois étoiles de Monte Carlo! La question ne se pose plus …

Le grand menu a pour sous-titre «Détente et découverte», et c'est donc dans un véritable voyage découverte plein de détente que nous emmène Pierre Weller. Il réveille tous nos sens avec chaque plat, comme sa devise le dit. Les poissons, les légumes et la viande deviennent, avec les différentes sauces et épices, de vrais grands plats. Un conseil pour tous les gourmets: Venez assister à ses cours de cuisine! Dans une cuisine destinée à ses cours, vous apprendrez les secrets de son art. Prendre un cours chez Pierre Weller, c'est un apprentissage continu pour tous vos sens, et le cuisinier n'a pas besoin de se lancer dans un grand show …

Il prend de cinq à dix participants, qui sont au cœur de l'action, Pierre Weller ne fait que les guider et leur donner des conseils!

Mit freundlicher Unterstützung von · Avec l'aimable soutien de

WWW.TOURISMUS.SAARLAND.DE

Seit zwanzig Jahren betreibt Gerd Erdmann sein Kulturbistrot Café Kanne. Im Sommer sitzen die Gäste auf einer großen Terrasse. Das Kellerlokal selbst hat sich zu einem Kommunikationszentrum entwickelt. Im mittleren Raum trifft Mann und Frau sich zum Feierabend, in den beiden angegliederten Räumen speisen die Gäste in einem einmaligen Ambiente. Zurückgezogen, mit nötiger Ruhe.

Geschlossen
Mittags · Montag

Fermé
Le midi · Lundi

Preis ø | Prix ø 20 €
Info Terrasse

Fast immer wird dort eine Kunstausstellung präsentiert, nach Erdmanns Angaben „so um die 200 Ausstellungen sind es mittlerweile". Dabei waren auch immer wieder international renommierte Künstler. Im Außenbereich finden den Sommer über Musikveranstaltungen statt. Gerd Erdmann wäre aber nicht Gerd Erdmann, wenn er sich und die Kunst nicht weiter entwickeln wollte. Doch keine Angst um das Café Kanne: In Furpach geht alles so weiter wie bisher. Viola Kiefer wird dort in Zukunft noch mehr Verantwortung übernehmen und das saarländische Kulturbistrot führen. Sie ist ja schon seit Jahren für die Kundenbetreuung zuständig und macht dies so gut, dass das Haus zu dem saarländischen Kulturbistrot geworden ist.

Das neue Projekt in der Neunkircher Oberstadt, Ecke Willi-Graf-Straße 31 und Blumenstraße, soll ein Kulturzentrum werden. Der genussvolle Künstler: „In der ehemaligen Schülergaststätte werden wir auf zwei Etagen Kunst und Kulinarisches anbieten. Unten Tapas-Bar mit Theaterbühne, oben eine Galerie mit Tischen. Auf der Theaterbühne soll es Kabarett, Kleinkunst und Musik geben. Oben steht die Malerei im Mittelpunkt. Hier kann man dann beim Kunstgenuss auch mal verweilen und bei einem Glas Wein und einem Tapasteller das Gesehene besprechen." Das ganze Haus soll ein Ort der Begegnung werden. Der Garten wird noch hergerichtet werden, um die lauen Sommertage zu genießen. Der Projektinitiator klärt auf: „In den wunderschönen Räumen über der Gastronomie entsteht, als konsequente Fortsetzung, Erdmanns Galerie. Das Projekt wird eine Neuerung der jetzigen Form von Kunstausstellungen darstellen."

CAFÉ KANNE
Gerd Erdmann

🇩🇪 Beim Wallratsroth 13 · D-66539 Neunkirchen-Furpach
Fon: +49 6821 22211 · www.cafe-kanne-im-hofgut.de

Mit freundlicher Unterstützung von · Avec l'aimable soutien de

WWW.TOURISMUS.SAARLAND.DE

CAFÉ KANNE
Gerd Erdmann

🇩🇪 Beim Wallratsroth 13 · D-66539 Neunkirchen-Furpach
Fon: +49 6821 22211 · www.cafe-kanne-im-hofgut.de

Gerd Erdmann tient depuis 20 ans son café culture «Café Kanne». En été, les clients s'assoient sur la grande terrasse. Le café, situé au sous-sol, s'est transformé en une sorte de centre de communications. Dans la salle centrale, hommes et femmes se retrouvent à la fin de la journée, les clients mangent dans l'ambiance unique des deux salles attenantes, comme retirés du monde, dans un calme nécessaire.

Il y a presque toujours une exposition, selon les estimations de M. Erdmann «ça doit être la 200ème exposition, à peu de choses près». De temps en temps, ce sont des artistes internationaux qui exposent. Dehors, des concerts ont lieu durant la période estivale. Gerd Erdmann ne serait cependant pas Gerd Erdmann, s'il ne voulait pas constamment s'améliorer, en même temps qu'il veut continuer à développer l'art et la culture. Mais ne vous faites pas de souci pour le «Café Kanne». A Furpach, tout se passe comme d'habitude. Viola Kiefer va avoir encore plus de responsabilités et va gérer le café culture sarrois. Elle est déjà depuis longtemps en charge de la clientèle, et elle travaille si bien que c'est grâce à elle si le café est devenu ce qu'il est maintenant.

Le nouveau projet dans la ville haute de Neunkirchen, au coin que forme le numéro 31 de la Willi-Graf-Straße avec la Blumenstraße, c'est d'y faire un centre culturel. L'artiste gourmand nous dit: «Dans l'ancienne cantine scolaire, nous allons proposer culture et cuisine sur deux étages. En bas, un bar à tapas avec une scène; en haut, une galerie avec des tables. Sur la scène, des spectacles de cabaret ou musicaux seront proposés. A l'étage, c'est la peinture qui sera au centre de l'attention. Il y sera possible de profiter un peu plus de ce que l'on voit, d'en discuter autour d'un verre de vin ou d'une assiette de tapas.»

La maison toute entière sera un lieu de rencontres. Le jardin doit encore être aménagé, pour y passer les longues et chaudes journées estivales. L'initiateur du projet nous explique: «Dans les magnifiques salles à l'étage se développe, comme une suite logique, la galerie Erdmann. Le projet constituera un renouveau de la forme actuelle d'une exposition d'art.»

Geschlossen
Mittags · Montag

Fermé
Le midi · Lundi

Preis ø | Prix ø 20 €

Info Terrasse

Mit freundlicher Unterstützung von · Avec l'aimable soutien de

WWW.TOURISMUS.SAARLAND.DE

VILLA MEDICI
Boris Iacopini

Zweibrücker Straße 86 · D-66538 Neunkirchen
Fon: +49 6821 86316 · www.villa-medici-nk.de

Boris Iacopini hat die Feinschmeckerküche von der Pike auf beim saarländischen Sterne-Koch Alexander Kunz im Restaurant Kunz in St. Wendel-Bliesen gelernt. Die Technik und die Anforderungen der hohen Gastronomie beherrscht er dank seines Lehrmeisters spielend. Boris Iacopini hat sich durch Fleiß, Talent und Ausdauer auf einem ganz hohen Niveau einen Platz erkocht. Dabei schafft er immer den Spagat zwischen französischen Einflüssen der Hochküche und spontanen Improvisationen, wie es nur die italienischen Köche so perfekt können.

Erleben Sie die Bandbreite seines kulinarischen Schaffens und lassen Sie sich nicht nur von seinen perfekt zubereiteten Fischkreationen verwöhnen. Eine Freundin von mir hatte Geburtstag. Einladung in die Villa Medici, das Überraschungsmenü wurde bestellt. Es war, wie in den letzten Jahren immer hier, perfekt. Die dazu ausgesuchten Weine aus dem Geschäft seines Bruders, ein Traum. Enrico Iacopini gehört zu den besten italienischen Fachgeschäften Deutschlands.

Dies alles dann noch im exklusiven und harmonischen Ambiente der prächtigen, 1912 erbauten Villa Medici. Klare Jugendstilarchitektur bestimmt das elegante Ensemble, sorgfältige und wertvolle Ausstattung der Räume lassen den Besuch zu einem ganz besonderen Erlebnis werden. Und, wie überall, wo gut gegessen wird, trafen wir auch noch nette Tischnachbarn, die ebenfalls Geburtstag feierten …

Geschlossen
Samstagmittag ·
Montagabend · Donnerstag

Fermé
Samedi midi ·
Lundi soir · Jeudi

Preis ø | Prix ø 50 €

Info Terrasse

Mit freundlicher Unterstützung von · Avec l'aimable soutien de

WWW.TOURISMUS.SAARLAND.DE

Boris Iacopini a appris la cuisine gourmande sur le tas avec le chef étoilé sarrois Alexander Kunz au restaurant Kunz de St. Wendel-Bliesen. Il maîtrise dorénavant la technique et les exigences de la haute gastronomie grâce à son maître d'apprentissage. Boris Iacopini s'est fait une place dans le haut du tableau grâce à son talent, son travail et son endurance. Il réussit en plus toujours à faire le grand écart entre les influences françaises de la grande cuisine et des improvisations dont seuls les cuisiniers italiens sont capables.

Vivez la diversité de son savoir-faire culinaire et laissez-vous séduire par l'une de ses créations à base de poisson, parfaitement préparée. Une amie fêtait son anniversaire. Nous étions invités à la Villa Medici, et nous avions commandé le menu surprise. C'était, comme toujours depuis des années en cet endroit, parfait. Les vins sélectionnés, venant du magasin de son frère … un régal. Enrico Iacopini fait partie des meilleurs négociants en vins italiens d'Allemagne.

Et tout cela dans l'ambiance exclusive et pleine d'harmonie de la somptueuse Villa Medici, construite en 1912. Une architecture de style début du siècle définit l'ensemble, élégant; les salles, soigneusement conçues et décorées, font de la visite une expérience spéciale, dont on se souviendra. Et comme partout où l'on mange bien, nous avons fait la connaissance de très aimables voisins de table, qui fêtaient eux aussi un anniversaire …

VILLA MEDICI
Boris Iacopini

🇩🇪 Zweibrücker Straße 86 · D-66538 Neunkirchen
Fon: +49 6821 86316 · www.villa-medici-nk.de

WWW.TOURISMUS.SAARLAND.DE

L'ATELIER DU SOMMELIER

Stéphane Knecht & Philippe Meyer

🇫🇷 35, rue des Acacias · F-67110 Niederbronn-les-Bains
Fon: +33 3 88090625 · www.atelierdusommelier.com

Geschlossen
Montag · Dienstagmittag

Fermé
Lundi · Mardi midi

Preis ø | Prix ø 40 €

Info Terrasse

Die erste Nachricht aus den Nordvogesen: Frédéric Michel heisst der neue Küchenchef im L´Atelier du Sommelier. Michel kam aus Paris, arbeitete dort im Sterne-Tempel Le Laurent. Eine Institution in Paris, die täglich höchste Leistungen abverlangt.

Michels Gerichte haben uns begeistert: pochierte Eier mit Krabbenmus, Gänsestopfleber mit Ananas-Chutney, Tomatenrisotto mit Sardinen, Kalbskotelett mit Pfifferlingen, die sorgsam ausgewählten Käse vom Wagen und ein hausgemachter, großer Dessertteller! Das war ganz großes Kino und mehr als einmal herrschte großes Erstaunen am Tisch, welches dann in große Freude mündete.

Den Apéritif nahmen wir natürlich auf der herrlichen Terrasse ein, mit Blick auf die Wälder, aus denen die Pilze, das Wild und die zahlreichen Beeren stammen, die hier in der Küche verarbeitet werden.

Stéphane Knecht, einer der freundlichsten und kundigsten Weinfachleute unserer Region, hat bei jedem Besuch dann immer noch ein Ass zu spielen: seine Weinauswahl! Er gilt als einer der kompetentesten Weinkenner und so sind dann auch seine Vorschläge! Das Beste dabei: Gegen einen kleinen Aufschlag können Sie diese Weine auch alle kaufen und kistenweise mit nachhause nehmen!

L´Atelier du Sommelier ist hervorragend für die Zukunft aufgestellt mit einer tollen Mannschaft und zwei ganz besonderen Fachleuten in Küche und Keller!

Mit freundlicher Unterstützung von · Avec l'aimable soutien de

WWW.TOURISMUS.SAARLAND.DE

Premières nouvelles du Nord des Vosges: Frédéric Michel est le nouveau chef cuisinier de L'Atelier du Sommelier. Michel est originaire de Paris, il y a travaillé dans le restaurant étoilé Laurent, une institution à Paris, qui demande chaque jour de très hautes performances!

Ses plats nous ont convaincus: œufs pochés avec mousse de crabe, foie gras d'oie au chutney à l'ananas, risotto de tomates aux sardines, côtelettes de veau aux champignons, les fromages, directement choisis sur le chariot de présentation, et une grande assiette de dessert fait maison! C'était vraiment exceptionnel, et plus d'une fois nous fûmes vraiment étonnés, et nous faisions part de notre enchantement à table.

Nous avions naturellement pris l'apéritif sur la terrasse avec vue sur les bois d'où viennent les champignons, le gibier et la plupart des baies préparées dans la cuisine.

Stéphane Knecht, l'un des connaisseurs en vin les plus amicals et les plus compétents de notre région, a à chaque visite un atout à jouer: sa sélection de vins! C'est l'un des plus compétents, et ses conseils sont à la hauteur de sa réputation. Et le mieux: moyennant un petit supplément, vous pouvez acheter tous ces vins et en ramener quelques caisses à la maison.

L'Atelier du Sommelier est très bien préparé pour l'avenir, dispose d'une équipe exceptionnelle et de deux experts en cuisine et à la cave.

L'ATELIER DU SOMMELIER
Stéphane Knecht & Philippe Meyer

🇫🇷 35, rue des Acacias · F-67110 Niederbronn-les-Bains
Fon: +33 3 88090625 · www.atelierdusommelier.com

Geschlossen
Montag · Dienstagmittag

Fermé
Lundi · Mardi midi

Preis ø | Prix ø 40 €

Info Terrasse

Mit freundlicher Unterstützung von · Avec l'aimable soutien de

WWW.TOURISMUS.SAARLAND.DE

Die neuen Götter-Suiten:

STILVOLL
& unverwechselbar

Victor's
RESIDENZ-HOTEL
SCHLOSS BERG
★★★★★

www.victors.de

Hotels gibt es auf dieser Welt wie den viel zitierten Sand am Meer. Gibt es aber auch ein Hotel, das den Göttern gefällt? Zumindest den römischen? Beim Jupiter – das gibt es! Dieses Haus liegt in Perl-Nennig an der Obermosel, hat fünf Luxus-Sterne über sich leuchten und – wie sollte es anders sein – eigene römische Götter-Suiten: das Victor's Residenz-Hotel Schloss Berg. Die sieben neuen Götter-Suiten (jeweils mit großzügigem Wohn- und Schlaftrakt sowie zwei Bädern und zwei Flachbildfernsehern), die nach den römischen Göttern und Göttinnen Jupiter, Neptun, Merkur, Apollo, Diana, Minerva und Venus benannt sind, stellen sich von ihrer Gesamtkonzeption her allesamt als kleine Kunstwerke dar. Jede Suite ist farblich anders gestaltet und sinnigerweise nicht mit Tapeten beklebt worden, sondern der Putz „Pompeji" spiegelt einen „authentisch römisch-dekadenten Einrichtungsstil" – so Victor's Geschäftsführerin Susanne Kleehaas augenzwinkernd – wider. Ansonsten steht in den Götter-Suiten edelstes Mobiliar im römischen Stil, wie man es eben in der internationalen Luxus-Hotellerie vorfinden kann. Gespart wurde an rein gar nichts: Teppichböden, Stoffe, Vorhänge, Lampen und Fresken sind liebevoll aufeinander abgestimmt.

Roms Götter von einst hätten diesen Suiten ihre Liebe erklärt.

Die 70 Zentimeter hohen Kingsize-Betten versprechen einen besonders hohen Schlafkomfort. Und wer in den Suiten auf Entdeckungsreise geht, begegnet römischer Wohnkultur auf Schritt und Tritt. Roms Götter von einst hätten diesen Suiten ihre Liebe erklärt, denn an diesen opulenten Räumlichkeiten hätten auch sie bestimmt Wohlgefallen gefunden. Victor's Geschäftsführerin Susanne Kleehaas freut sich, dass ihre „römische Mission" voll und ganz aufgegangen ist. Die Saarländerin, die nämlich schon seit jeher von großer innenarchitektonischer Passion beseelt ist, machte die Ausstattung und die Einrichtung dieser neuen Götter-Suiten zur Chefsache. Herausgekommen ist in der Tat Großartiges, Unverwechselbares und Stilvolles. Dazu Susanne Kleehaas: „Wir befinden uns auf Schloss Berg ja auf römischem Boden. Denn die alten Römer haben hier wahrlich auf Schritt und Tritt ihre Spuren hinterlassen. Neben dem Weinbau und ihrer Baukunst hatten sie auch die ‚Ars Vivendi' im Gepäck. Und dieser ‚Kunst des Lebens' fühlte ich mich bei der Einrichtung und Ausstattung ganz einfach verpflichtet." *

LUBENTIUSHOF
Weingut Andreas Barth

Kehrstraße 16 · D-56332 Niederfell-Mosel
Fon: +49 2607 8135 · www.lubentiushof.de

Beim Ausbau der Weine verfolgt Andreas Barth die Philosophie des Weglassens und des Wissens um die Unverbesserlichkeit der Natur. Vergoren werden die Moste ausschließlich mit eigenen natürlichen Hefen. Der Verzicht auf die Zugabe von Reinzuchthefen setzt sich fort in dem Unterlassen sämtlicher Schönungsformen und Geschmacksmanipulationen. Statt der üblichen 18 bis 30 Tage praktiziert er Gärzeiten von 150 bis 250 Tagen und setzt die Weine nicht dem Stress mehrmaliger Filtration aus. Abwarten, was die Natur mit dem Wein macht, ist die Devise.

Dadurch erhält der Winzer in ihrer Jugend oftmals noch verschlossene, aber extraktreiche, komplexe und vor allem wirklich entwicklungsfähige und subtile Rieslinge, die das widerspiegeln, was die Natur ihnen hat zukommen lassen: einen Geschmack nach dem Boden, auf dem sie wachsen, und der Witterung, der sie ausgesetzt waren.

Dabei nimmt Andreas Barth auch in Kauf, dass jeder Jahrgang ein eigenes Profil entwickelt. Der Spitzenwinzer macht Weine, die Geschichten erzählen. Es ist eine lange Geschichte, die vom Takt der Natur bestimmt wird. Doch diese Weine sind spannend, oft unterschiedlich und haben gar nichts mit den konformen Weinen aus dem Supermarkt gemein. Keine leichte Kost, sicherlich, deshalb mache ich mir jetzt zum Tagesabschluss mal eine Flasche „Gäns 2008" vom Lubentiushof auf.

En matière d'élevage du vin, Andreas Barth suit la voie du laisser-faire, car il sait que la nature est incorrigible. Les moûts seront fermentés à l'aide de levures naturelles. La décision de renoncer aux ajouts de levures de même type se retrouve dans le refus de toute manipulation du goût ou de retouche du vin. Andreas Barth pratique une durée de fermentation de 150 à 250 jours, contrairement aux 18-30 jours habituels, et ne soumet pas le vin à des filtrages incessants; il attend de voir ce que la nature fait avec le vin. C'est sa devise.

Le viticulteur obtient ainsi dès leur jeunesse des Riesling fermés, mais très riches, complexes, subtils et surtout qui ont une très grande capacité de développement. Les vins reflètent pleinement ce que la nature leur a donné: un goût qui leur vient du sol sur lequel les vignes ont poussé et des conditions météorologiques auxquelles elles ont fait face.

Andreas Barth prend également en compte le fait que chaque millésime a un profil qui lui est propre. Le vigneron fait des vins qui nous racontent des histoires, longues, rythmées par la nature. Ces vins sont également passionnants, souvent très différents et ils n'ont rien en commun avec les vins que l'on trouve en supermarché. Ce n'est pas facile d'arriver à faire cela. Et c'est pourquoi, pour fêter la fin de la journée, je vais ouvrir une bouteille de «Gäns 2008» du Lubentiushof.

Mit freundlicher Unterstützung von · Avec l'aimable soutien de

WWW.TOURISMUS.SAARLAND.DE

Geschlossen Montag
Fermé Lundi
Preis ø | Prix ø 30 €
Info Terrasse

Michael Buchna, seine Frau und seine engagierten Mitarbeiter haben sich in den letzten Jahren einen besonderen Namen in unserer Region gemacht: ob raffinierte Leckerbissen oder typisch saarländische Gerichte – Michael Buchna und sein Team verführen Sie nach allen Regeln der Kochkunst.

Dabei steht die Qualität der Speisen stets im Mittelpunkt. Nicht nur Herkunft und Anbau spielen eine zentrale Rolle. Ökologische Verträglichkeit und nachhaltiges Wirtschaften ist hier ebenso von großer Bedeutung wie soziale Verantwortung durch fairen Handel. Ergebnis dieser Philosophie sind zahlreiche Auszeichnungen in unterschiedlichen Fachorganen in den vergangenen Jahren.

Hier speisen Sie in der gemütlichen Sankt-Nikolaus-Stube oder im großzügigen Katharinensaal, im lothringischen Ambiente der Montclair-Stube oder im lauschigen Kaminzimmer. Ebenso steht die Küche für eine bedachte Kultur des Genießens, die sich zum Ziel gesetzt hat, das traditionelle Lebensmittelhandwerk und die regionale Geschmacksvielfalt zu erhalten. Auswahl, Abwechslung und Reichhaltigkeit – lassen Sie sich überraschen. Frische Kräuter sind ein sehr wichtiger Bestandteil der gesunden Genussküche, die man hier findet.

In diesem Haus erwartet Sie eine Weinkarte, die keine Wünsche offen lässt: Die Betreiber halten eine große Auswahl regionaler Weine von Saar und Mosel sowie ausgewählte internationale Spezialitäten für Sie bereit.

LANDHOTEL SAARSCHLEIFE
Michael Buchna

🇩🇪 Cloefstraße 44 · D-66693 Mettlach-Orscholz
Fon: +49 6865 1790 · www.hotel-saarschleife.de

Michael Buchna, sa femme et leur équipe engagée se sont fait un nom dans notre région. Pour des délices raffinés ou des bons petits plats sarrois, Michael Buchna et son équipe les servent dans les règles de l'art.

La qualité des plats est toujours au centre de leur préoccupation. Ce n'est pas seulement la provenance et la culture qui jouent un rôle central, le développement écologique et les entreprises durables ont une place de plus en plus importante, tout comme la responsabilité sociale, à travers le commerce équitable. L'établissement à reçu ces dernières années de nombreuses distinctions, décernées par différents organes de la profession.

Vous avez la possibilité de manger dans la Sankt Nikolaus Stube, très confortable; dans la Katharinensaal, plus généreuse; dans l'ambiance lorraine de la Montclair-Stube ou bien devant un feu de cheminée, dans la Kaminzimmer. La cuisine est faite pour plaire, et elle a pour but de conserver le commerce traditionnel de la nourriture et la diversité des goûts de la région. Le choix, la diversité, et l'abondance … Laissez-vous surprendre! Des herbes fraîches sont la base d'une cuisine gourmande saine, et c'est ce qu'on trouve ici!

Dans cette maison, la carte des vins qui vous attend réalisera tous vos souhaits: les propriétaires y proposent un très grand choix des vins de Sarre et de Moselle, et également des spécialités internationales.

Mit freundlicher Unterstützung von · Avec l'aimable soutien de

WWW.TOURISMUS.SAARLAND.DE

Es ist wie in anderen Kunstrichtungen auch: Bevor ein Maler oder ein Musiker neue Wege gehen kann, muss er Genießern seiner Kunst, Partnern, Fachleuten, Kritikern, der ganzen Welt erst einmal bewiesen haben, dass er das, was alle als große Kunst definieren, bis zur Vollendung beherrscht. Das hat Christian Bau zweifelsfrei in einem sehr überschaubaren Zeitrahmen geschafft. Mit 34 Jahren erhielt er die Höchstnote: drei Sterne vom Michelin.

Yildiz Bau

An seiner Handwerkskunst zweifelte niemand mehr, vor ein paar Jahren war der Zeitpunkt gekommen, zu neuen Ufern aufzubrechen. Die Gegenwart in der Hochküche ist geprägt vom Abschied, die Zukunft liegt in der neuen Interpretation. Visionäre sind am Ruder, Pioniere werden gebraucht.

Christian Bau hat seine Küche neu erfunden. Mit der „Carte blanche", einem Überraschungsmenü, was nur im Groben mit dem Gast abgestimmt wird, nimmt der Koch seine Gäste mit auf eine Reise mit ungewissem Ausgang. Sowas nennt man neudeutsch „Blind Date".

Meine erste Erfahrungen mit dieser Kochinterpretation: Die Reise hat erst begonnen, bei jedem weiteren Besuch merkte ich, was es noch alles zu entdecken gibt. Neue Symphonien unbekannter Geschmacksvielfalten schafft Christian Bau, immer subtiler, immer bombastischer, immer überraschender. Viele Kritiker nennen das „die neue deutsche Schule". Ich brauche dafür keine Schublade, ich weiß nur, es hat so unvorstellbar gut geschmeckt …

VICTOR'S GOURMET-RESTAURANT SCHLOSS BERG
Victor's Residenz-Hotels GmbH

🇩🇪 Schloßstraße 27-29 · D-66706 Perl-Nennig (Mosel)
Fon: +49 6866 79-118 · www.victors-gourmet.de

Geschlossen
Montag · Dienstag

Fermé
Lundi · Mardi

Preis ø | Prix ø 150 €

Info
Klimaanlage · Air conditionné

Mit freundlicher Unterstützung von · Avec l'aimable soutien de

WWW.TOURISMUS.SAARLAND.DE

VICTOR'S GOURMET-RESTAURANT SCHLOSS BERG
Victor's Residenz-Hotels GmbH

🇩🇪 Schloßstraße 27-29 · D-66706 Perl-Nennig (Mosel)
Fon: +49 6866 79-118 · www.victors-gourmet.de

Foto: Victor's/Thomas R

C'est la même chose dans tous les mouvements artistiques: avant qu'un peintre ou qu'un musicien ne puisse explorer de nouvelles voies, il doit pouvoir prouver à son public, à ses partenaires, aux experts, aux critiques, au monde entier en fait, qu'il maîtrise à la perfection ce qu'il définit comme «grand art». Sans aucun doute, c'est que ce Christian Bau a fait, et en un temps record. A 34 ans, il a la récompense la plus haute: trois étoiles au Guide Michelin.

Plus personne ne doutait de son art, et il était déjà temps, il y a quelques années, d'aller explorer de nouveaux horizons. Le présent dans la haute gastronomie est marqué par des adieux, le futur sera fait de nouvelles interprétations. Les visionnaires sont à la barre, ce sont de pionniers dont on a besoin!
Christian Bau a redécouvert sa cuisine. Avec le menu surprise «Carte Blanche», qui sera vaguement défini en discutant avec le client, Christian Bau vous emmène dans une aventure dont l'issue est inconnue. C'est ce qu'on appelle un «Blind Date» dans la langue d'aujourd'hui.

Mes premières impressions de cette interprétation culinaire: le voyage ne fait que commencer. A chaque nouvelle visite, il y a quelque chose de nouveau à découvrir. De nouvelles symphonies de goûts inconnus, c'est ce qu'il propose, et cela toujours de manière de plus en plus subtile, de plus en plus forte, de plus en plus étonnante. Beaucoup de critiques appellent cela «die neue deutsche Schule» [NdT: «la nouvelle école allemande»]. Je n'ai aucunement besoin de classer cela dans une case, c'était tellement bon.

Geschlossen
Montag · Dienstag

Fermé
Lundi · Mardi

Preis ø | Prix ø 150 €

Info
Klimaanlage · Air conditionné

Mit freundlicher Unterstützung von · Avec l'aimable soutien de

WWW.TOURISMUS.SAARLAND.DE

Geschlossen
Dienstag

Fermé
Mardi

Preis ø | Prix ø 17 €

Info Biergarten ·
Brasserie en plein air

Nur ein paar Meter vom Weingut Karl Petgen entfernt, befindet sich das Landgasthaus Die Scheune. An einem sonnigen Augusttag kehren wir hier ein. In Erwartung einer rustikalen Küchenleistung waren wir doch sehr angenehm von der hier vorherrschenden Kochkunst angetan. Auf der sonnendurchfluteten Terrasse, in abgeschiedener Ruhe, überzeugten uns Küche und Service.

Hier kann man regionale Spezialitäten sowie die regionalen Weine von Obermosel und Saar ganz hervorragend erleben. Die wundervolle Landschaft der Obermosel umrahmt einen einmaligen Aufenthalt an einem besonderen Ort. Die Scheune hat den Zauber und den Charme längst vergessener Zeiten bewahrt. Das einstige Gesindehaus und der frühere Unterstand für Tiere präsentieren sich heute mit rustikalen Möbeln, knorrigen Holzbalken und warm dekoriertem „Scheunen-Ambiente" als ein angenehmer Treff herzlicher Gastlichkeit.

Hinter dem Haus befindet sich der Biergarten, der den Wanderer auch mit einem gut gezapften Pils verwöhnt. Ich freue mich immer, wenn Regionales auch mit handwerklichem Können zubereitet wird. Dies ist hier der Fall. Oft habe ich schon erlebt, dass nach einem Besuch in einem der besten Restaurants am nächsten Tag vor der Abfahrt kein vernünftiges Essen möglich war. Dies ist hier anders, die Scheune werde ich immer wieder aufsuchen …

VICTOR'S LANDGASTHAUS „DIE SCHEUNE"
Victor's Residenz-Hotels GmbH

Schloßstraße 32 · D-66706 Perl-Nennig (Mosel)
Fon: +49 6866 79-180 · www.victors.de

A seulement quelques mètres du vignoble de Karl Petgen se trouve l'auberge campagnarde Die Scheune. Nous entrons dans l'établissement lors d'une journée ensoleillée d'août. Nous nous attendions à une cuisine très rustique, mais nous avons été positivement surpris par l'art culinaire qui règne en ces lieux. Sur la terrasse baignée par le soleil, au calme, nous avons été séduits par la cuisine et le service.

Ici, on peut profiter des spécialités régionales comme des vins de la région (Haute-Moselle et Sarre) de manière excellente. Les paysages enchanteurs de la Haute-Moselle encadrent un lieu unique et rendent le séjour exceptionnel. Die Scheune a su garder le charme et la magie de temps depuis longtemps oubliés. L'ancienne maison pour domestiques avec abri pour animaux se présente aujourd'hui avec des meubles rustiques, des poutres en bois noueux et une ambiance de grange. L'endroit est chaudement décoré, ce qui le rend agréable et plein de convivialité.

Derrière la maison se trouve le Biergarten, où le randonneur peut ainsi se régaler d'une bonne bière fraîchement tirée. Je suis toujours très content quand le savoir-faire s'allie à la cuisine régionale, et c'est ici le cas. J'ai souvent fait pu faire l'expérience, qu'après une visite dans un bon restaurant, il n'était pas possible, le jour suivant, avant de partir, de manger quelque chose de très bon ou de très consistant. Ce n'est pas la même chose ici, je retournerai toujours volontiers à la Scheune.

Mit freundlicher Unterstützung von · Avec l'aimable soutien de

WWW.TOURISMUS.SAARLAND.DE

WEINGUT ÖKONOMIERAT PETGEN-DAHM
Brigitte & Ralf Petgen

Winzerstraße 3-7 · D-66706 Perl-Sehndorf
Fon: +49 6867 309 · www.petgen-dahm.de

Das Weingut Petgen-Dahm ist das renommierteste Weingut im Saarland. Angebaut wird nicht nur an der Obermosel, sondern auch Riesling an der Saar. Hier sind Weinfreunde, die das Außergewöhnliche suchen, herzlich willkommen. Das Gut Petgen-Dahm bietet Ihnen eine Vielfalt an erlesenen Weinen und ist einer von wenigen Betrieben im Gebiet Mosel-Saar-Ruwer, der sich auf den Anbau von Burgunderreben spezialisiert hat. In der anspruchsvollen Steillage „Ayler Kupp" an der Saar baut Ralf Petgen seine Spitzenrieslinge an und wurde für diesen besonderen Tropfen mehrfach ausgezeichnet. Auszeichnungen bekam Petgen-Dahm bundesweit bei verschiedenen Wettbewerben. Dieses Haus scheint in einer anderen Liga zu spielen. Eine tolle Entwicklung, die dieses Gut in den letzten Jahren genommen hat.

Weinexperte Ludwin Vogel notierte bei seinem Besuch: „Ich habe heute mit Brigitte und Ralf Petgen die 09er und 10er Weine durchprobiert – aus der Flasche und die neuen, noch unvollendeten aus dem Fass. Ich kann nur sagen: Man darf gespannt sein, was da auf uns zukommt. Teilweise wissen wir es ja: Die absoluten Kracher aus der Flasche (09) waren: Grauburgunder N. 1 aus dem Barrique, unglaublich gut eingebundene Eiche – idealer Begleiter zu allem, was aus dem Meer kommt; die Riesling-Auslese Ayler Kupp 2010, eine Wucht, zurecht mit 87 Punkten bewertet und vom Magazin „Weinwelt" zu den Top-Hundert-Rieslingen dieser Saison gezählt; und nicht zu vergessen – der unglaublich gute und dichte 09er Pinot Noir aus dem Barrique." Petgen-Dahm beweist mit der 2010er Kollektion, dass das Weingut zurecht in der Bundesliga spielt – nicht nur bei den weißen Burgundersorten, sondern auch beim Pinot Noir und vor allem mit seinem Saar-Riesling. Chapeau!

Weinprobe
Samstag von 11.00-14.00 Uhr

Dégustation de vin
Samedi de 11.00-14.00 h

Le vignoble Petgen-Dahm est le plus renommé en Sarre. Les vignes ne sont pas seulement plantées en Haute-Moselle, mais les propriétaires possèdent également des plants de Riesling en bord de Sarre. Les amateurs de vins qui cherchent des choses exceptionnelles sont ici les bienvenus! Le vignoble leur offre une diversité de vins de choix, et c'est l'un des seuls dans la région Moselle-Sarre-Ruwer à s'être spécialisé dans la plantation de ceps de Pinot Noir. Au bord de la Sarre, dans la zone escarpée dite «Ayler Kupp», la maison cultive ses Rieslings de grande qualité, pour lesquels elle a reçu de nombreuses distinctions. Les distinctions de Petgen-Dahm sont le résultat de nombreux concours en Allemagne. Ces vins sont une classe au-dessus des autres. Le vignoble a connu une évolution surprenante ces dernières années.

L'expert en vins Ludwin Vogel notait, lors de sa visite: «Aujourd'hui, j'ai goûté avec Brigitte et Ralf Petgen les millésimes 2009 et 2010, en bouteille, et pour ceux qui n'étaient pas encore arrivés à maturité, au fût. Je ne vous dis qu'une seule chose: on peut s'attendre à quelque chose d'exceptionnel. Nous savons déjà que le Pinot gris N°1 2009 élevé en barrique était une réussite absolue, le chêne se mariant très bien avec le vin; en somme, ce vin est un accompagnement idéal pour tous les produits de la mer. Une réussite également le grand cru Riesling Ayler Kupp 2010, qui est avec 87 points, l'un des 100 meilleurs Rieslings de l'année, selon le magazine «Weinwelt». La récompense est méritée. C'est un vin d'enfer. Il ne faut pas non plus oublier le Pinot Noir 09 élevé en barrique, très bon.» Petgen-Dahm prouve, avec son millésime 2010, qu'il faut vraiment compter avec ses vins, et pas seulement les pinots, mais aussi les Pinots Noirs, et surtout avec son Saar-Riesling. Chapeau!

Mit freundlicher Unterstützung von · Avec l'aimable soutien de

WWW.TOURISMUS.SAARLAND.DE

AU SOLDAT DE L'AN 2
Georges-Victor Schmitt

1, route de Saverne · F-57370 Phalsbourg
Fon: +33 3 87241616 · www.soldatan2.com

Geschlossen
Sonntagabend
Montag · Dienstagmittag

Fermé
Dimanche soir
Lundi · Mardi midi

Preis ø | Prix ø 80 €

Info Terrasse

Am Fuße der mysteriösen elsässischen Weinberge und der Vogesen zelebriert der Küchenchef Georges-Victor Schmitt in dieser Nobelherberge mit ihren fürstlichen Zimmern eine Küche, wie man sie nicht jeden Tag erlebt. Zwischen Tradition und Moderne lässt er Kreationen in einem geschichtsträchtigen Haus servieren, die eine Freude für die Augen und vor allem für den Gaumen sind. Das Restaurant in der pittoresken Stadt Phalsbourg gehört zum Besten, was die Region zu bieten hat. Nie war ein Aufenthalt dort so genussvoll wie in heutigen Zeiten.

Georges-Victor Schmitt und sein Haus sind hervorragend für die Zukunft aufgestellt. Die Produkte bekommt der Hausherr aus dem unerschöpflich guten Reservoir herausragender Viktualien dieses Landstrichs, natürlich ganz frisch und von erstklassiger Qualität. Doch der Hausherr selbst ist nie zufrieden, sucht immer nach Möglichkeiten, sich zu verbessern. Die kulinarische Interpretation von Georges Schmitt ist überraschend in ihrer Sinnlichkeit und Harmonie. Neben seiner berühmten Gänsestopfleber, dem bretonischen Hummer, der drei Mal die Woche angeliefert wird, und der Trüffelmousseline, sowie dem Wild aus der Region, können viele köstliche Gerichte während der verschiedenen Jahreszeiten in der umgebauten Scheune oder in einem herrlichen, schattigen Park genossen werden. Wann fahren wir da bloß nochmal hin?

Mit freundlicher Unterstützung von · Avec l'aimable soutien de

WWW.TOURISMUS.SAARLAND.DE

LE SOLDAT DE L'AN 2
Georges-Victor Schmitt

🇫🇷 1, route de Saverne · F-57370 Phalsbourg
Fon: +33 3 87241616 · www.soldatan2.com

Aux pieds des mystérieux vignobles alsaciens et des Vosges, le chef Georges-Victor Schmitt propose, dans cet hôtel de grande qualité avec ses chambres princières, une cuisine qu'on ne mange pas tous les jours. Dans cette maison chargée d'histoire, il sert, entre tradition et modernité, des créations qui sont à la fois un régal pour les yeux et pour les papilles. Le restaurant, qui se trouve à Phalsbourg, est l'un des meilleurs de la région. Jamais un séjour n'a été si agréable et un repas si savoureux.

Georges-Victor Schmitt et son hôtel sont équipés de manière parfaite pour le futur. Le maître de maison reçoit ses produits directement des réserves de victuailles de la région, naturellement frais et de la meilleure qualité. Cependant, il n'est jamais satisfait et cherche constamment à s'améliorer. L'interprétation culinaire de Georges Schmitt est étonnante par sa sensualité et son harmonie. On peut y déguster au fil des saisons, dans la grange aménagée ou dans le magnifique jardin ombragé, outre le célèbre foie gras d'oie, le homard breton livré trois fois par semaine, et de sa mousseline aux truffes, de nombreux excellents plats. Quand est-ce qu'on y retourne?

Mit freundlicher Unterstützung von · Avec l'aimable soutien de

WWW.TOURISMUS.SAARLAND.DE

Geschlossen
Samstagmittag · Montag

Fermé
Samedi midi · Lundi

Preis ø | Prix ø 40 €

Info Terrasse

Wer in unserer Region über gute Restaurants redet, sollte Uwe Schäfers Altes Pförtnerhaus auf der Rechnung haben. Dieses alte Fachwerkhaus von 1901 hat der Betreiber stilsicher in eine wahre Genussoase verwandelt. Schäfer hat etwas geschaffen, was dem Genussfreund viel Freude bereitet. Ein lobenswertes Bemühen, Edles und Rustikales zu verbinden, finden wir hier vor. In dieser stimmigen Atmosphäre fällt es dem Gast dann nicht schwer, aus dem abgestimmten, wohldurchdachten Angebot auszuwählen.

Uwe Schäfer hat sich Jahr für Jahr verbessert, sein Bestreben nach höchster Qualität und besten Produkten prägt sein Schaffen. Genießen Sie hier eine saisonale und regionale Küche auf hohem Niveau, die Tradition und Moderne gekonnt verbindet. Leben und erleben Sie eine Philosophie der Sinnes- und Gaumenfreuden. Dabei hat auch Schäfer eine weltoffene Küche konzipiert, von regionalen, mediterranen und modernen Einflüssen geprägt.

Eine ländliche Einkehrmöglichkeit in lauschiger Lage bei einem Patron, den ich morgens um halb sechs auch auf dem Großmarkt treffe. Uwe Schäfer ist Koch durch und durch und braucht kein langes Gespräch, um seine Gäste zu überzeugen. Schäfer überzeugt mit einem besonderen Restaurant und durchdachtem Können am Herd.

ALTES PFÖRTNERHAUS
Uwe Schäfer

🇩🇪 Fischbacher Straße 102 · D-66287 Quierschied
Fon: +49 6897 6010665 · www.altes-pfoertnerhaus.de

Ceux qui parlent des bons restaurant de notre région se doivent d'avoir la Altes Pförtnerhaus d'Uwe Schäfer sur leur liste. Cette ancienne maison à colombages de 1901 a été transformée en havre de gourmandises par le propriétaire, qui l'a également aménagé avec style. M. Schäfer a réalisé quelque chose qui remplira de joie les amis du goût. Il s'est attaché, et c'est tout à son honneur, à faire cohabiter le noble avec le plus rustique. Nous trouvons ici une réussite. Dans cette ambiance cohérente, il est facile pour le client de faire son choix parmi ce qui lui est proposé.

Uwe Schäfer a su s'améliorer d'année en année, son attachement à la meilleure des qualités et aux meilleurs produits influence son travail. Profitez ici d'une cuisine régionale et de saison d'un très haut niveau, qui réussit à faire le lien entre moderne et tradition. Venez goûter à une cuisine dont la philosophie est un régal des sens et de votre palais. Uwe Schäfer a ainsi développé une cuisine ouverte sur le monde, influencée par la cuisine régionale, méditerranéenne et moderne.

Un arrêt pour se restaurer dans un endroit douillet dont je rencontre parfois le patron à cinq heures et demie le matin au marché. Uwe Schäfer est un cuisinier en son âme et conscience, et il n'a pas besoin de long discours pour convaincre ses clients. Il nous convainc par un restaurant unique et un savoir-faire exceptionnel aux fourneaux.

Mit freundlicher Unterstützung von · Avec l'aimable soutien de

WWW.TOURISMUS.SAARLAND.DE

BACKPARADIES KISSEL
Karl-Heinz Carra

🇩🇪 Herrenbergstraße 3 · D-66879 Reichenbach-Steegen
Fon: +49 6385 321 · www.backparadies-kissel.de

Karl-Heinz Carra ist ein Mann, der mich nicht mehr überzeugen muss. Er hat es schon lange getan. Carra ist auf einigen saarländischen Märkten vertreten: in St. Ingbert, in Lebach, Saarbrücken an der Ludwigskirche, alle 14 Tage. Ich gehe um halb elf an die wunderschöne Barockkirche. Er ist noch da, doch sein Brot ist ausverkauft. „Ja, mein Lieber, etwas spät dran", lächelt er mich an. Doch wenn man weiß, mit welcher Akribie er seine Kunstwerke herstellt, ist das kein Wunder!

Die Grundlage seines Brotes ist ein Sauerbrotteig, den er am Tage zuvor ansetzt. Das Mehl bezieht er von einer kleinen Mühle in der Pfalz. Wenn er morgens in aller Frühe in der Backstube seine Arbeit beginnt, dauert es doch bis 11 Uhr, bis er seine Kunstwerke in den Händen hält. Das ist noch Handwerk pur. Alles, was durch seine Hände geht, wird zum Kunstwerk. Alle handgefertigten Lebensmittel sind nach alten Rezepten und herkömmlichen Methoden hergestellt. Wahre Wunderwerke.

Wer einmal mit ihm in der Backstube stand, weiß, wie viel Arbeit sich der Pfälzer Bäckermeister macht. Neben seinen Broten, vor allem seinem Verkaufsschlager „Reichenbacher Musikantenbrot", sind auch seine Brötchen, die Plunderteilchen, der Hefekuchen und sein unschlagbarer Christstollen Geschmackserlebnisse, die ich niemals wieder vergessen werde …

Karl-Heinz Carra est quelqu'un qui n'a plus besoin de me convaincre. Il l'a fait il y a déjà longtemps. Il est présent sur beaucoup de marchés en Sarre: à St. Ingbert, à Lebach, à Sarrebruck, devant la Ludwigskirche, tous les 15 jours. Je me rends à dix heures et demie devant l'église baroque. Il est encore là, mais tout son pain est déjà vendu! «Eh oui, mon cher! Tu es en retard.» Mais quand on sait avec quel soin il réalise ses œuvres, ce n'est pas étonnant!

Öffnungszeiten
Montag bis Samstag
6.00 Uhr-12.00 Uhr
Sonntag: Ruhetag

Heures d'Ouverture
Lundi à Samedi
6.00 h-12.00 h
Dimanche: Fermé

La base de son pain est une pâte au levain qu'il prépare le jour d'avant. La farine qu'il utilise vient d'un petit moulin du Palatinat. Quand il se rend le matin dans son fournil pour commencer son travail, il faut attendre qu'il soit onze heures pour en admirer le résultat. C'est du travail à la main pur et dur. Tout ce qui passe entre ses mains devient une œuvre d'art. Tous les aliments qu'il confectionne à la main sont fait selon les méthodes et recettes anciennes. De vrais miracles!

Qui a été une fois avec lui au fournil sait la quantité de travail que fournit le maître boulanger. A côté de ses pains, et plus précisément de la tête des ventes «Reichenbacher Musikantenbrot», ses petits pains, ses pâtisseries, ses gâteaux, notamment son incomparable Stollen de Noël, offrent des expériences gustatives que je ne suis pas près d'oublier …

Geschlossen
Samstagmittag · Montag
Dienstag

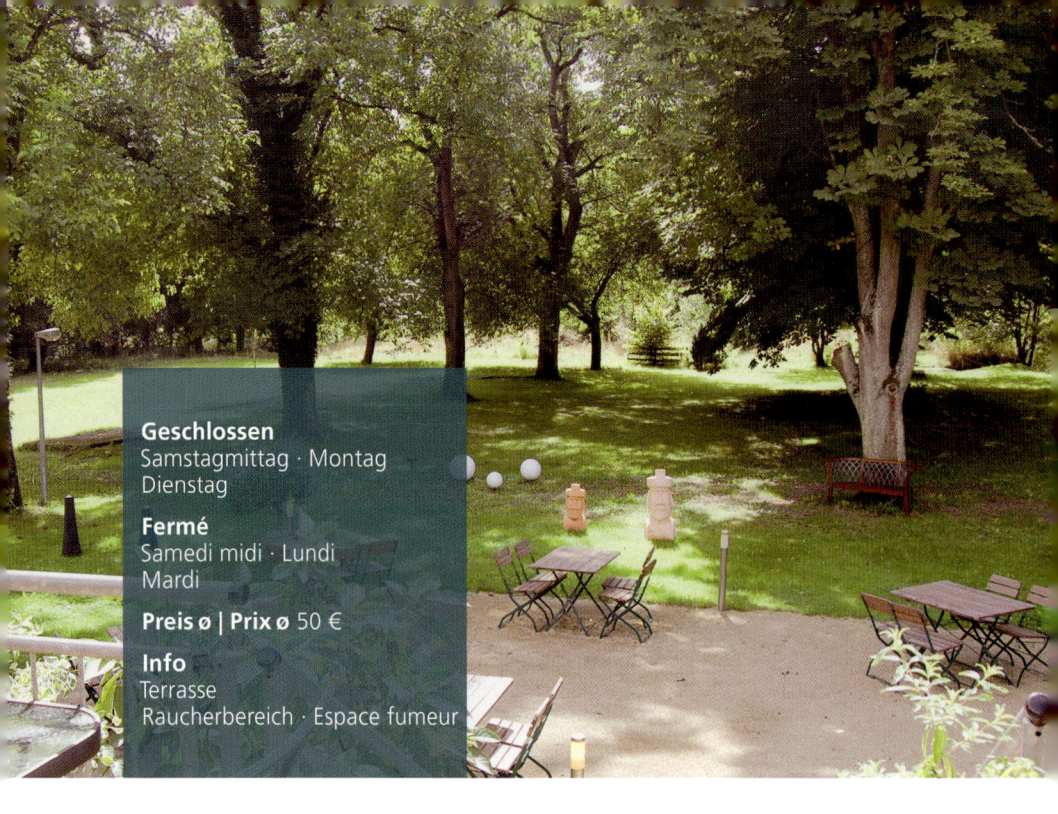

Fermé
Samedi midi · Lundi
Mardi

Preis ø | Prix ø 50 €

Info
Terrasse
Raucherbereich · Espace fumeur

Seit fünfzehn Jahren verfolge ich die Entwicklung dieses Hauses. Als ich 1995 zum ersten Mal dort war, betraten wir ein schönes Landgasthaus. Dies ist lange her. Mit seiner Küchenphilosophie prägt Stefan Burbach, zusammen mit seinem hochmotivierten Team, das kulinarische Angebot der Niedmühle. Die Verwendung der besten Frischprodukte, sowie die Kreativität des Kochs stehen im Vordergrund. So wird alles von Grund auf selbst hergestellt und produziert. Um der Fantasie der Köche freien Lauf zu lassen, wechseln die Burbachs das Speiseangebot häufig. Teamarbeit! Es wird eine Küche geboten, die zu den Besten der Region zählt. Wenige Restaurants im Lande sind so kommunikativ wie die Niedmühle. Tamara Burbach sei Dank dafür. Ihre Serviceleistung wurde zudem in unserer letztjährigen Ausgabe ausgezeichnet.

Jetzt hat Familie Burbach den letzten Schritt der Umbauten ihres Hauses vollzogen. Nach einer Investition von rund einer Million Euro bietet es seit August 2011 Zimmer zum Verweilen und Übernachten an: Das Hotel wurde eröffnet. In elf Zimmern, davon einer Suite und einem Einzelzimmer, können die Gäste stilgerecht wohnen. Vergnügen, Ruhe, Natur, Neuheiten, Harmonie, Genuss, Wohlfühlen, Exklusivität, Entspannen sind die Angebote des Hauses. Die Komfortzimmer sind charmant und individuell ausgestattet und bieten kostenlosen Internetzugang, Flachbild-Fernseher und Minibar. Arrangements entnehmen Sie bitte der Internetseite des Hauses, oder informieren Sie sich telefonisch. Die Betreiber beraten Sie sehr gerne und freuen sich auf Ihren Anruf.

RESTAURANT NIEDMÜHLE BAR & LOUNGE
Tamara & Stefan Burbach

🇩🇪 Niedtalstraße 13-14 · D-66780 Rehlingen-Siersburg
Fon: +49 6835 67450 · www.restaurant-niedmuehle.de

Je suis depuis 15 ans l'évolution de cette maison. Lorsque j'y suis allé pour la première fois, nous entrions dans une jolie auberge. C'était il y a très longtemps! Stefan Burbach imprègne, avec son équipe sur-motivée, de sa philosophie de la cuisine l'offre culinaire de la Niedmühle. L'utilisation des meilleurs produits frais et la créativité du cuisinier sont les deux choses les plus importantes. Tout va être fait et réalisé sur place. Les Burbach changent souvent leur carte, afin de laisser libre cours à la fantaisie des cuisiniers. C'est tout un travail d'équipe! La Niedmühle propose une cuisine qui compte parmi les meilleures de la région. Peu de restaurant misent autant sur la communication que la Niedmühle. Il faut en remercier Tamara Burbach. Son service a déjà été reconnue dans notre édition de l'année passée.

Aujourd'hui, la famille Burbach a accompli le dernier pas dans l'évolution de la construction du restaurant. Après un investissement d'un million d'euros, la Niedmühle propose depuis août 2011 des chambres pour se reposer: l'hôtel est ouvert. Les invités peuvent occuper 11 chambres, dont une suite et une chambre simple, toutes pleines de style. Le plaisir, le calme, la nature, les nouveautés, l'harmonie, le bien-être, l'exclusivité et la détente sont les offres de la maison. Les chambres confortables sont équipées de douche et de toilettes, et un accès internet gratuit y est proposé, de même qu'une télévision écran plat et un minibar. Pour vos arrangements, veuillez consulter la page internet de l'hôtel ou vous informer par téléphone, les propriétaires vous conseilleront très volontiers et se réjouissent de votre appel.

SAARBRÜCKEN

Foto: wikipedia | Wolfgang Staudt

WWW.SAARBRÜCKEN.DE

APERO – FEINES FÜR GENIESSER
Katja Sellnau & Andreas Schmal

Saargemünder Straße 63 · D-66119 Saarbrücken-St. Arnual
Fon: +49 681 4163480 · www.apero-genusskultur.de

In dem 1902 im Stil der Jahrhundertwende erbauten Haus in Saarbrücken-St. Arnual bieten Katja Sellnau und Andreas Schmal seit neun Jahren italienische Lebensmittel höchster Qualität an: Pasta, Brot, Käse, Salami, Fleisch, Wein, Obst, Gemüse, Olivenöl, Essig, Balsamico, Gewürze, Eingelegte Antipasti, Konserven, Honig, Schokolade, Marmeladen, Konfitüren, Kuchen, Gebäck, Saucen, Bier, Liköre, Grappa, Kaffee …

Nahezu alle Produkte werden von kleinen landwirtschaftlichen Höfen oder handwerklich arbeitenden Betrieben hergestellt. Viele der angebotenen Lebensmittel werden von besonderen Förderkreisen („Presidi") der Non-Profit Organisation Slow Food geschützt. Von der Qualität dieser Lebensmittel zeugen die zahlreichen Auszeichnungen, die sowohl das apero als auch ihre Produzenten national und international erhalten haben.

Von Montag bis Freitag servieren Katja Sellnau und Andreas Schmal und Mitarbeiterinnen zwischen 12 bis 14 Uhr ein täglich wechselndes mediterranes Menü – frisch zubereitet mit den hochwertigen Zutaten aus dem Ladensortiment und frischem Biogemüse. Von einem Tagesgericht bis zum 4-Gänge-Menu kann sich der Gast seine Komposition selbst zusammenstellen. Wenn es den Gästen geschmeckt hat, können sie im apero die Zutaten für ihre eigene Küche kaufen. Eine intelligente Geschäftsidee.

Geschlossen
Sonntag · Abends
Fermé
Dimanche · Le soir
Preis ø | Prix ø 20 €
Info Terrasse

WWW.APERO-GENUSSKULTUR.DE

Geschlossen
Sonntag · Abends

Fermé
Dimanche · Le soir

Preis ø | Prix ø 20 €

Info Terrasse

APERO – FEINES FÜR GENIESSER
Katja Sellnau & Andreas Schmal

🇩🇪 Saargemünder Straße 63 · D-66119 Saarbrücken-St. Arnual
Fon: +49 681 4163480 · www.apero-genusskultur.de

Dans la maison de style fin de siècle construite en 1902 dans le quartier de St. Arnual à Sarrebruck, Katja Sellnau et Andreas Schmal proposent depuis neuf ans des produits italiens de la meilleure qualité: pâtes, pain, fromage, salami, viandes, vins, fruits et légumes, huile d'olive, vinaigre, vinaigre balsamique, épices, antipasti confits, conserves, miel, chocolat, confitures, gâteaux, sauces, bières, liqueurs, Grappa, café ...

La quasi-totalité des produits proposés proviennent de petites fermes ou d'entreprises où l'on travaille encore à la main. Beaucoup sont protégés par des cercles de qualité («Presidi») de l'organisation à but non lucratif Slow Food. Les différentes récompenses nationales ou internationales reçues par apero ou par ses producteurs témoignent de la qualité de la nourriture.

Du lundi au vendredi, Katja Sellnau, Andreas Schmal et leur équipe servent entre midi et 14 heures un menu changeant chaque jour. La cuisine méditerranéenne est préparée avec des produits de haute qualité venant de leur magasin et des légumes frais issus de l'agriculture biologique. D'un plat du jour à un menu à 4 plats, le client peut composer lui-même son assiette. Et si cela lui a particulièrement plu, il est possible d'acheter les ingrédients pour sa propre cuisine. Une idée intelligente.

WWW.APERO-GENUSSKULTUR.DE

CASINO RESTAURANT AM STADEN
Gertrud Thiel

Bismarckstraße 47 · D-66121 Saarbrücken
Fon: +49 681 62364 · www.casino-am-staden.de

Casino am Staden – Erfolg durch Kompetenz und Leidenschaft

Das Casino am Staden ist ein Ort der Begegnung. Hier treffen sich Gesellschaften, gesellschaftlich relevante Gruppen, Vertreter aus Wirtschaft und Politik. Es ist aber nicht nur ein Ort für diese Gruppierungen, es ist ein Ort für jedermann.

Eingebettet in einen großzügigen Park oberhalb der Saar, lädt die über 100-jährige Jugendstilvilla ein mit einem exquisiten Restaurant, mit Weinkeller, Gartenterrasse und der Möglichkeit, in sechs eleganten Räumen stilvoll zu feiern oder konzentriert zu konferieren. In jedem Raum steht ein Piano. Der junge, dynamische Kopf hinter der altehrwürdigen Fassade dieses Traditionshauses ist Gertrud Thiel. Die umtriebige Gastronomin mit der sympathischen Aura zeichnet für die gastronomische Gestaltung seit über zwei Jahrzehnten verantwortlich.

Dieses Haus ist das Werk einer Ausnahmegastronomin, die sich auch heute noch in die Küche stellt und jede Möglichkeit nutzt, sich weiterzubilden. Die sympathische Chefin setzt Maßstäbe, sie ist omnipräsent. Sie kann ein Unternehmen führen, hat einen ganzheitlichen Ansatz. Ihre Weiterbildungen waren nicht nur fachspezifisch, das wäre ihr zu wenig. Diese Frau hat mir ungemein imponiert, sie guckt weit über den Tellerrand hinaus. Gertrud Thiel hat in Saarbrücken Geschichte geschrieben. Noch nie hat das Casino so gestrahlt wie heute. Und dies nicht nur, wenn Ihnen Gertrud Thiel gegenüber sitzt und lächelt …

Geschlossen
Sonntagabend
(Auf Anfrage geöffnet)

Fermé
Dimanche soir:
(Ouvert sur demande)

Preis ø | Prix ø 40 €

Info Terrasse

Mit freundlicher Unterstützung von · Avec l'aimable soutien de

WWW.TOURISMUS.SAARLAND.DE

CASINO RESTAURANT AM STADEN
Gertrud Thiel

🇩🇪 Bismarckstraße 47 · D-66121 Saarbrücken
Fon: +49 681 62364 · www.casino-am-staden.de

Geschlossen
Sonntagabend
(Auf Anfrage geöffnet)

Fermé
Dimanche soir:
(Ouvert sur demande)

Preis ø | Prix ø 40 €

Info Terrasse

Le succès grâce à la compétence et la passion

Le Casino am Staden est un lieu de rencontres. Là se rassemblent des sociétés, des groupes de la haute société et des représentants de l'économie et de la politique. Cependant, ce n'est pas seulement un lieu pour ces personnes, c'est un endroit pour tout le monde.

Enfoncée dans un parc en amont de la Sarre, la villa de style début du siècle vous invite dans un restaurant exquis, dans sa cave à vins ou sur une terrasse en pleine nature. Le Casino am Staden vous offre la possibilité de manger de façon festive ou de vous concentrer pour une conférence dans l'une de ses six salles élégantes. Dans chacune de ces salles il y a un piano. La personne jeune et dynamique qui se trouve à la tête de cette maison traditionnelle et très respectable est Gertrud Thiel. Cette gastronome entreprenante à l'aura très sympathique est responsable depuis plus de 20 ans de l'organisation culinaire.

Cette maison est l'œuvre de cette gastronome d'exception, qui s'installe aujourd'hui encore dans la cuisine et profite de chaque opportunité pour perfectionner son art. La sympathique cuisinière est une référence, et elle est omniprésente. Elle sait diriger son entreprise et elle a une approche globale. Les formations complémentaires qu'elle a suivies ne sont pas seulement techniques; cela serait trop simple. Cette femme m'a fait forte impression, et elle possède une vue d'ensemble exceptionnelle. Gertrud Thiel a écrit l'histoire à Sarrebruck. Le Casino rayonne aujourd'hui comme jamais. Et cela pas seulement lorsque Gertrud Thiel est assise en face de vous et vous sourit ...

Mit freundlicher Unterstützung von · Avec l'aimable soutien de

WWW.TOURISMUS.SAARLAND.DE

Geschlossen
Kein Ruhetag

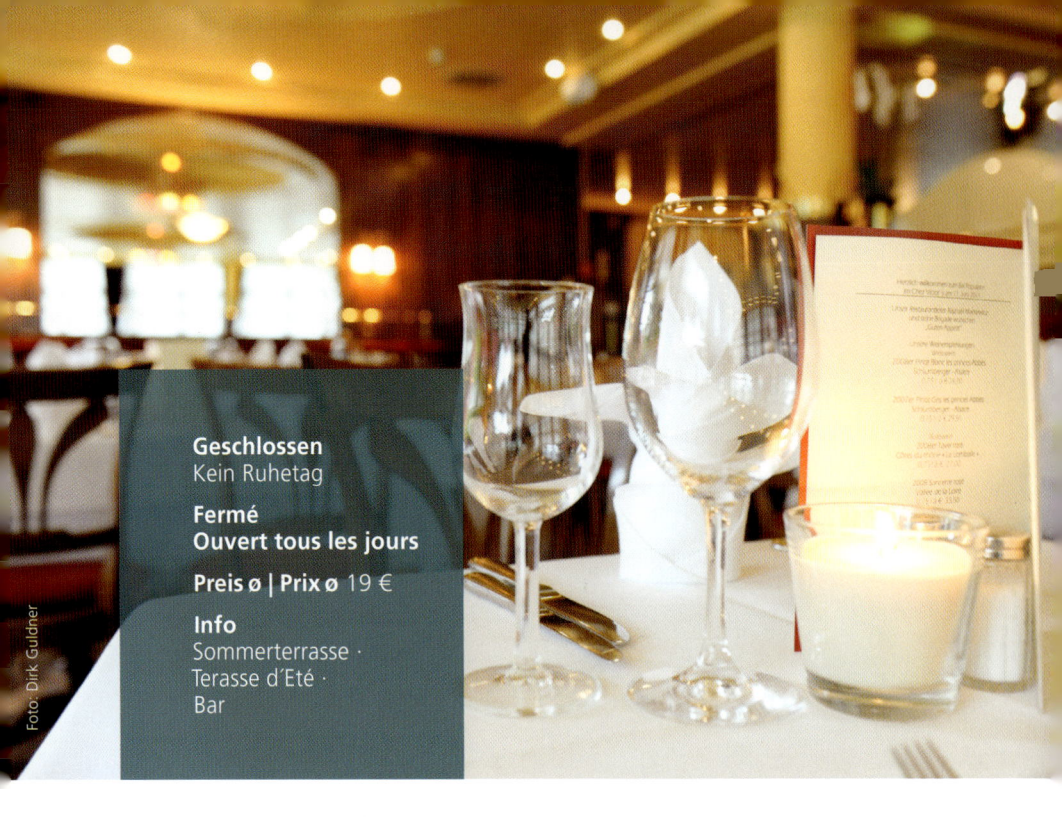

Fermé
Ouvert tous les jours

Preis ø | Prix ø 19 €

Info
Sommerterrasse ·
Terasse d´Eté ·
Bar

Foto: Dirk Guldner

Fanzösisches Flair genießen Sie in gediegener Atmosphäre in der Brasserie Parisienne im Stil der Belle Epoque. Von der authentischen Art-Nouveau-Inneneinrichtung über die Küche und Weinkarte wurde jedes Detail an dieses Konzept angepasst.

Seit Raphaël Markiewicz hier das Sagen hat, freue ich mich auf jeden Besuch in dieser herrlichen, stilvollen Brasserie am Deutsch-Französischen Garten. „Monsieur Raphaël", wie er von seinen Gästen gerne genannt wird, stammt aus Forbach, ist ausgebildeter Koch und Hotelier. Zu den Stationen seiner bisherigen Laufbahn zählen das Hotel Ritz in Paris, das Restaurant Simmer in Luxemburg und das Victor's Residenz-Hotel Schloss Berg in Perl-Nennig.

Neben rustikalen regionalen Gerichten stehen traditionelle Delikatessen auf der zweisprachigen Karte, wie es sich für eine gute Brasserie gehört: frische Austern, Fisch auf Sauerkraut oder Entrecôte in Zwiebel-Rotweinsauce. Ein echter Renner ist mittags das sogenannte Menü TGV: Vorspeise, Hauptgang und Café Gourmand mit kleinem Dessert. Wie der Name verspricht zügig serviert, wöchentlich wechselnd für 17,50 Euro pro Person.

Die Lage an diesem wunderbaren Garten, dem Symbol der deutsch-französischen Freundschaft in der Landeshauptstadt, tut ein Übriges, damit Feinschmecker hier eine französische Brasserieküche goutieren können. Gerade französische Gäste legen Wert auf Authentizität, beste Produkte und Küche mit Terroir-Charakter. Und ein Tanzabend mit Live-Kapelle, wie er hier regelmäßig stattfindet, wirkt auf mich sehr französisch …

CHEZ VICTOR'S
Victor's Residenz-Hotels GmbH

Deutschmühlental · Am Deutsch-Französischen Garten
D-66117 Saarbrücken
Fon: +49 681 58821-950 · www.chez-victors.de

Venez profiter d'une atmosphère qui rappelle celle d'une brasserie parisienne de la Belle-Epoque. Tout s'accorde à ce concept, de l'intérieur en style Art Nouveau à la carte des vins, en passant par la cuisine.

Depuis que Raphaël Markiewicz règne sur la cuisine, je me rends toujours avec joie dans cette brasserie sympathique et pleine de style à proximité du jardin franco-allemand. «Monsieur Raphaël», comme l'appellent ses clients, est originaire de Forbach. Il est cuisinier et hôtelier de profession. Sa carrière professionnelle est jalonnée d'étapes comme l'Hôtel Ritz de Paris, le restaurant Simmer au Luxembourg, et le Victor's Residenz-Hotel Schloss-Berg, à Perl-Nennig.
A côté des plats régionaux, on peut trouver sur la carte des produits fins, comme de coutume dans une bonne brasserie. Par exemple: des huîtres fraîches, du poisson sur lit de choucroute, ou une entrecôte accompagnée d'une sauce à l'oignon et au vin rouge. Le midi, ce qui vaut le détour dans cet établissement, c'est le Menu TGV: entrée, plat et café gourmand avec un léger dessert. Le tout servi très vite, changeant toutes les semaines, pour seulement 17,50 Euro par personne.

Située près de ce magnifique jardin, symbole de l'amitié franco-allemande dans notre capitale, la brasserie offre au gourmet une cuisine française. Ce sont surtout les clients français qui recherchent l'authenticité, les meilleurs produits et une cuisine empreinte de terroir. Et une soirée dansante avec un orchestre, comme il y en a souvent ici, me donne l'impression d'être en France …

Mit freundlicher Unterstützung von · Avec l'aimable soutien de

WWW.TOURISMUS.SAARLAND.DE

Saarland
Aktiv

Saarland
mit grenzenlosem Charme

Wandern 2012

SAARLAND* AUSGEZEICHNET WANDERN!

Bestellen Sie unsere kostenfreie Broschüre!

Die besten Touren im Saarland,
Saar-Hunsrück-Steig, Tafeltouren und Pilgerwege,
Wanderarrangements ...

www.wandern.saarland.de
E-Mail: info@tz-s.de, Tel.: +49 (0)681 / 927 20-0

Radfahren 2012

Qualitätsradroute adfc Allgemeiner Deutscher Fahrrad-Club

Bestellen Sie unsere kostenfreie Broschüre!

Die schönsten Routen im Saarland
und im benachbarten Frankreich,
eVelo und Mountainbike, Mehrtagestouren
und Arrangements ...

www.radfahren.saarland.de
E-Mail: info@tz-s.de, Tel.: +49 (0)681 / 927 20-0

Tourismus Zentrale Saarland
Franz-Josef-Röder-Str. 17, 66119 Saarbrücken
www.tourismus.saarland.de

FISCHMARKT BURBACH
Fischmarkt Burbach GmbH

Bergstraße 4 · D-66115 Saarbrücken
Fon: +49 681 76871 · www.fischmarkt-burbach.de

Der Fischmarkt Burbach liefert seit 25 Jahren außergewöhnliche Qualität. Täglich werden im Laden selbst zubereitete Saucen und exquisite Salate angeboten. Meeresdelikatessen sind im unerschöpflichen Reservoir vorhanden, selbst der bei Köchen so geschätzte Wermut Noilly Prat aus Marseillan vom Étang de Thau gibt es hier zu kaufen. Zusätzliches zur Fischzubereitung wird angeboten.

Die Auszeichnungen in diversen Fachmagazinen hängen an den Wänden und an der Tür. Es ist beeindruckend, was Fachjournalisten da zusammengetragen haben. „Der Feinschmecker" nannte das Burbacher Fachgeschäft „Saarlands Fischzentrale"; im Jahre 2011 wurde er im REGIOGUIDE als „Fischgeschäft des Jahres" gekürt. Die Saarbrücker Zeitung bezeichnete das kleine Geschäft im Burbacher Zentrum als „die Topadresse für Fisch und Meeresfrüchte".

Die Philosophie der Burbacher ist ihr Erfolgsgeheimnis: absolute Frische, Serviceleistung mit kompetenter Beratung und das Bemühen, den Fischmarkt auf diesem Niveau weiterzuführen. Ständige Schulungen und Weiterbildung für die Betreiber und ihre Mitarbeiter gehören zum Standard. Mit ihrer Fischküche aus frischen Produkten erfüllen die Fischhändler die Ansprüche an eine gesunde und gleichzeitig wohlschmeckende Ernährung. Ernähren Sie sich einfach mit mehr aus dem Meer. Petri Heil.

Öffnungszeiten
Dienstag bis Freitag
8.00 Uhr - 18.00 Uhr
Samstag
8.00 Uhr - 13.00 Uhr

Heures d'Ouverture
Mardi à Vendredi
8.00 h - 18.00 h
Samedi
8.00 h - 13.00 h

Mit freundlicher Unterstützung von · Avec l'aimable soutien de

WWW.TOURISMUS.SAARLAND.DE

Öffnungszeiten
Dienstag bis Freitag
8.00 Uhr-18.00 Uhr
Samstag
8.00 Uhr-13.00 Uhr

Heures d'Ouverture
Mardi à Vendredi
8.00 h-18.00 h
Samedi
8.00 h-13.00 h

FISCHMARKT BURBACH
Fischmarkt Burbach GmbH

Bergstraße 4 · D-66115 Saarbrücken
Fon: +49 681 76871 · www.fischmarkt-burbach.de

Le Fischmarkt Burbach offre depuis 25 ans une qualité exceptionnelle. Tous les jours sont proposées dans le magasin des sauces faites maison et des salades exquises. Les produits de la mer se trouvent dans un réservoir inépuisable. Le vermouth très prisé des cuisiniers, le Noilly Prat venant de Marseillan, au bord du bassin de Thau, s'y trouve également. Il vous sera également proposé tout ce qui est nécessaire à la préparation du poisson.

Les récompenses délivrées par plusieurs magazines spécialisés sont accrochées aux murs et à la porte. C'est impressionnant de voir ce que les journalistes ont apportés ici. Le Feinschmecker a déclaré le magasin de Burbach «Centrale Poissonaire Sarroise»; en 2011, il a été élu par le REGIOGUIDE «poissonnerie de l'année». Le Saarbrücker Zeitung considère le petit magasin dans le centre de Burbach comme «la meilleure adresse pour poissons et fruits de mer».

La philosophie du magasin est la clé du succès: une fraîcheur absolue, des conseils avisés et l'envie de rester à ce niveau. Le chef et son équipe suivent régulièrement des stages de formation. Avec leur plats préparés à base de produits frais, les poissonniers remplissent deux critères: une cuisine bonne à la fois pour votre santé et pour votre palais. Nourrissez-vous donc un peu plus de produits de la mer.

Mit freundlicher Unterstützung von · Avec l'aimable soutien de

WWW.TOURISMUS.SAARLAND.DE

Seit dem ersten Tag im Jahre 1974 zieht der Spezialitätenladen Kunden in die Diskonto-Passage, die eines suchen: eine bessere Qualität als im Supermarkt und beim Discounter. Heute gibt es neben dem eigentlichen Geschäft am anderen Ende der Passage noch einen zweiten Stand mit Aktionsartikeln, oft etwas günstiger. Im Hauptgeschäft führt Früchte Kreis alles, was das Obst- und Gemüseherz begehrt. Stephan Kreis erklärt: „In den 37 Jahren seit Geschäftsgründung haben wir uns ein perfektes Netzwerk an Erzeugern aufgebaut. Das war und ist der Schlüssel zum Erfolg."

Öffnungszeiten
Montag bis Freitag
7.00 Uhr - 19.00 Uhr
Samstag
7.00 Uhr - 18.00 Uhr

Heures d'Ouverture
Lundi à Vendredi
7.00 h - 19.00 h
Samedi
7.00 h - 18.00 h

Wir kaufen vieles direkt beim Erzeuger. Die Mirabellen kommen aus Lothringen, unseren Salat kaufen wir bei einem Partner in Lisdorf, der Spargel stammt aus der Nähe von Darmstadt, diesem Partner kaufen wir die gesamte Ernte ab. Sein Spargel hat eine außergewöhnliche Qualität, seit acht Jahren arbeiten wir mit ihm zusammen und haben unseren Spargelumsatz in dieser Zeit verdoppelt. Wir kaufen auch morgens auf dem Großmarkt die besten Produkte, die ich selber aussuche."

Heute schwört nicht nur Deutschlands Vorzeigekoch Klaus Erfort auf die Qualität dieses Fachgeschäftes. Seit acht Jahren hat Stephan Kreis dazu die Saftbar im Haus. Hier bekommt der Kunde auch erste Qualität im Glas: frisch ausgepresste Säfte ohne Zusätze unter zwei Euro. Billiger als eine Cola am St. Johanner Markt. Mein Lieblingsgetränk an der Theke: der Petersiliensaft.

Die Entwicklung in der Zukunft? Die Kunden wünschen immer mehr vorbereitete Produkte, die dann zuhause fertig zubereitet werden. Viele Kunden haben bei Kreis besondere Früchte entdeckt und lieben gelernt. Ganz wichtig dabei ist das qualifizierte, professionelle und sehr freundliche Personal, eine Säule des Erfolges.

FRÜCHTE KREIS
Stephan Kreis

🇩🇪 Bahnhofstraße 31 · D-66111 Saarbrücken
Fon: +49 681 35414 · www.fruechtekreis.de

Mit freundlicher Unterstützung von · Avec l'aimable soutien de

WWW.TOURISMUS.SAARLAND.DE

FRÜCHTE KREIS
Stephan Kreis

🇩🇪 Bahnhofstraße 31 · D-66111 Saarbrücken
Fon: +49 681 35414 · www.fruechtekreis.de

Öffnungszeiten
Montag bis Freitag
7.00 Uhr - 19.00 Uhr
Samstag
7.00 Uhr - 18.00 Uhr

Heures d'Ouverture
Lundi à Vendredi
7.00 h - 19.00 h
Samedi
7.00 h - 18.00 h

Dès le premier jour en 1974, ce magasin spécialisé a attiré des clients qui cherchaient une seule chose: une qualité meilleure qu'au supermarché ou dans les magasins discount! Aujourd'hui, il y a même, en plus du premier magasin, un deuxième stand à l'autre bout du passage avec des articles en promotion, souvent un peu moins cher. Dans le magasin principal, Früchte Kreis propose tout ce que l'on peut désirer en matière de fruits et légumes.

Stephan Kreis explique: «Depuis l'ouverture du magasin il y a 37 ans, nous nous sommes établis un parfait réseau de producteurs. Les mirabelles nous arrivent directement de Lorraine, nous achetons nos salades chez un partenaire à Lisdorf, les asperges viennent de la région de Darmstadt, où nous achetons à un partenaire la totalité de sa production. Ses asperges sont d'une qualité exceptionnelle. Nous travaillons avec lui depuis huit ans, et nous avons doublé notre chiffre d'affaires sur les asperges durant cette période. Nous achetons aussi tous les matins au marché de gros les meilleurs produits, que je choisis moi-même.»

Aujourd'hui, le cuisinier modèle Klaus Erfort et bien d'autres ne jurent que par la qualité du magasin. Depuis huit ans, Stephan Kreis a également un bar à jus de fruits dans son magasin. Le client y retrouve la meilleure qualité dans son verre: des jus de fruits fraîchement pressés sans additifs pour moins de deux euros. Moins cher qu'un soda au St. Johanner Markt. Mon jus préféré: le jus de persil.

Un développement dans l'avenir? De plus en plus de clients demandes des produits préparés qu'on peut ensuite cuisiner à la maison. De nombreux clients ont découvert ici de nouveaux fruits et ont appris à les aimer. Ce qui est également très important, c'est le personnel qualifié, professionnel et très amical, qui est un des piliers du succès!

Mit freundlicher Unterstützung von · Avec l'aimable soutien de

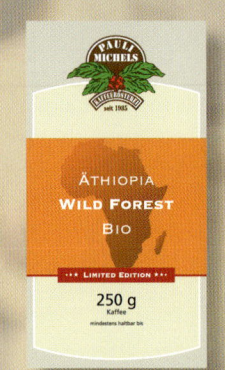

- Über 30 Kaffeespezialitäten
- Mehr als 15 Sorten BIO zertifiziert
- Espressi & Cafe Creme

- täglich Frische Röstungen
- entkoffienierte Spezialitäten

- Mobile CAFFEBARs
- höchster Genuss für Feiern, Parties & Events

- **Cafe Collage**
  Hauptstraße 1
  66709 Weiskirchen
  Tel.: 06874 / 6799

- Kaffeerösterei Pauli Michels
  Im Gewerbegebiet 16 a
  66709 Weiskirchen
  Tel.: 06876 / 791944
  www.pauli-michels-kaffee.de

PAULI MICHELS
KAFFEERÖSTEREI seit 1985

WILLKOMMEN IN UNSERER KAFFEE-WELT

MEXICO MARAGOGYPE BIO	**PERU** ARABICA BIO	**JAMAIKA** BLUE MOUNTAIN	**ÄTHIOPIA** SIDAMO MOCCA BIO	
COLUMBIA EXCELSO BIO	**COSTA RICA** TARRAZU	**DOMINGO** MANABAO BIO	**KENIA** ARABICA AA	**PAPUA NEUGUINEA** SIGRI	**PAPUA NEUGUINEA** ASEKI BIO
HONDURAS ARABICA BIO	**GUATEMALA** ANTIQUA BIO	**PUERTO RICO** YAUCO SELECTO Limited Edition	**ÄTHIOPIA** WILD FOREST BIO Limited Edition	**INDIA** MYSORE NUGGET	**INDIA** PEARL MOUNTAIN Limited Edition	**SUMATRA** ARINAGATA BIO
BRAZIL SANTOS PLANTATION				**KOPI** TONGKONAN TORAJA Limited Edition
BOLIVIA PRIMERA BIO				**SUMATRA** BERGENDAAL Limited Edition
ECUADOR VILCABAMBA Limited Edition				**AUSTRALIA** SKYBURY Limited Edition

UNSERE RÖSTMISCHUNGEN

ESPRESSO Magico							**MILDE SORTE**
ffè AMERICANO ENTCOFFEINIERT	**ESPRESSO** La Luna	**ESPRESSO** Olice	**SCHÜMLI CAFÉ**	**HAUSMISCHUNG**	**HAUSMISCHUNG** BIO		**ENTKOFFEINIERTER KAFFEE** BIO
ffè AMERICANO	**ESPRESSO** 7NATIONS Limited Edition	**ESPRESSO** SELECTION BRAZIL Limited Edition	**CAFÉ CRÈME** BIO	**WIENER MELANGE**	**RÖSTMEISTER** MISCHUNG		**ENTKOFFEINIERTER KAFFEE**

PAULI MICHELS KAFFEERÖSTEREI
Im Gewerbegebiet 16a | 66709 Weiskirchen | Tel. 06876-791944 | Fax 06876-791823 | www.pauli-michels-kaffee.de

Geschlossen
Samstagmittag
Sonntag · Montag

Fermé
Samedi midi
Dimanche · Lundi

Preis ø | Prix ø 120 €

Info Terrasse
Klimaanlage · Air conditionné

GÄSTEHAUS KLAUS ERFORT
Klaus Erfort

Mainzer Straße 95 · D-66121 Saarbrücken
Fon: +49 681 958268-2 · www.gaestehaus-erfort.de

Seit März 2002 residiert er in seinem GästeHaus in der Saarbrücker Mainzer Straße. Im ersten Jahr bereits brachte er den ersten Stern in die Landeshauptstadt. 2004 folgte der zweite. Im Jahre 2008 hatte Saarbrücken zum ersten Mal ein Drei-Sterne-Restaurant. Im gleichen Jahr wurde er „Koch des Jahres". Die Feinschmeckergemeinde jubelte, doch Erfort macht es ein wenig traurig, dass weder Land, noch die Landeshauptstadt, dies so richtig zu würdigen wissen. In Frankreich sind Köche Stars, vor denen auch die politische Nation kniet. Doch das Saarland ist ein deutsches Bundesland.

Es ist morgens kurz nach acht, und ich fahre die Saarbrücker Mainzer Straße entlang. Hinter der großen Vitrine des Erfort'schen Imperiums herrscht rege Geschäftigkeit. Die Küchenbrigade ist schon mit dem Chef an der Arbeit. Morgens um acht macht er vor versammelter Mannschaft die Ansagen für den Tag. Es herrscht eiserne Disziplin, immer auf dem Weg zur Verwirklichung eines Zieles: Alles so perfekt zu machen, wie es nur geht. Eine Wachablösung in Deutschland ist vollzogen. Die Volkenborn-Rangliste, die erstellt wird unter Berücksichtigung und Addition der Auszeichnungen in den verschiedenen nationalen Restaurantführern, führt Klaus Erfort auf Platz eins, zusammen mit Kochlegende Harald Wohlfahrt. Wer sein GästeHaus bisher noch nicht besucht hat, ist selbst schuld …

Mit freundlicher Unterstützung von · Avec l'aimable soutien de

GÄSTEHAUS KLAUS ERFORT
Klaus Erfort

Mainzer Straße 95 · D-66121 Saarbrücken
Fon: +49 681 958268-2 · www.gaestehaus-erfort.de

Depuis mars 2002, il tient son restaurant de la Mainzerstraße de Sarrebruck. Dès la première année, il a ramené sa première étoile dans la capitale sarroise. En 2004, la deuxième a suivi. En 2008, Sarrebruck avait pour la première fois un restaurant trois étoiles. La même année, il était élu «cuisinier de l'année» en Allemagne. La communauté des gourmets se réjouit, mais Klaus Erfort s'attriste un peu, en voyant que ni le Land, ni la ville ne sachent reconnaître cet exploit à sa juste valeur. En France, les cuisiniers sont des stars devant lesquelles même la classe politique s'agenouille. Mais la Sarre est un Land allemand.

Il est un peu plus de huit heures du matin, et je roule dans la Mainzerstraße. Derrière la grande vitrine de l'empire de Klaus Erfort, on s'affaire déjà beaucoup. Les cuisiniers sont déjà au travail avec le chef. Le matin à huit heures, il donne ses ordres à toute l'équipe. Il y règne une discipline de fer, pour arriver à un seul but: tout faire de la manière la plus parfaite qui soit! En Allemagne vient de s'opérer une relève de la garde. La Liste Volkenborn, tenant compte des distinctions obtenues dans les différents guides nationaux, place Klaus Erfort en première position, à égalité avec le cuisinier de légende Harald Wohlfahrt. Tant pis pour ceux qui ne sont pas encore allés manger chez Klaus Erfort …

Geschlossen
Samstagmittag
Sonntag · Montag

Fermé
Samedi midi
Dimanche · Lundi

Preis ø | Prix ø 120 €

Info Terrasse
Klimaanlage · Air conditionné

Mit freundlicher Unterstützung von · Avec l'aimable soutien de

WWW.TOURISMUS.SAARLAND.DE

Geschlossen
Sonntag

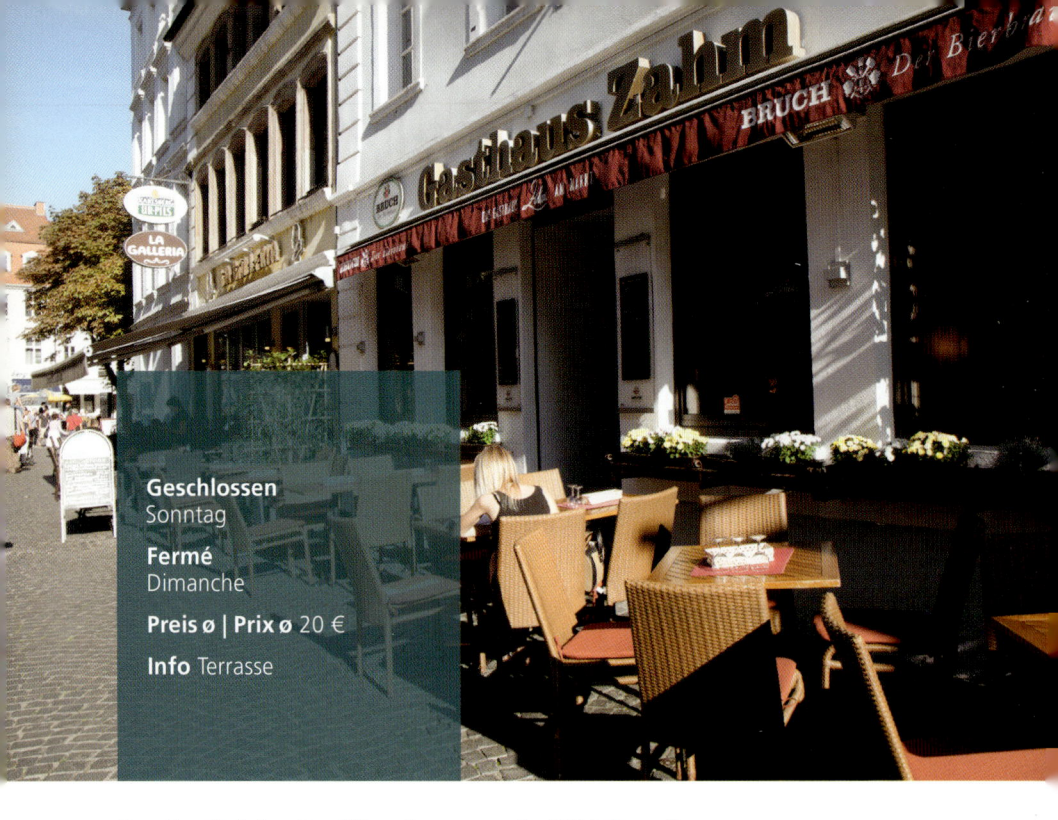

Fermé
Dimanche

Preis ø | Prix ø 20 €

Info Terrasse

Das Saarbrücker Traditionshaus wurde 100 Jahre alt

Das Gasthaus Zahm hat eine abwechslungsreiche Geschichte hinter sich. Hier gaben sich die Saarbrücker die Klinke in die Hand. Am Tresen beim Zahm wurde geredet, Politik gemacht, hier stand der Oberbürgermeister neben den ganz normalen Bürgern, die sich zum Feierabendbier trafen. Gegessen wurde am Tresen ein „Hackschnittchen" oder eine frisch zubereitete Frikadelle.

Am 1. April 2011 übernahm nun Jürgen Becker den Zahm. Er ist im Saarland kein Unbekannter in Sachen Gastronomie. Der Koch, der im Seehotel Überfahrt, Rottach-Egern, gelernt hat und eine Ausbildung zum Hotelkaufmann im Hilton München absolviert hat, machte auch Praktika bei Sternekoch Dieter Müller in Wertheim und im Hilton in London. Jürgen Becker: „Die Herausforderung in Saarbrücken ist: Erhalten und Beleben eines alten traditionsreichen Gasthauses mit Gasthaus-Kultur. Wir kochen eine gute, einfache Traditionsküche. Wir wollen in unserem Haus die Menükultur beleben, so gibt's im Zahm mittags zwei Gänge für 12,50 Euro. Wir kaufen tagesfrisch und saisonorientiert ein. Gute Weine zu ordentlichen Preisen aus Deutschland und Frankreich, teilweise exklusiv nur beim Zahm, immer wieder neue Weine, auch einfach nur als Aktionsweine."

Im Oktober wurde das Gasthaus Zahm nun 100 Jahre alt. Seine Geschichte ist ein Teil der Saarbrücker Geschichte, die Geschichte der Menschen wie du und ich. REGIOGUIDE wünscht dem St. Johanner Traditionshaus alles Gute für die nächsten 100 Jahre und zeichnet es in der Ausgabe 2012 aus: **Qualität und Tradition!**

GASTHAUS ZAHM
Jürgen Becker

🇩🇪 Saarstraße 6 · D-66111 Saarbrücken
Fon: +49 681 9591317

La maison traditionnelle de Sarrebruck fête ses 100 ans

Le restaurant Gasthaus Zahm a une histoire très riche. Les sarrebruckois y ont défilé. Au bar de l'auberge Zahm, on parlait, on faisait de la politique, le maire de la ville y était à côté de ses administrés, se retrouvant pour boire une bière en fin de journée. On y mangeait un «Hackschnittchen» (tartare sarrois sur une tranche de pain) ou une fricadelle fraîchement préparée. Jürgen Becker a repris la maison Zahm le 1er avril 2011. En Sarre, c'est loin d'être un inconnu en matière de gastronomie. Le cuisinier, qui a appris son métier au Seehotel Überfahrt de Rottach-Egern, est également technicien de gestion hôtelière, métier appris à l'hôtel Hilton de Munich. Jürgen Becker a entre autres fait des stages auprès du chef étoilé Dieter Müller à Wertheim et à l'hôtel Hilton de Londres. Il nous explique: «Le défi à Sarrebruck est de maintenir et de faire vivre une auberge traditionnelle qui a sa propre culture. Nous faisons une cuisine simple, bonne et traditionnelle. Nous voulons animer une certaine culture de la carte, c'est pourquoi nous proposons le midi un menu à deux plats pour 12,50 Euro. Nous achetons nos ingrédients frais tous les jours et selon la saison. Nous proposons également des bons vins d'Allemagne ou de France à des prix corrects. Les vins sont parfois exclusivement disponibles au restaurant Zahm. Il y a également toujours des nouveaux vins, parfois sous forme d'action découverte.» En octobre, l'auberge Zahm a fêté ses 100 ans. Son histoire fait partie de l'histoire de Sarrebruck, de l'histoire de gens comme vous et moi. LE REGIOGUIDE souhaite un joyeux anniversaire à la maison traditionnelle du quartier St. Johann, et lui fait part de tous ses vœux pour les 100 années à venir. Dans l'édition 2012, le REGIOGUIDE prime le restaurant en matière de **qualité et de tradition.**

Mit freundlicher Unterstützung von · Avec l'aimable soutien de

WWW.TOURISMUS.SAARLAND.DE

HOTEL AM TRILLER
Michael Bumb

Trillerweg 57 · D-66117 Saarbrücken
Fon: +49 681 58000-0 · www.hotel-am-triller.de

Eines der besten Hotels in Saarbrücken ist sicherlich die renommierte Adresse am Triller. Seit einigen Jahren sind die Betreiber dem Genuss mit ihrem ganz eigenen Konzept auf der Spur. Sie folgen keinem kurzfristigen Trend, sondern versuchen, ihre Gäste mit natürlicher und gesunder Ernährung zu begeistern.

Sie verzichten weitgehend auf chemische Zusätze und schwören auf die Erzeugung von Nahrungsmitteln nach den Methoden unserer Vorfahren. Dabei spielt der regionale Gedanke auch eine komplexe Rolle. Denn natürlich ist es sicherlich nicht, die Viktualien aus Australien oder Argentinien in der heimischen Küche zu verwenden. Schnelle Verbindungswege gehören zu diesem Konzept dazu.

Küchenchef Sylvain Zapp ist in der Region zuhause, kennt die französische Lebensart und weiß, was die Deutschen gerne essen. Mit ihm steht ein Küchenchef am Herd des Hotels Triller, der nicht nur ein rigoroser Verfechter von Bioprodukten ist, sondern der eine sehr geschmackvolle Küche kochen kann.

In diesem Haus trifft nicht nur Kunst auf Kulinarik, hier regiert der Geschmack. Mediterrane Küchenphilosophie mit euro-asiatischen Einflüssen wird hier zelebriert. Vieles stammt aus dem Meer, aus den Gärten der Umgebung, und alles ist wohlschmeckend, leicht und bekömmlich. Ein Konzept, welches uns viel Freude macht …

Geschlossen
Kein Ruhetag

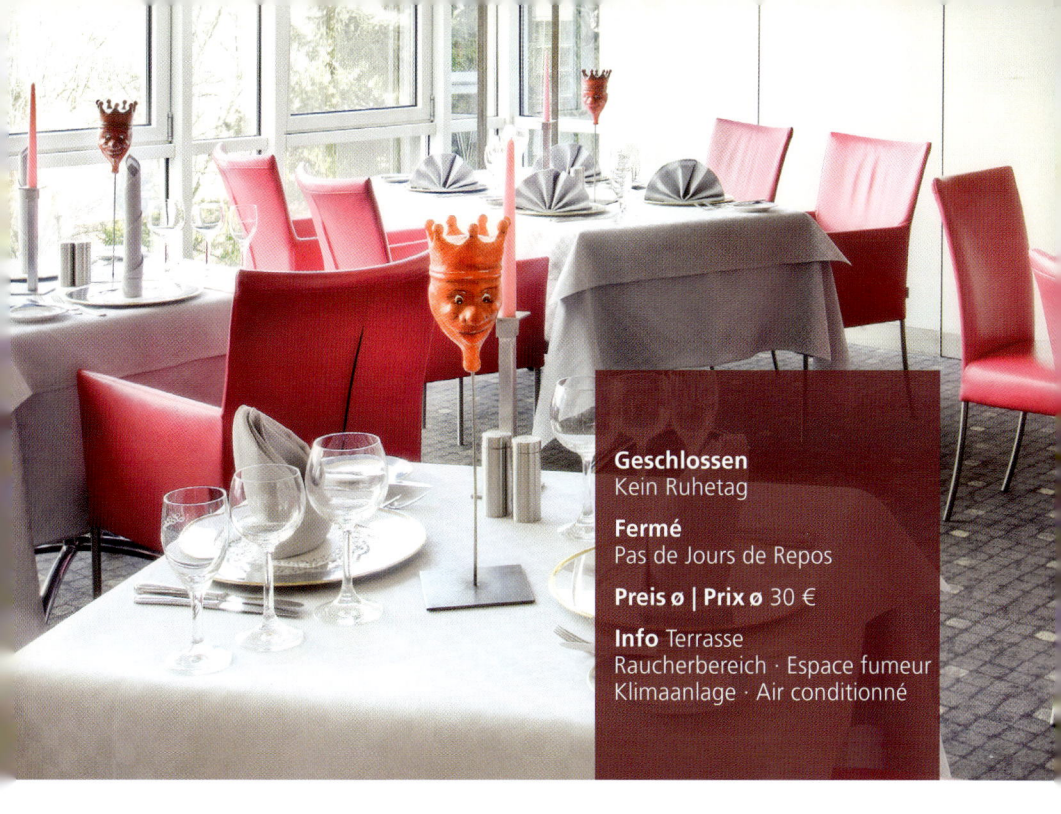

Fermé
Pas de Jours de Repos

Preis ø | Prix ø 30 €

Info Terrasse
Raucherbereich · Espace fumeur
Klimaanlage · Air conditionné

Un des meilleurs hôtels de Sarrebruck se trouve sans doute dans le Trillerweg, une adresse renommée. Depuis quelques années, les propriétaires sont sur la piste du bon goût, avec un concept qui leur est propre. Ils ne suivent pas une mode à court terme, mais essayent de convaincre leurs clients avec une nourriture saine et naturelle.

Ils renoncent complètement à tout additif chimique, et ne jurent que par les méthodes de production de nourriture de nos ancêtres. La pensée régionale joue donc ici un rôle primordial, car il n'est en rien naturel d'importer ses victuailles d'Australie ou d'Argentine pour les utiliser dans sa cuisine. Des voies de communications rapides appartiennent donc à leur concept.

Le chef Sylvain Zapp est chez lui dans la région, il connaît le bon-vivre des Français et savent que les Allemands aiment bien manger. Avec lui se retrouve, aux fourneaux de l'hôtel Triller, non seulement un défenseur inconditionnel des produits issus de l'agriculture biologique, mais aussi quelqu'un qui sait cuisiner des plats pleins de goût.

Dans cette maison, ce n'est pas seulement l'art qui se marie avec le culinaire, c'est tout simplement le goût qui y vit. Une philosophie de cuisine méditerranéenne, influencée par l'Europe et l'Asie voit le jour. Bien des plats viennent de la mer, des jardins aux alentours, et tout est savoureux, léger et sain. Un concept qui nous remplit de joie …

Mit freundlicher Unterstützung von · Avec l'aimable soutien de

WWW.TOURISMUS.SAARLAND.DE

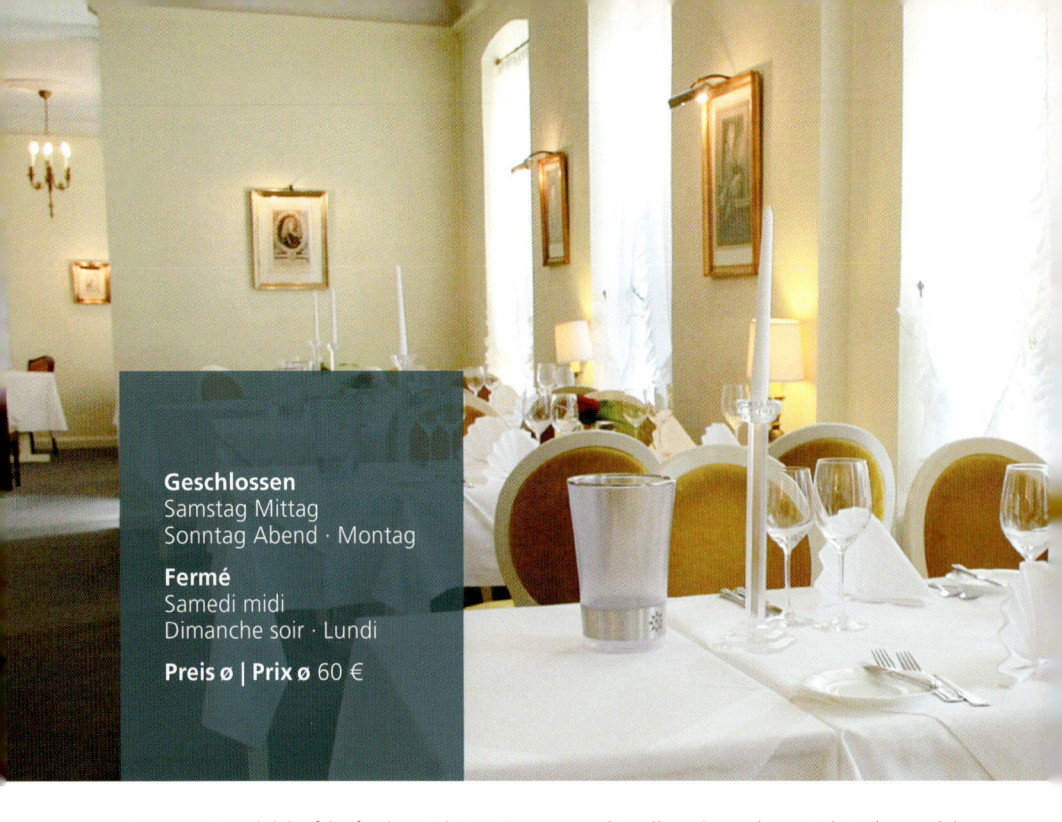

Geschlossen
Samstag Mittag
Sonntag Abend · Montag

Fermé
Samedi midi
Dimanche soir · Lundi

Preis ø | Prix ø 60 €

Kuntzes Handelshof befindet sich in einem prachtvollen, barocken Gebäude, welches unter Leitung von Generalbaudirektor Friedrich Joachim Stengel Mitte des 18. Jahrhundert zwischen dem Schloss und dem Ludwigsplatz erbaut wurde. Innen werden Sie von einem klassisch eleganten und stilvollen Ambiente mit alten Stichen und schöner Dekoration erwartet. Im Hauptraum und den beiden Salons finden bis zu 75 Gäste Platz.

Seit der Eröffnung, nunmehr über 30 Jahre, schätze ich den Handelshof sehr. Wir sind dort noch nie enttäuscht worden, und bis heute verdienen Jutta und Peter Kuntze unseren höchsten Respekt. Peter Kuntze und sein Team verwöhnen Feinschmecker mit gleichbleibend guter Kochkunst, während seine Frau Jutta liebevoll, kompetent und fachkundig den Service leitet. Mit Jutta Kuntz als Gastgeberin hat der Gast schon gewonnen. Sie versucht stets, alles zu tun, um dem Gast einen wundervollen Aufenthalt zu ermöglichen. Und dies immer mit einem Lächeln.

Die Weinkarte setzt auf den Ruhm französischer Weine. Eine große Anzahl von Bordeaux und Burgundern beider Couleurs finden sich unter den 230 Positionen der Karte, ganz abgesehen von den Raritäten. Ich habe da noch eine Erinnerung: Léonville-Barton 1978. Auch die deutschen und italienischen Weine ausgewählter Lagen sind auf dieser außergewöhnlichen Karte gelistet. Wenn Sie den Handelshof kennenlernen wollen: Dienstag bis Freitag bietet Familie Kuntze mittags ein täglich wechselndes Drei-Gang-Business-Menü an für 35 Euro.

KUNTZES HANDELSHOF
Peter und Jutta Kuntze

Wilhelm-Heinrich-Straße 17 · D-66117 Saarbrücken
Fon: +49 681 56920 · www.kuntzes-handelshof.de

La «Kuntzes Handelshof» se trouve dans un bâtiment baroque superbe, situé entre le château et la Ludwigsplatz, qui a été construit au milieu du XVIIIème siècle sous la houlette du directeur général des constructions Friedrich Joachim Stengel. A l'intérieur, vous vous trouverez dans une ambiance classique, élégante et pleine de style, avec gravures anciennes et de nombreuses décorations. La salle principale et les deux salons peuvent recevoir jusqu'à 75 personnes.

Depuis l'ouverture, il y a plus de 30 ans, j'ai toujours apprécié la Handelshof. Nous n'avons jamais été déçus, et jusqu'ici, Jutta et Peter Kuntze ont toujours mérité notre plus grand respect. Peter Kuntze et son équipe régalent les gourmets avec un art et un savoir-faire culinaire qui n'ont pas changé, tandis que sa femme Jutta dirige de manière compétente et pleine d'attention le service en salle. Avec Jutta Kuntze comme hôte, le client est déjà gagnant. Elle essaiera toujours de faire son possible pour rendre le repas le plus agréable qui soit. Et toujours avec un sourire.

La carte des vins se base sur la renommée des vins français. Un grand nombre de Bordeaux ou de Bourgognes blancs et rouges se trouve dans les 230 positions de la carte, sans compter les vins d'exceptions. Je me rappelle d'un vin délicieux: le Léonville-Barton 1978! Des vins allemands et italiens de certaines régions se trouvent également sur la carte. Si vous voulez découvrir la Handelshof: la famille Kuntze propose chaque jour à midi, du mardi au vendredi, un menu «business» différent avec 3 plats pour 35 Euro.

Mit freundlicher Unterstützung von · Avec l'aimable soutien de

WWW.TOURISMUS.SAARLAND.DE

LE BOUCHON
Inge & Roland Schauenburg

Am Staden 18 · D-66121 Saarbrücken
Fon: +49 681 6852060 · www.lebouchon.de

Der Staden ist für viele lebensfrohe Menschen der Treffpunkt in Saarbrücken. Dabei meine ich natürlich nicht die Schönwetterfreunde auf den Bierbänken, die bei einer Rostwurst den Sound der Autobahn genießen, sondern die lebensfrohen Menschen, die sich im Haus mit der Nummer 18 verwöhnen lassen. Hier kann man nämlich das ganze Jahr über das Leben genießen, weil Inge und Roland Schaumberg genau wissen, wie man Menschen froh macht. Sie haben hervorragende Speisen und außergewöhnliche Weine auf ihrer Karte.

Geschlossen
Samstagmittag
Sonntag · Montagmittag

Fermé
Samedi midi
Dimanche · Lundi midi

Preis ø | Prix ø 30 €

Info Terrasse

Die Preise sind so moderat, dass immer mehr junge Stadenbesucher auf ein Würstchen verzichten und lieber die große Küche des Le Bouchon genießen. Das Stammessen gibt es bereits ab 8,90 Euro. Dort finden sich so unglaubliche Gerichte wie Puten-Ossobuco mit Spaghetti und Salat, geschmortes Rinderherz in Rotweinsauce mit Kartoffelpüree und Salat oder Krustenbraten mit Kümmelsauce, Knödel und Rotkraut. Der absolute Wahnsinn ist jedoch das Wissen um die französische Küche.

Le Bouchon ist sicherlich das französischste Restaurant der Landeshauptstadt. Hier gibt es alles, was Frankreichs Küchen zu bieten haben. Knurrhahnfilet auf Ratatouille, Bouillabaisse, verschiedene Quiches und wunderbare Fleischgerichte. Außerdem hat Le Bouchon auch die „eingewanderten" französischen Leckereien auf der Karte. Besonders das im Tontopf geschmorte „Tajine vom Lamm mit Dörrpflaumen, Ingwer, Zimt und Safran" ist ein Gedicht.

Auch Vegetarier sind bei den Schaumbergs recht herzlich willkommen. Sie werden hier nicht nur satt, sondern auch glücklich, dafür sorgen die Hausherren auf charmante Weise. Besonders ans Herz gehen mir immer wieder die Weinkarte und die Weinempfehlungen von Inge Schaumberg. Da ich hier am liebsten mehrere Gänge genieße, habe ich auch immer die Möglichkeit, mehrere Tropfen zu verkosten. Dabei sollte man sich ganz auf die Empfehlungen einlassen und wird als glücklicher Mensch den Staden verlassen, ganz ohne Sonnenbrand.

Mit freundlicher Unterstützung von · Avec l'aimable soutien de

WWW.TOURISMUS.SAARLAND.DE

Geschlossen
Samstagmittag
Sonntag · Montagmittag

Fermé
Samedi midi
Dimanche · Lundi midi

Preis ø | Prix ø 30 €

Info Terrasse

LE BOUCHON
Inge & Roland Schauenburg

Am Staden 18 · D-66121 Saarbrücken
Fon: +49 681 6852060 · www.lebouchon.de

Le Staden est pour beaucoup de gens LE point de rendez-vous à Sarrebruck. Je ne parle pas de ceux qui aiment le beau temps d'été, se prélassent sur les bancs des Biergarten et profitent de la bande son de l'autoroute en mangeant des saucisses, mais plutôt des gens qui aiment la vie, et qui se laissent chouchouter au numéro 18. On peut toute l'année y profiter de la vie, car Inge et Roland Schaumberg savent parfaitement ce qui rend les gens heureux. Ils ont sur leur carte des plats délicieux et des vins exceptionnels.

Les prix y sont modérés, et de ce fait, beaucoup de jeunes gens, habitués du Staden, renoncent à leur saucisse pour profiter de la grande cuisine du Bouchon. Le plat du jour ne coûte que 8,90 Euros. On peut y trouver des plats aussi extravagants qu'un ossobuco de dinde accompagné de spaghettis et de salade; un cœur de bœuf braisé, sauce au vin rouge, avec purée de pommes de terre, ou encore un rôti de porc, sauce au cumin, quenelles et chou rouge. Mais le plus fou, c'est la connaissance qu'ils ont de la cuisine française.

Le Bouchon est très certainement LE restaurant français de la capitale du Land. On y trouve tout ce que la gastronomie française peut nous proposer: filet de grondin sur ratatouille, bouillabaisse, différentes quiches et des plats de viande merveilleux. De plus, la carte du Bouchon propose aussi des délices importés de la cuisine française: le «tajine d'agneau aux pruneaux, au gingembre, à la cannelle et au safran», braisé dans un pot de terre, est à lui-seul un poème.

Les végétariens sont également les bienvenus chez les Schaumberg. Ils ne repartiront pas seulement repus, mais également heureux, les maîtres de maison y mettent tout leur cœur. Ce qui me touche toujours profondément, c'est la carte des vins et les conseils d'Inge Schaumberg. Comme je mange ici généralement plusieurs plats, j'ai toujours la possibilité de goûter et de déguster plusieurs vins. Alors il suffit de suivre les conseils de la maîtresse de maison, et on quittera le Staden content, et surtout sans coup de soleil!

poträts

fotografie & design

hochzeit & babys

food & restaurant

landschaft & tiere

grafik-design

craft

Weitere Arbeiten und Informationen unter www.larascraft.de

METZGEREI THOMÉ
Peter Thomé

Burbacher Straße 18 · D-66115 Saarbrücken
Fon: +49 681 79860

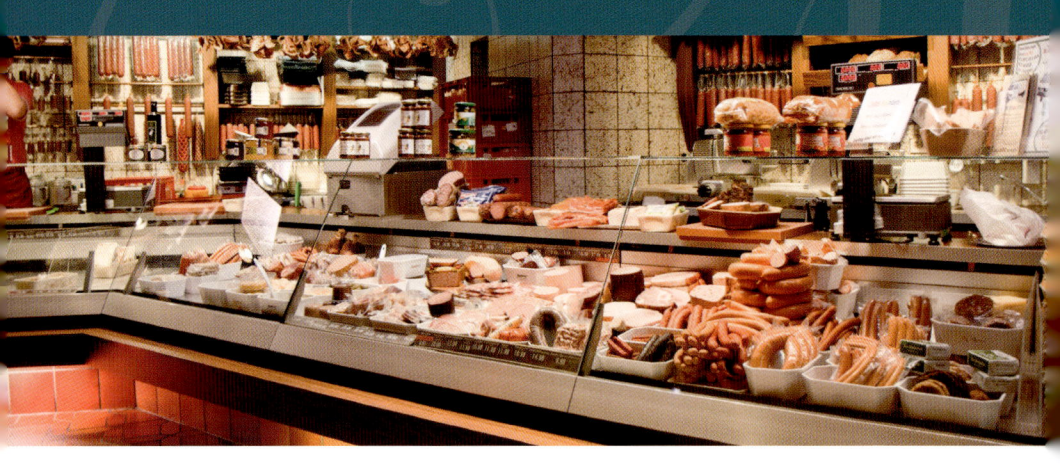

Die Metzgerei meines Vertrauens ist die Metzgerei Thomé in Saarbrücken-Burbach. Sie wird in zweiter Generation als reiner Familienbetrieb von Peter Thomé und seiner sympathischen Frau Sabine geführt. Hier stelle ich fest, dass alles authentisch ist. Selbst Brot, Honig, Kartoffeln oder Apfelsaft, die in diesem herausragenden Betrieb mit verkauft werden, stammen aus Produktionen mit Demeter- oder Biolandsiegel. Oder sie wurden von vertrauenswürdigen Genusshandwerkern hergestellt, denen ich ihr Engagement für ein gutes Produkt abnehme.

Peter Thomé macht alles selbst, man schmeckt es auch! Die hohe Fleischqualität beruht auf dem Prinzip, dass nur gereifte Ware verkauft wird: So gibt es nur von Montag bis Mittwoch Innereien vom Schwein, Kalbsleber von Mittwoch bis Freitag und bestimmte Fleischstücke nur Freitag und Samstag. Wenn Sie hier einmal Schweinefleisch gekauft haben, merken Sie, dass Sie bisher noch gar nicht wussten, wie gutes Schweinefleisch schmeckt!

Aber hier ist alles herausragend und wenn Sie diese Qualität einmal kennengelernt haben, wollen Sie keine Ware mehr aus den Lebensmittelmüllhalden! Die Öffnungszeiten müssen Sie beachten: immer von sechs bis 14 Uhr, nur freitags durchgehend bis 18.00 Uhr. Die Stammkunden aus der ganzen Region haben sich auf diesen „Markteinkauf" eingestellt.

Öffnungszeiten
Montag bis Donnerstag
06.00 Uhr-14.00 Uhr
Freitag | 06.00 Uhr-18.00 Uhr
Samstag
06.00 Uhr-14.00 Uhr

Heures d'Ouverture
Lundi à jeudi
06.00 Uhr-14.00 Uhr
Vendredi
06.00 Uhr-18.00 Uhr
Samedi | 06.00 Uhr-14.00 Uhr

La boucherie que je préfère est la boucherie Thomé à Burbach. La boucherie est une entreprise familiale, la deuxième génération, représentée par Peter Thomé et sa femme Sabine, est à la tête du magasin. Ici, je me suis rendu compte que tout est vraiment authentique. Même le pain, les pommes de terre ou le jus de pomme qui nous sont vendus dans cet établissement, sont des productions sous label Demeter ou Bioland. Ou alors les produits viennent de producteurs manuels dignes de confiance, crédibles quant à leur engagement pour un bon produit.

Peter Thomé fait tout tout seul, et ça se sent. La grande qualité de la viande vient du fait qu'il ne vend uniquement de la marchandise assez mûre: c'est pour cette raison que les abats de porc ne sont disponibles que du lundi au mercredi, le foie de veau du mercredi au vendredi, et certaines pièces de viande seulement le vendredi et le samedi. Si vous avez acheté une fois du porc ici, vous vous êtes rendu compte que vous ne saviez même pas à quel point la viande de porc était bonne!

Mais ici, tout est très bon, et une fois que vous aurez goûté à une telle qualité, vous ne voudrez plus des marchandises de grande surface! Faites cependant attention aux horaires d'ouverture: toujours de 6 à 14 heures, le vendredi seulement jusqu'à 18 heures. Les habitués venant de toute la région se sont habitués à ces «horaires de marché».

Mit freundlicher Unterstützung von · Avec l'aimable soutien de

WWW.TOURISMUS.SAARLAND.DE

Öffnungszeiten
Montag bis Freitag
10.00 Uhr-19.00 Uhr
Samstag
10.00 Uhr-18.00 Uhr

Heures d'Ouverture
Lundi à Vendredi
10.00 h-19.00 h
Samedi
10.00 h-18.00 h

MIORI GMBH
Nicole V. Wilhelm

Saarbrücker Str. 148-158 · D-66130 Saarbrücken
Fon: +49 681 9880890 · www.miori.de

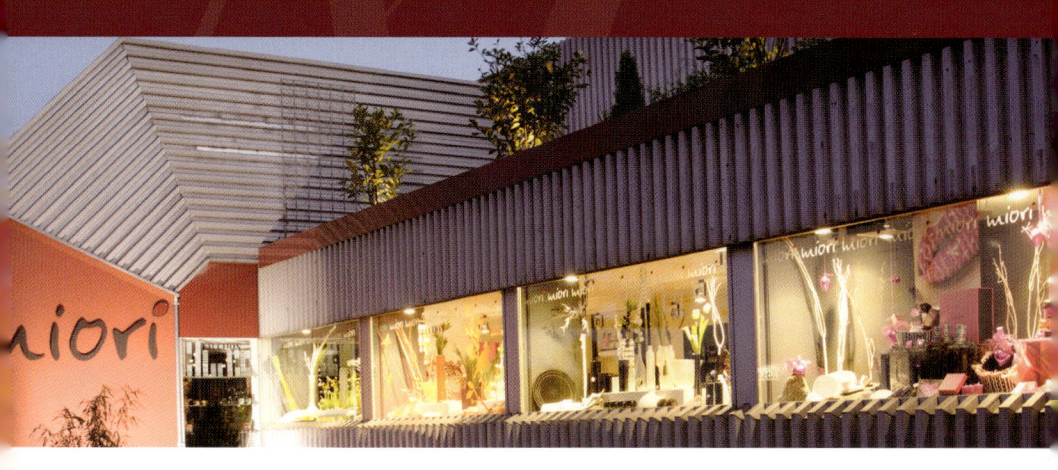

Das Delikatessengeschäft Miori in Saarbrücken-Brebach ist kein gewöhnlicher Laden, sondern ein Geschäft zum Niederknien. In einer ehemaligen Kirche bietet Nicole Wilhelm Köstlichkeiten für alle Sinne an. Sogar Musik ist im Sortiment. Zwar habe ich die Scheiben von der Nachtigall aus Gronau noch nicht entdeckt, aber dafür gibt es Musik aus Brasilien und Jamaika. Musik, die Lebensfreude verbreitet, genau wie die Chefin selbst. Lebensfreude verbreiten auch andere Artikel im Sortiment. Die Wein- und Spirituosenkarte wird von Jahr zu Jahr besser. Erstklassige Weine zu einmalig guten Preisen aus Frankreich, Spanien und Deutschland. Dazu gehört beispielsweise der Château de Caillau aus Cahors. Ein kräftiger Wein, der noch keine 10 Euro kostet und hervorragend zu Wildgerichten oder einem winterlichen Gulasch passt.

Besonders beim Grappa ist die Miori-Auswahl außergewöhnlich. Wunderbare Erzeugnisse aus dem Piemont, aus Venetien und dem Trentino können Italien-Fans hier erstehen. Der dunkle Grappa aus dem Hause Poli hat es mir besonders angetan und auch meinen Gästen. Nach dem letzten großen Essen wurde ich für meinen Grappa genauso gelobt wie für meine Taube! Wer sich nicht auf den Weg in die schön gestalteten Verkaufsräume machen möchte, kann bequem von der Couch aus im Internetshop einkaufen. Auch online auf der Internetseite www.miori.de werden Essige und Öle, Spirituosen und Weine, Marmeladen, Kaffee, Tee, Schokolade, Pasta und Risotto angeboten. Schöner ist es jedoch im Geschäft selbst nach den Köstlichkeiten zu suchen und sich von den stets gut informierten und freundlichen Damen beraten zu lassen. Besonders wenn es um Geschenke geht, helfen die Miori-Mitarbeiter dabei, das Richtige zu finden …

Mit freundlicher Unterstützung von · Avec l'aimable soutien de

WWW.TOURISMUS.SAARLAND.DE

MIORI GMBH
Nicole V. Wilhelm

🇩🇪 Saarbrücker Str. 148-158 · D-66130 Saarbrücken
Fon: +49 681 9880890 · www.miori.de

Le magasin de produits fins Miori n'est pas un magasin habituel dans le quartier de Brebach, à Sarrebruck, mais plutôt un magasin qui mérite le respect. C'est dans une ancienne église que Nicole Wilhelm vous propose des délices pour tous les sens. Il y a même de la musique en rayon! Je n'y ai pas encore trouvé les disques d'Udo Lindenberg, le «Rossignol de Gronau», mais on y trouve de la musique du Brésil ou de Jamaïque, de la musique qui transmet une certaine joie de vivre, tout comme le fait la maîtresse de maison. Mais les autres articles du magasin donnent également une joie de vivre particulière. La carte des vins et des spiritueux s'améliore d'année en année. Des vins de grande qualité en provenance de France, d'Espagne ou d'Allemagne sont disponibles à très bon prix. Par exemple, on peut acheter un Château Caillau, de Cahors, pour moins de 10 euros: un vin fort, et qui passe très bien avec du gibier ou, en hiver, avec un goulasch. Le choix en matière de grappa est exceptionnel. Des produits exceptionnels du Piémont, de Vénétie ou du Trentin peuvent être achetés ici par les amoureux de l'Italie. La grappa sombre de la distillerie Poli nous a énormément plu, à mes invités comme à moi-même. Après le dernier grand repas que j'ai organisé, j'ai reçu autant de félicitations pour ma grappa que pour mon pigeon! Ceux qui ne souhaitent pas faire le détour dans la boutique bien aménagée, peuvent également passer leur commande confortablement installés dans leur canapé, en allant sur la boutique en ligne. Les huiles et vinaigres, vins et spiritueux, confitures, cafés, thés, chocolats, pâtes et risottos sont également proposés sur le site www.miori.de. Mais il est tout de même plus agréable de chercher soi-même dans le magasin, ou de se laisser conseiller par les vendeuses, toujours à la pointe de l'information et très serviables. L'équipe du magasin Miori est toujours prête pour vous aider à trouver ce qu'il vous faut, surtout lorsqu'il s'agit d'un cadeau …

Öffnungszeiten
Montag bis Freitag
10.00 Uhr - 19.00 Uhr
Samstag:
10.00 Uhr - 18.00 Uhr

Heures d'Ouverture
Lundi à Vendredi
10.00 h - 19.00 h
Samedi
10.00 h - 18.00 h

Mit freundlicher Unterstützung von · Avec l'aimable soutien de

WWW.TOURISMUS.SAARLAND.DE

QUACK – VILLA WEISMÜLLER
Anne & Wolfgang Quack

🇩🇪 Gersweilerstraße 43a · D-66117 Saarbrücken
Fon: +49 681 52153 · www.restaurant-quack.de

Es gibt Restaurants, in denen muss man einfach das große Menü essen. Dazu gehört die Villa Weismüller in Saarbrücken. Bei „Quacks Feinschmecker-Menü" begibt man sich ganz in die Hände des Küchenchefs. Es richtet sich nach den Produkten der Saison und das Menü wird dann von Wolfgang Quack immer wieder neu nach Markteinkauf zusammengestellt. Für mich ist das die beste Art und Weise, die Jahreszeiten kulinarisch zu genießen.

Aber auch die anderen Menüs sind qualitativ und preislich topp, da sie oft mit Weinbegleitung und abschließendem Kaffee angeboten werden. Quack reist gerne durch die Welt, schaut in fremde Töpfe und lässt sich inspirieren. Unter dem Motto „Dem Genuss auf der Spur" finden Sie hier außergewöhnliche Kreationen wie „Tatar, Sülze und Carpaccio vom Rind mit Spicy Gurkensalat an Pommerysenfsauce", „Spaghetti à la chinoise mit Gemüsejulienne und Rinderfiletwürfeln" oder „Tafelspitz New Style auf Crèmespinat und Apfelkren". Das hört sich nicht nur speziell an, das schmeckt auch speziell – speziell gut!

Wolfgang Quacks Frau Anne und ihr ambitioniertes, junges Team wissen genau, welche Weine zu den außergewöhnlichen Spezialitäten passen. Am meisten Freude macht es mir, wenn Anne Quack mich passend zu diesen Gerichten mit auf Weinreise nimmt und mir hervorragende Tropfen von der Mosel, aus Italien oder Spanien vorstellt.

Geschlossen
Samstagmittag · Sonntag

Fermé
Samedi midi · Dimanche

Preis ø | Prix ø 40 €

Info Terrasse
Raucherbereich ·
Espace fumeur

Nach Umbau vor dem Küchenbereich gibt es jetzt einen Cheftable – hier können Sie den Köchen in die Töpfe gucken! Weiterhin wurde eine Lounge im Eingangsbereich hergerichtet, wo Kleinigkeiten serviert werden wie Quacks Currywurst, zubereitet mit einer besonderen Wurst, die von einem Metzger für die Villa Weismüller hergestellt wird. Mit einem Glas Champagner von kulinarischen Leckereien überraschen lassen!

Im Keller des Hauses ist die Food & Weinbar, die man anmieten kann und in der monatlich wechselnde Themenabende rund um den Wein stattfinden. Spitzenweine von Fritz Haag oder Dönhoff – eigens in Magnum-Flaschen für die Villa Weismüller abgefüllt – glasweise genießen, das ist hier das Genussprinzip!

Mit freundlicher Unterstützung von · Avec l'aimable soutien de

WWW.TOURISMUS.SAARLAND.DE

Geschlossen
Samstagmittag · Sonntag

Fermé
Samedi midi · Dimanche

Preis ø | Prix ø 40 €

Info Terrasse
Raucherbereich ·
Espace fumeur

Il y a des restaurants où l'on se doit de prendre le grand menu. La Villa Weismüller de Sarrebruck fait partie de ceux-là. Pour le «Menu gastronomique de Quack», tout repose entre les mains du chef. En tenant compte des produits de saison, le chef Wolfgang Quack compose toujours un nouveau menu après ses achats au marché. Pour moi, c'est la meilleure façon de profiter de manière gourmande de chaque saison.

Les autres menus sont également de très bonne qualité, et le prix est raisonnable, ainsi ils peuvent être proposés avec vins et café. Wolfgang Quack voyage volontiers à travers le monde, regarde comment travaillent les autres et se laisse inspirer. Sous la devise «Sur les traces du goût», vous trouverez ici des plats inhabituels comme les «tartare, gelée et carpaccio de bœuf avec une salade de concombre épicée, sauce à la moutarde Pommery», «Spaghetti à la chinoise avec une julienne de légumes et dés de filet de bœuf» ou encore le «Tafelspitz New Style avec épinards à la crème et compote de pommes». Cela n'est pas simplement spécial à l'oreille, c'est également spécial au goût … et très bon!

Anne Quack, la femme de Wolfgang, et sa jeune équipe savent très bien quel vin se marie avec les spécialités sortant de la cuisine. Ce qui me réjouit tout particulièrement, c'est quand Anne m'emmène avec les plats dans un voyage de découverte des vins et me présente des crus exceptionnels de Moselle, d'Italie ou d'Espagne …

QUACK – VILLA WEISMÜLLER
Anne & Wolfgang Quack

Gersweilerstraße 43a · D-66117 Saarbrücken
Fon: +49 681 52153 · www.restaurant-quack.de

Après rénovation, on trouve juste devant la cuisine une table où vous pouvez directement regarder dans les casseroles des cuisiniers! De plus, un salon lounge a été aménagé dans l'entrée, pour les petites choses comme la Currywurst de Quack, préparée avec une saucisse spécialement faite par un boucher pour la Villa Weismüller. Laissez-vous surprendre par des plats délicieux accompagnés d'une coupe de Champagne!

Dans la cave du restaurant se trouve le Food & Wine Bar, que l'on peut louer, et où se trouvent chaque mois des soirées spéciales ayant pour thème principal le vin. Des vins excellents de Fritz Haag ou Dönhoff, dont les Magnums sont exclusivement réservés à la Villa Weismüller, sont à déguster au verre. C'est ici le principe gourmand!

Mit freundlicher Unterstützung von · Avec l'aimable soutien de

WWW.TOURISMUS.SAARLAND.DE

Geschlossen
Sonntag und an Feiertagen

Fermé
Dimanche et à des jours fériés

Preis ø | Prix ø 40 €

Info Terrasse
Klimaanlage · Air conditionné
Raucherbereich · Espace fumeur

Die Schlachthof Brasserie ist eine der schönsten und besten Betriebe dieses Stils, nicht nur unserer Region. Da frage ich doch den Meister selbst.

Klaus Erfort: „Ich habe diese wunderschöne Schlachthof-Brasserie gesehen und kam auf die Idee, ein Bistrotkonzept zu verwirklichen. Es ist ein traumhafter Laden, mit sonnendurchflutetem Wintergarten, und ich wusste, dass man hier was machen kann. Es ist unser Ziel, dass jeder hier reinkommen kann, ob mittags für die Plat du jour oder abends für ein größeres Essen. Das Geheimnis unserer Steaks: der ‚dry aged'-Reifeprozess, der das Rind butterzart und aromatisch macht. Am Knochen lagern wir ausgesuchtes Beef 42 Tage bei geringer Luftfeuchte in speziellen Kühlräumen. Enzyme und ein Gewichtsverlust von bis zu 20 Prozent sorgen dabei für ein intensives Aroma, eine satte Farbe und unglaubliche Zartheit. Auf einem 800°C heißen Spezial-Grill gegrillt, entfaltet unser Beef nun ein Aroma, das Sie nur in der Schlachthof Brasserie finden. Doch bei uns gibt es Essen und Trinken in allen Preisklassen."

Stimmt: Hier kostet die Plat du jour zehn Euro, mit Vorspeise 14 Euro. Restaurantleiterin Silke Huber, Küchenchef Rudolf Reetz und das Team der Schlachthof Brasserie verwöhnen Sie mit den besonderen Spezialitäten einer Top-Brasserie.

SCHLACHTHOF BRASSERIE
Schlachthof Brasserie GmbH

Straße des 13. Januar 35 · D-66121 Saarbrücken
Fon: +49 681 6853332 · www.schlachthof-brasserie.de

La Schlachthof-Brasserie est l'un des plus beaux et meilleurs restaurants de ce style, et ce pas seulement dans la région. Je demande moi-même au maître des lieux, Klaus Erfort, qui explique: «J'ai vu cette magnifique Schlachthof-Brasserie, et je me suis dit que l'on pouvait y réaliser quelque chose dans le style d'un bistrot. C'est un endroit exceptionnel, avec un jardin d'hiver ensoleillé, et je savais tout de suite ce qui nous y était possible. Notre but c'est que chacun puisse entrer ici, que ce soit le midi pour un plat du jour ou le soir pour un repas plus complet. Le secret de notre steak, c'est le procédé de maturation «dry aged», qui rend la viande de bœuf tendre comme du beurre et très aromatique. Nous stockons nos carcasses de bœufs, strictement sélectionnées, pendant 42 jours dans une chambre froide spéciale avec peu d'humidité dans l'air. Les enzymes et une perte de poids de près de 20% rendent l'arôme plus intense, lui donne une couleur et une tendresse exceptionnelles. Cuit sur un grill spécial à 800°C, notre viande de bœuf aura un goût que vous ne trouverez qu'à la Schlachtof-Brasserie. Et il y a chez nous à boire et à manger pour toutes les bourses.»

Et c'est vrai: le plat du jour ne coûte que 10 euros, ou 14 euros avec une entrée. La gérante du restaurant Silke Huber, le chef Rudolf Reetz et l'équipe de la Schlachthof-Brasserie vous régalent avec les spécialités d'une brasserie de grande qualité!

Mit freundlicher Unterstützung von · Avec l'aimable soutien de

WWW.TOURISMUS.SAARLAND.DE

...der Genuss kommt mit dem Design

" wir schaffen Ambiente "

Norbert Gruhn   Bautechnik . Interieur . Design

Französische Strasse 32   fon   06831 43829
66740 Saarlouis   nodesign@t-online.de

Quelle des guten Geschmacks.

GMQ – mit allen Sinnen genießen. Natürlich niedrig mineralisiert und natriumarm. Fein und zurückhaltend im Geschmack, passt sich dieses reine Mineralwasser jedem Essen an. Exklusiv in der guten Gastronomie.

www.gmq-mineralwasser.de

SCHNABELS RESTAURANT
Jürgen Schnabel

Hauptstraße 24 · D-66128 Saarbrücken-Gersweiler
Fon: +49 681 9704142 · www.schnabels-restaurant.de

Am 17. März 2010 haben Jürgen Schnabel und seine Familie das Anwesen im Saarbrücker Stadtteil Gersweiler gekauft und sie beabsichtigten, daraus einen Ort der Gemütlichkeit zu schaffen, an dem ihre Gäste ungestört kommunizieren, in ansprechendem Ambiente goutieren und so das Leben und den Augenblick genießen können. Das ist ihnen zweifelsfrei gelungen!

Das Haus hat sich als Kommunikationsadresse etabliert. Bisher ist es eine Erfolgsgeschichte und das wird auch so bleiben! Schnabels Intention ist das Angebot elsässischer und saarländischer Spezialitäten. Vom einfachen Flammkuchen zu einem sensationellen Preis bis zum Feinschmecker-Menü! Mittags drängen sich die Stammgäste hier, da der täglich wechselnde „plat du jour" viele Freunde gefunden hat.

Dazu bietet Schnabel eine ganz besondere Weinkarte, mit Schwerpunkt auf ganz besonderen, regionalen Weinen an. Es ist schon erstaunlich, was er da so alles aus dem Keller an den Tisch bringt. Außerdem gilt das Angebot des Hauses, die für gut befundenen Weine zu fairen Preisen zu kaufen, um diese mit nach Hause zu nehmen.

Ein Kaminzimmer, eine Bibliothek, ein Konferenzraum, zwei separate Speisezimmer für sechs oder zehn Personen – getrennt vom Restaurant – stehen ebenfalls zur Verfügung.

Geschlossen
Samstagmittag · Dienstag

Fermé
Samedi midi · Mardi

Preis ø | Prix ø 30 €

Info Terrasse

Le 17 mars 2010, Jürgen Schnabel et sa famille ont acheté une propriété dans le quartier de Gersweiler, à Sarrebruck, dans le but d'en faire un lieu où il fait bon vivre, où les invités pourraient manger sans être dérangés, dans une ambiance calme, pour y goûter la vie et l'instant présent. Ils y sont parvenus, aucun doute possible!

L'établissement est devenu une adresse à laquelle il fait bon se retrouver et parler ensemble. C'est une histoire à succès, et cela devrait continuer. L'intention de la famille Schnabel est de proposer des spécialités alsaciennes et sarroises, de la simple „Flamm" à un prix imbattable jusqu'au menu gourmet! A midi, les habitués se ruent sur le plat du jour, qui a su trouver son public.

Le restaurant Schnabels propose également une carte des vins qui se concentre sur les bons vins régionaux. Ce que la cave nous propose est extraordinaire, et c'est un régal à table! En plus, il y a une offre qui permet d'acheter les vins que vous avez dégusté à bon prix pour les ramener chez soi.

Une salle avec cheminée, une bibliothèque, une salle de conférence, deux salles à manger pour 6 à 10 personnes séparées du restaurant sont également à votre disposition.

Geschlossen
Sonntag · Montag

Fermé
Dimanche · Lundi

Preis ø | Prix ø 50 €

Info Terrasse

VECCHIA STAZIONE
Anne-Dore de Masi

🇩🇪 Hauptstraße 22 · D-66128 Saarbrücken-Gersweiler
Fon: +49 681 3798222 · www.vecchia-stazione.de

Seit August 2008 genießen Feinschmecker aus nah und fern italienische Spezialitäten im Restaurant Vecchia Stazione. Das 100 Jahre alte Bahnhofsgebäude in Gersweiler wurde aufwendig und sehr stilsicher restauriert. An diesem besonderen Ort laden Familie de Masi und ihr sympathisches Team auf drei Ebenen ihre Gäste zu einer kulinarischen Rundreise durch Italien ein.

Küchenchef Franco Chiera und sein engagiertes Küchenteam bieten den Gästen hier kreative Kochkunst auf höchstem Niveau. Seit es in der Hochküche keine Beschränkungen auf die immer gleichen, teuren Produkte gibt, ist Chieras Stern am Firmament der Großen nicht mehr wegzudenken. Seine Heimat Süditalien, nicht gerade ein reicher Landstrich, trägt er auf der Zunge und im Herzen.

Mit einfachen Produkten zaubert er wahre Meisterwerke. Ob Ochsenschwanz, Gambas, Tomaten oder Artischocken, verfeinert mit Kapern, Sultaninen oder Pinienkernen, das ist seine Küche und das kann Chiera aus dem Effeff! Immer wieder zaubert er so überraschende Geschmacksnoten. Dabei verzichtet er nicht, wie viele seiner Landsleute, auf einen Fond, um der Sauce eine besondere Note zu geben! Franco Chiera ist ein ganz Großer seiner Zunft!

Mit freundlicher Unterstützung von · Avec l'aimable soutien de

WWW.TOURISMUS.SAARLAND.DE

VECCHIA STAZIONE
Anne-Dore de Masi

🇩🇪 Hauptstraße 22 · D-66128 Saarbrücken-Gersweiler
Fon: +49 681 3798222 · www.vecchia-stazione.de

Depuis août 2008, les gourmets d'ici et d'ailleurs peuvent venir déguster des spécialités italiennes dans le restaurant Vecchia Stazione. L'ancien bâtiment de la gare de Gersweiler, vieux de 100 ans, a été très bien restauré, après un travail de longue haleine. C'est dans ce lieu et sur trois étages que vous invite la famille de Masi et leur équipe à un voyage culinaire vers l'Italie.

Le chef Franco Chiera et ses cuisiniers vous proposera des plats d'un très haut niveau. Depuis que, dans la grande cuisine, il n'y a plus de limites aux produits identiques et chers, Franco Chiera a su trouvé sa place parmi les grands. Sa patrie, le Sud de l'Italie, n'est pas une des régions les plus riches, mais il la porte dans son cœur, et il l'a toujours sur le bout de la langue.

Il concocte de vrais chefs-d'œuvre avec des ingrédients simples. Que ce soit une queue de bœuf, des gambas, des tomates ou des artichauts; affinés aux câpres, aux raisins de Smyrne ou aux pignes, c'est sa façon de faire la cuisine, et Chiera connaît tout sur le bout des doigts. Il nous enchante tout le temps avec de nouvelles notes gustatives. Il ne renonce cependant pas, comme beaucoup de ses compatriotes, à utiliser un jus de cuisson pour donner une certaine note à ses sauces! Franco Chiera est un grand parmi les siens!

Mit freundlicher Unterstützung von · Avec le soutien de

WWW.TOURISMUS.SAARLAND.DE

YORK RESTAURANT
René Grub

Klausener Straße 25 · D-66115 Saarbrücken
Fon: +49 681 4172903 · www.york-restaurant.de

Auf meinen kulinarischen Streifzügen habe ich in den vergangenen Monaten ein außergewöhnliches Restaurant in Saarbrücken entdeckt: das York. Slowfood-Mitglied, Brot von der Traditionsbäckerei Ackermann, Saiblinge von Michael Stumpf aus dem Bliesgau, regionales Fleisch von der Metzgerei Petermann, Essige und Öle von Miori, Gewürze von Ingo Holland, Ziegenkäse aus Erfweiler, Honig aus dem Bliesgau und Leindotteröl aus dem Bliesgau. Das klingt nach hohen Ansprüchen eines Spitzenrestaurants.

Doch in diesem Haus geht es noch um etwas Anderes. Angelehnt an Jamie Olivers Stiftung „Fifteen", werden in einem Echtbetrieb arbeitslose Menschen im Bereich Küche und Restaurant trainiert sowie bis zur Prüfung ausgebildet. Die Projektteilnehmer erfahren eine Ausbildung auf hohem Niveau in allen Bereichen der gehobenen Arbeitsweise des Hauses. York ist die Realisierung eines innovativen, im Saarland einmaligen Konzeptes. Als Slowfood-Mitglied sehen die Betreiber sich besonders kleinen, handwerklich arbeitenden Produzenten der Region verpflichtet.

René Grub versteht sein Handwerk und bietet eine wohlschmeckende, abwechslungsreiche Küche an. Gegessen habe ich hier hervorragend und wurde auch freundlich und kompetent umsorgt. Mir gefällt dieses Konzept sehr und ich wünsche dem York Ausdauer und Erfolg.

Geschlossen
Samstag Mittag · Sonntag ·
Montag · Dienstag Abend ·
Mittwoch Abend

Fermé
Samedi midi · Dimanche ·
Lundi · Mardi soir ·
Mercredi soir

Preis ø | Prix ø 30 €

Info Terrasse

Au cours de ces derniers mois, lors de mes balades culinaires, j'ai découvert à Sarrebruck un restaurant inhabituel: le York. Membre de l'association Slowfood, on y trouve du pain de la boulangerie traditionnelle Ackermann, de la truite rouge venant de chez Michael Stumpf, dans le Bliesgau, de la viande de région venant de la boucherie Petermann, des vinaigres et huiles de chez Miori, des épices venant de chez Ingo Holland, du fromage de chèvre d'Erfweiler, du miel du Bliesgau, et de l'huile de cameline venant aussi du Bliesgau! Cela semble être les prétentions d'un grand restaurant.

Pourtant, il en va de toute autre chose dans cette maison! S'inspirant de la fondation «Fifteen» de Jamie Oliver, des personnes sans emploi sont formées dans les domaines de la cuisine et de la restauration en environnement réel, et ce, jusqu'à leur examen. Les participants au projet reçoivent une formation de haut niveau dans tous les domaines de la méthode de travail de la maison. York est la réalisation d'un concept innovant, unique en Sarre. En tant que membre de l'organisation Slowfood, les gérants ont une obligation envers les petits exploitants traditionnels de la région.

René Grub comprend son travail et propose une cuisine riche, variée et savoureuse. J'ai très bien mangé dans son restaurant, et j'ai été servi d'une manière agréable par des gens compétents. J'aime beaucoup leur concept, et je souhaite au restaurant York beaucoup de succès dans la durée!

Mit freundlicher Unterstützung von · Avec l'aimable soutien de

Geschlossen
Kein Ruhetag

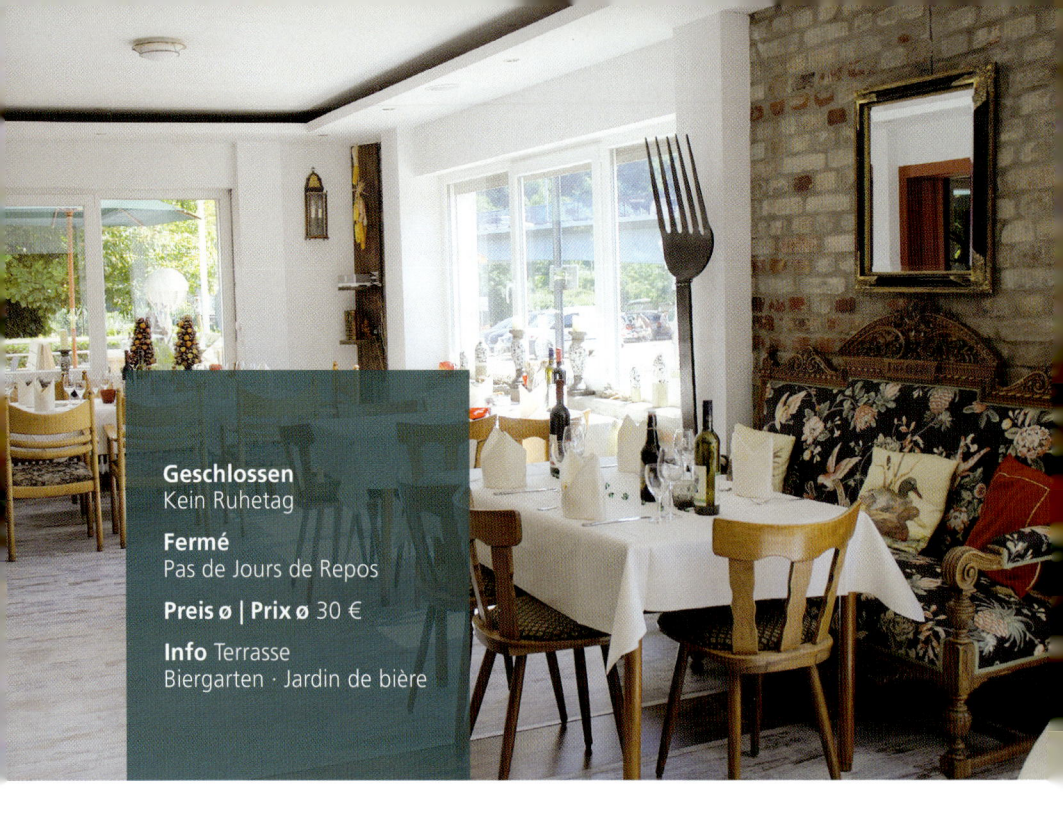

Fermé
Pas de Jours de Repos

Preis ø | Prix ø 30 €

Info Terrasse
· Biergarten · Jardin de bière

Die Wilde Ente hat sich seit drei Jahren, nicht nur bei Touristen, sondern auch bei vielen Stammkunden, einen guten Namen gemacht. Michael Schley hat es verstanden, die Zeichen der Zeit zu erkennen und neue Wege zu beschreiten. Service wird in diesem Haus großgeschrieben, dass er gut ankommt, zeigt der umwerfende Erfolg des Restaurants. Ein Restaurant muss nicht 100 Prozent besser sein als der Mitbewerber, aber in 100 Dingen 1 Prozent! Dann wird es erfolgreich sein wie im Fall der Wilden Ente. Der Laden brummt, hier kann jeder seine freie Zeit genießen.

Dazu bereitet das Haus immer Sonderaktionen vor: Oktoberfest, bayrischer Frühschoppen, Spanferkelessen, Wildwochen, um nur einige zu nennen. Verantwortlich für die Küche ist Peter Beitl. Der Mann kann kochen und hat Erfahrung, sonst würde er in diesem großen Betrieb auch kläglich scheitern. Doch das Gegenteil ist der Fall, die Küche hat er in den letzten Monaten hervorragend weiterentwickelt!

Natürlich finden Sie verschiedene Entenzubereitungen auf der Karte: eine halbe Ente klassisch, Entenbrust-Cordon-Bleu mit San-Daniele-Schinken oder Enten-Rillette! Ergänzt wird die Karte mit saarländischen und lothringischen Spezialitäten! Der Renner hier ist das Mittagessen. Der Gast kann nach einer Suppe aus fünf Hauptgängen wählen. Dieses Haus hat mehrere Alleinstellungsmerkmale in der Region! Hier gibt es: Entenbier, Entenwein, Entenöl, Entengrappa …

ZUR WILDEN ENTE – SAARSCHLEUSE
Familie Michael Schley

🇩🇪 Saarstraße 15 · 66130 Saarbrücken
Fon: +49 681 872171 · www.wilde-ente.de

Le restaurant Die wilde Ente s'est, depuis trois ans, fait un nom, non seulement auprès des touristes, mais également auprès d'une nombreuse clientèle d'habitués. Michael Schley a su reconnaître les signes du temps et comprendre qu'il fallait s'engager dans une nouvelle voie. Le service est au centre des préoccupations dans ce restaurant, et le succès retentissant du restaurant montre à quel point un bon service est indispensable! Il ne faut pas forcément être 100% meilleur que ses concurrents, mais être faire 1% de mieux dans 100 petites choses, c'est déjà beaucoup! C'est la recette du succès, et ça marche! L'établissement est en ébullition, et chacun y trouve son compte.

En plus, il y a toujours des actions spéciales: Oktoberfest (fête de la bière), apéritif bavarois, cochon de lait, semaines de gibier, pour n'en citer que quelques-unes. C'est Peter Beitl qui est aux fourneaux. C'est un homme d'expérience et qui sait cuisiner … heureusement, sinon, dans un établissement aussi grand, il n'y arriverait pas. Et il a fait tout le contraire! Il a su permettre à la cuisine de se développer énormément ces derniers mois. Sur la carte se retrouvent bien sûr différentes recettes de canard: une moitié de canard classique, poitrine de canard en cordon bleu avec du jambon San Daniele, ou des rillettes de canard! Auxquels viennent s'ajouter des spécialités sarroises et lorraines. Le haut de l'affiche est tenu par le repas de midi. Le client peut composer son propre repas à partir de 5 plats de résistance, après avoir bu une bonne soupe. Cet établissement a plusieurs particularités qui sont uniques dans la région. On y trouve par exemple: de la bière, du vin, de l'huile et de la grappa, le tout en cru spécial «Wilde Ente» …

Mit freundlicher Unterstützung von · Avec l'aimable soutien de

WWW.TOURISMUS.SAARLAND.DE

SAARBRÜCKEN – DIE ADRESSEN DES GUTEN GESCHMACKS

LES ADRESSES DU BON GOÛT

🇩🇪 **Café Lolo – Literaturcafé**
Bahnhofstraße 54
D-66111 Saarbrücken
Fon: +49 681 3907745
www.cafe-lolo.de

🇩🇪 **Café Lolo GmbH**
Heuduckstraße 67
D-66117 Saarbrücken
Fon: +49 681 51828
www.cafe-lolo.de

🇩🇪 **Krua Thai**
Mainzer Straße 71
D-66121 Saarbrücken
Fon: +49 681 64695
www.kruathai-sb.de

🇩🇪 **La Fromagerie de Philippe Olivier**
Im Helmerswald 15
D-66121 Saarbrücken
Fon: +49 681 817230
www.fromage-online.de

🇩🇪 **Metzgerei Petermann**
Hauptstraße 65
D-66386 St. Ingbert
Fon: +49 6894 6770
www.metzgerei-petermann.com

🇩🇪 **Pablo Kunst und Wein**
St. Johanner Markt 49
D-66111 Saarbrücken
Fon: +49 681 3798279

🇩🇪 **Restaurant Hashimoto**
Cecilienstraße 7
D-66111 Saarbrücken
Fon: +49 681 398034
restaurant.hashimoto-saar.de

🇩🇪 **Restaurant Schlossgarten**
Spichererbergstraße 11
D-66119 Saarbrücken
Fon: +49 681 51985
www.restaurant-schlossgarten-saarbruecken.de

🇩🇪 **Ristorante Roma**
Hafenstrasse 12
D-66111 Saarbrücken
Fon: +49 681 45470
www.roma-saarbruecken.de

🇩🇪 **Wintringer Hof**
Wintringer Straße
D-66271 Kleinblittersdorf
Fon: +49 6805 1045
www.lebenshilfe-obere-saar.de

🇩🇪 **Zum Blauen Fuchs**
Walhausener Straße 1
D-66649 Oberthal
Fon: +49 6852 6740
www.zumblauenfuchs.de

🇩🇪 **Romantik Hotel Linslerhof**
Linslerhof 1
D-66802 Überherrn
Fon: +49 6836 807-0
www.linslerhof.de

PURA steht für Leidenschaft und besondere Ereignisse – Ereignisse, die einzigartig sind und unvergessen bleiben. Von der Neueröffnung bis zum Firmenjubiläum, vom runden Geburtstag bis zur Hochzeit, von der exklusiven Weinwanderung bis zum Gourmet-Kochkurs – wir kreieren Ihnen diese schönen Momente und besonderen Erlebnisse speziell nach Ihren Wünschen.

Neben einer absolut professionellen Veranstaltungsplanung ist es uns ein Fest, einen individuellen Event zu organisieren und immer wieder neuartig zu inszenieren.

Wir garantieren unseren Kunden Zuverlässigkeit, Transparenz, Flexibilität, Kenntnisreichtum, Erfahrung und Gespür für das Besondere.

Unsere Events konzipieren wir in der Verbindung von Erfahrung und budgetorientiertem Handeln. Wir kennen wirtschaftliche Zusammenhänge und verschmelzen immer Anlass, Auftraggeber und Budget.

Das Gespür für das Besondere zeichnet uns aus.
Wann dürfen wir Sie begeistern?

PURA GMBH – AGENTUR FÜR BESONDERE EREIGNISSE
Kerstin Kohler

Metzer Straße 7 · D-66740 Saarlouis
Fon: +49 6831 986984-0 · www.agentur-pura.de

PURA, le nom signifie passion et événements exceptionnels – des événements uniques et inoubliables. Que ce soient l'inauguration ou l'anniversaire d'une entreprise, les banquets d'anniversaire et de mariage, les randonnées dans les vignobles ou bien un cours de cuisine gastronomique, nous créons pour vous, et selon vos désirs, ces beaux moments et événements exceptionnels.

D'une manière compétente et professionnelle nous réalisons les projets et l'organisation de votre fête, et nous sommes heureux de mettre en scène pour vous un événement individuel et d'en faire chaque fois une expérience nouvelle.

Nous garantissons à nos clients fiabilité, transparence, connaissances étendues et intuition pour ce qu'il y a d'extraordinaire.

Nous concevons nos événements en joignant l'expérience et l'économie. Nous sommes experts des contextes économiques et nous avons conscience des relations entre l'occasion, le client et le budget.

Ce qui nous distingue, c'est l'intuition pour ce qu'il y a d'extraordinaire et d'exceptionnel. **Quand pourrons-nous vous enthousiasmer?**

Mit freundlicher Unterstützung von · Avec l'aimable soutien de

WWW.TOURISMUS.SAARLAND.DE

Jacques' WEIN-DEPOT

Rolf Pfeiffer
Halberstraße 59
66121 Saarbrücken
Telefon 0681 – 63 53 23

Öffnungszeiten
Mo.-Do. 11-19 Uhr
Fr. 11-20 Uhr
Sa. 10-15 Uhr

Modell Angela Schmitt **Foto** www.frankgimbel.
Kleid www.carre-rouge.

carré rouge

Bitcher Bonbons

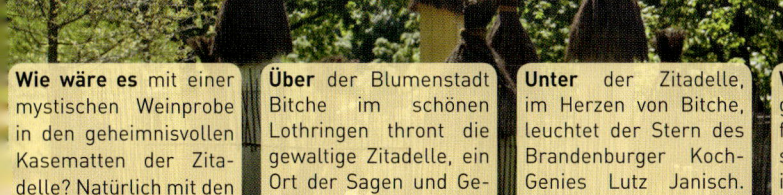

© Ville de Bitche

Wie wäre es mit einer mystischen Weinprobe in den geheimnisvollen Kasematten der Zitadelle? Natürlich mit den besten Tropfen unserer Winzer.

Wie wäre es mit einem Cocktail vor dem Essen? Ein Cocktail im Garten des Friedens, einer der blühenden Attraktionen unserer Stadt.

Wie wäre es mit einem familiären Treffen oder einer Tagung in unserem Rotary-Zimmer? Nur wenige Schritte sind es zur Küche. Bon Appetit!

Über der Blumenstadt Bitche im schönen Lothringen thront die gewaltige Zitadelle, ein Ort der Sagen und Geschichten. Der Besuch wird zum Erlebnis.

© Jean-Claude KANNY

Zitadelle: Vauban hat sie erbaut. Die Bayern konnten sie nicht erobern. Aber ein Brandenburger hat sich unter ihr eingenistet.

Unter der Zitadelle, im Herzen von Bitche, leuchtet der Stern des Brandenburger Koch-Genies Lutz Janisch. Sein „Le Strasbourg" ist feine Küche pur.

© Ville de Bitche

Ob US-Kriegsveteranen, Golfspieler aus aller Welt, alte Freunde von der Lufthansa – bei Lutz sind sie stets daheim.

Wie wäre es mit einer großen Fete? Auch dafür haben wir Platz. Unser Konferenzzentrum ist nur wenige hundert Meter entfernt. Service perfekt.

Wie wäre es mit einer Runde Golf und anschließendem Speisen und Übernachten in unserem Haus? Jedes Handicap ist herzlich willkommen.

Wie wäre es mit einem Besuch bei den Glasbläsern im nahen Meisenthal? Dort hat der unvergessene Emile Gallé seine Entwürfe verwirklicht.

Willkommen, lieber Gast

Mein Name ist Lutz Janisch. Die Stammgäste, zu denen Sie, lieber Leser, hoffentlich auch bald zählen, nennen mich einfach Lutz. Vielleicht kennen Sie die Geschichte „Vom Lausitzer Traktorenschlosser zum Sternekoch". Das bin ich. Wie auch immer, ich fühle mich sehr gut aufgenommen in Frankreich, in Lothringen, in Bitche und im schönen Bitcher Land. Dort, wo ich auch meine Frau Cynthia kennen gelernt habe, wo mein Sohn John geboren ist.

Bitche und das Bitcher Land. Eine Stadt stets zwischen den Ländern und Fronten, eine Stadt der Soldaten. Eine Stadt mit Tradition. Heute eine Stadt der Blumen. Das Bitcher Land ist von der UNESCO zum Biosphärenreservat erklärt worden. Wunderbare Wälder, Wiesen und Auen. Und mittendrin einer der schönsten Golfplätze im Osten Frankreichs. Und großartige Restaurants.

Wir freuen uns auf Sie!
Ihr Lutz Janisch

Le Strasbourg
4, rue Teyssier • 57230 Bitche
Tel.: 00.33.(0)3.87.96.00.44 • Web: www.le-strasbourg.fr

SAARGEMÜND

WWW.SARREGUEMINES.FR

LE PETIT THIERRY
Thierry Breininger

135, rue de France · F-57200 Sarreguemines
Fon: +33 3 87982259

Geschlossen
Mittwochabend
Donnerstag

Fermé
Mercredi soir
Jeudi

Preis ø | Prix ø 40 €

Der „kleine Thierry" ist der Größte. Das Restaurant Le Petit Thierry in der rue de France in Saargemünd bietet ein Menü an, welches qualitativ und geschmacklich kaum zu toppen ist. Und das zu einem Preis, der auch kaum zu toppen ist, nämlich 33 Euro. Wir genossen als Gruß aus der Küche ein cremiges Gemüsesüppchen. Danach bot Chef Thierry Breininger verschiedene Vorspeisen auf Basis von Foie gras an – ob gebraten auf einem köstlichen Linsenbett oder als Terrine in Kombination mit Rindfleisch und wundervoll rot leuchtendem Granatapfeldip. Die Hauptgerichte wurden alle mit einem Kartoffelpüree à l'Ancienne serviert, das eines der besten ist, das ich je vorgesetzt bekam: leicht gestampfte Kartoffeln mit viel Butter.

Dazu genossen die Gäste im samstagabendlich vollbesetzten Restaurant in lockerer Atmosphäre entweder Fisch, zum Beispiel eine vorzügliche Dorade, oder aber Fleisch, etwa zarte Rindfleischstreifen auf Blätterteig und mit einer deftigen Speckrahmsauce. Auch Taube oder Hühnchen bietet die Karte an.

Die Weine, die das aufmerksame Personal zu den Gängen serviert, sind vom Feinsten und passen hervorragend zu den Speisen. Mir fällt immer wieder auf, dass hier viele junge Leute essen – sie haben erkannt, dass man im Le Petit Thierry eine französische Küche auf höchstem Niveau zu Top-Preisen genießen kann, warum dann also schlecht essen?

Le petit Thierry a tout d'un grand. Le restaurant Le petit Thierry, dans la rue de France à Sarreguemines vous propose un menu qui est difficile à battre, du point de vue de la qualité et du goût. Et en plus, il est à un prix également imbattable: 33 Euros. Nous dégustons, en guise de bienvenue, une soupe de légumes. Ensuite, le chef Thierry Breininger nous propose différentes entrées à base de foie gras: grillé sur un délicieux lit de lentilles, ou en terrine, avec de la viande de bœuf et une sauce de grenat d'un rouge éclatant. Les plats principaux sont tous servis avec une purée de pommes de terre à l'ancienne, qui est une des meilleures qu'il m'ait été donné l'occasion de goûter: des pommes de terre légèrement écrasées et beaucoup de beurre.

Le samedi soir, dans une ambiance tranquille, alors que le restaurant est plein, les invités peuvent y déguster du poisson, comme par exemple une dorade exceptionnelle, ou de la viande, comme des travers de bœuf sur pâte feuilletée, avec une épaisse sauce à la crème et au lard. On peut également trouver du pigeon ou du poulet sur la carte.

Les vins, servis en accordance avec les plats par le personnel toujours attentif, sont parmi les meilleurs. Je remarque toujours que beaucoup de jeunes gens viennent manger ici: ils reconnaissent que Le petit Thierry propose de la grande cuisine à un très bon prix. Alors, pourquoi manger mal?

Mit freundlicher Unterstützung von · Avec l'aimable soutien de

WWW.TOURISMUS.SAARLAND.DE

Geschlossen
Sonntag
Montag

Fermé
Dimanche
Lundi

Preis ø | Prix ø 15 €

Im Stadtzentrum des schönen Saargemünd betreibt Thierry Breininger seinen kleinen, aber feinen Salon de T, für den er jeden Tag frisch backt. Es gibt nichts Schöneres, als an einem sonnigen Samstagmorgen in die blumengeschmückte Stadt zu fahren und hier erst einmal Kaffee zu trinken.

Der Nebensaal wurde mittlerweile für ein kleines Restaurant abgetrennt. Doch Tatjana und Arnaud werden Sie im Salon oder auf der Terrasse professionell und liebevoll umsorgen. Draußen sitzen und das Leben auf der Straße zu beobachten ist sehr unterhaltsam.

Der Kaffee schmeckt hervorragend und das gilt auch für all die Köstlichkeiten aus der Backstube. Hier können Sie auch mittags ein „Plat du jour" oder ein kleines Menü aus der Küche des Meisters genießen!

Die Desserts im Restaurant sind beispielsweise Schokoladentarte mit Vanillecreme oder aber letztere auf karamelisierten Apfelschnitzen und einer herrlich säuerlichen und grellgrünen Granny-Smith-Sauce, die einfach perfekt zur süßen Vanillecreme mundet. Ein Hochgenuss.

LE SALON DE T
Thierry Breininger

11, place du Marché · F-57200 Sarreguemines
Fon: +33 3 87028830

Au centre de la belle ville de Sarreguemines, Thierry Breininger tient encore son établissement, le petit mais sympathique Salon de T, pour lequel il fait tous les matins des gâteaux frais. Il n'y a rien de mieux, un samedi matin ensoleillé, que de se rendre dans la ville fleurie et de boire tranquillement un café.

La salle attenante a cédé la place à un petit restaurant. Mais Tatjana et Arnaud sauront vous servir avec attention et professionnalisme, dans le salon ou en terrasse. Être assis dehors et observer la ville est toujours source de distraction.

Le café est très bon, de même que tout ce qui sort des fourneaux. Le midi, un plat du jour ou un petit menu sorti de la cuisine du maître des lieux vous est proposé, et il saura vous régaler.

Les desserts sont par exemple une tarte au chocolat avec crème vanille, ou bien cette même crème vanille sur un lit de pommes caramélisées et nappée d'un coulis de pommes Granny Smith, délicieusement aigre et d'un vert éclatant. Cela se marie très bien avec la douceur de la crème à la vanille. Un vrai délice!

Mit freundlicher Unterstützung von · Avec l'aimable soutien de

WWW.TOURISMUS.SAARLAND.DE

SUCRÉ SALÉ
Thierry Breininger

🇫🇷 12, rue Nationale· F-57200 Sarreguemines
Fon: +33 3 87955930

Hier finden Sie alles, was gut ist, manchmal auch teuer. Erlesene Senfkreationen, hochwertige Chutneys, feinste Kuchen, selbst hergestelltes Gebäck. Weine aus Burgund und Bordeaux, erlesene Champagner. Hausgemachte Terrinen, Gänseleberkreationen mit Portwein oder Trüffel. Arganöl aus dem Atlasgebirge im Norden Afrikas, die feinsten Olivenöle aus Frankreichs Süden. Fleur de sel, Balsamico und Gewürze. Natürlich die Besten.

Selbstverständlich bietet das Haus jede Form von Service an. Wünschen Sie einen Präsentkorb oder eine Geschenkschachtel mit erlesenen Spezialitäten, hier sind Sie richtig.

Der Feinkostladen, nicht weit vom Saargemünder Bahnhof, unterscheidet sich in vielem von der genormten Mittelmäßigkeit. Es ist ein Haus des Speziellen und Erlesenen. Hierher sollten Sie kommen, wenn Sie sich mit den besten Viktualien eindecken wollen. Die charmante Dame im Service wird Sie zuvorkommend und kompetent beraten.

Öffnungszeiten
Montag: Ruhetag
Dienstag bis Samstag
10.00 Uhr - 15.00 Uhr
16.00 Uhr - 19.30 Uhr

Heures d'Ouverture
Lundi: Fermé
Mardi à Samedi
10.00 h - 15.00 h
16.00 h - 19.30 h

Ici, vous trouvez tout ce qui est bon et parfois aussi coûteux. Créations de moutardes, des Chutneys de grande qualité, des gâteaux les plus fins et de la pâtisserie faites maison. Des vins de Bourgogne et de Bordeaux et du champagne raffiné. Des terrines faite maison, des créations de foie gras avec du porto ou de la truffe. L'huile d'argan venant de la montagne d'Atlas au nord de l'Afrique et les huiles d'olives les plus fines du sud de la France. Fleur de sel, Balsamique et épices. Naturellement les meilleurs.

La maison offre évidemment chaque forme de service. Vous souhaitez un panier ou une boîte cadeau avec des spécialités raffinés, alors ici vous êtes au bon endroit.

Cette épicerie fine, non loin de la gare de Sarreguemines, se différencie à plusieurs reprises de la médiocrité standard. C'est une maison de choix et de spécialité. Vous devriez venir ici, si vous voulez vous approvisionner des meilleures alimentations. La charmante dame vous conseillera avec provenance et avec competence.

Mit freundlicher Unterstützung von · Avec l'aimable soutien de

WWW.TOURISMUS.SAARLAND.DE

SAARGEMÜND – DIE ADRESSEN DES GUTEN GESCHMACKS

LES ADRESSES DU BON GOÛT

🇫🇷 **Auberge Albert Marie**
1, rue Nationale
F-57800 Rosbruck
Fon: +33 3 87047076

🇫🇷 **Auberge St. Walfrid**
58, rue de Grosbliederstroff
F-57200 Sarreguemines
Fon: +33 3 87984375
www.stwalfrid.fr

🇫🇷 **Brasserie du Casino**
4, rue du Colonel Edouard Cazal
F-57200 Sarreguemines
Fon: +33 3 87095978
www.brasserie-du-casino.com

🇫🇷 **Chocolatier Kestener**
6, rue Gutenberg
F-57200 Sarreguemines
Fon: +33 3 87281462
www.franck-kestener.com

🇫🇷 **La Bonne Source**
24, avenue de la Gare
F-57200 Sarreguemines
Fon: +33 3 87980379
www.labonnesource.com

🇫🇷 **Pascal Dimofski**
2, quartier de la Gare
F-57200 Wœlfling-lès-Sarreguemines
Fon: +33 3 87023821

WWW.SARREGUEMINES.FR

LANDHAUS THEA
Heike & Uwe Kern

Köllner Straße 3 · D-66773 Schwalbach-Sprengen
Fon: +49 6834 54775 · www.landhaus-thea.de

Heike und Uwe Kern gehen ihren erfolgreichen Weg weiter. Seit einem Jahrzehnt beobachten wir, wie sie aus einem dörflichen Gasthaus ein Feinschmeckerrestaurant machten und dass sie dies jedes Jahr weiter perfektionieren.

Jetzt haben sie erneut umgebaut, das Haus besitzt nun zusätzlich eine heimelige Weinstube. Zum Thema Wein kann den Betreibern keiner etwas vormachen, ihre Karte bietet alles, was wir bei anderen oft vergeblich suchen. Hier sind zwei Kenner am Werk, die gutes Essen und Wein lieben. Genuss steht im Mittelpunkt ihres eigenen Lebens, beste Voraussetzung, auch andere mit höchstem Genuss zu verwöhnen.

Bei unserem letzten Besuch dachte ich dann über die Kreationen des Chefkochs Uwe Kern: „Ich glaub es ja nicht, er kocht ja jedes Jahr besser." Es stimmt, Kern hatte noch eine Schippe drauf gelegt, er hat uns mit seinen ungemein geschmackvollen Kreationen verzaubert! Wir haben hier schon oft gut gegessen, das letzte Menü war sehr gut! Dazu kümmerten sich Heike Kern und ihre freundlichen jungen Damen charmant und kompetent um ihre Gäste. Familie Kern wird ihren Weg weiter gehen. Wo sie einmal ankommt, wage ich heute noch nicht zu prognostizieren …

Geschlossen
Montag · Samstagmittag

Fermé
Lundi · Samedi midi

Preis ø | Prix ø 30 €

Info Terrasse

Heike et Uwe Kern continuent sur leur chemin vers le succès. Depuis une décennie, nous voyons ce qu'ils ont fait d'une auberge de campagne: ils l'ont transformé en restaurant gourmet et l'améliorent d'année en année.

Ils ont encore rénové, maintenant, le restaurant est complété d'une Weinstube. En matière de vin, les propriétaires n'ont rien à envier à d'autres: on trouve chez eux beaucoup de vins que nous n'avons que cherché ailleurs. Deux connaisseurs au travail: ils aiment le vin et la bonne cuisine. Leur vie tourne autour du goût: ils veulent vraiment que tout soit un régal. Leur but est que les autres se régalent de leur savoir-faire.

Lors de notre dernière visite, je m'étais dit à propos des plats du chef cuisinier Uwe Kern: «C'est incroyable, il cuisine de mieux en mieux chaque année.» C'est vrai, Uwe Kern a mis les bouchées doubles, il nous a enchanté par ses créations gourmandes! Nous avons souvent bien mangé chez lui, notre dernier repas était très bon. En plus, Heike Kern et sa jeune équipe de demoiselles savent s'occuper avec bonne humeur de tous les clients. Cette maison va continuer son petit bonhomme de chemin, et jusqu'où va-t-elle aller? … je n'ose pas encore faire de pronostic!

Mit freundlicher Unterstützung von · Avec l'aimable soutien de

WWW.TOURISMUS.SAARLAND.DE

STRASSBURG

WWW.STRASSBURG.EU

261

Foto: wikipedia | Jonathan Martz

Geschlossen
Montag · Sonntag

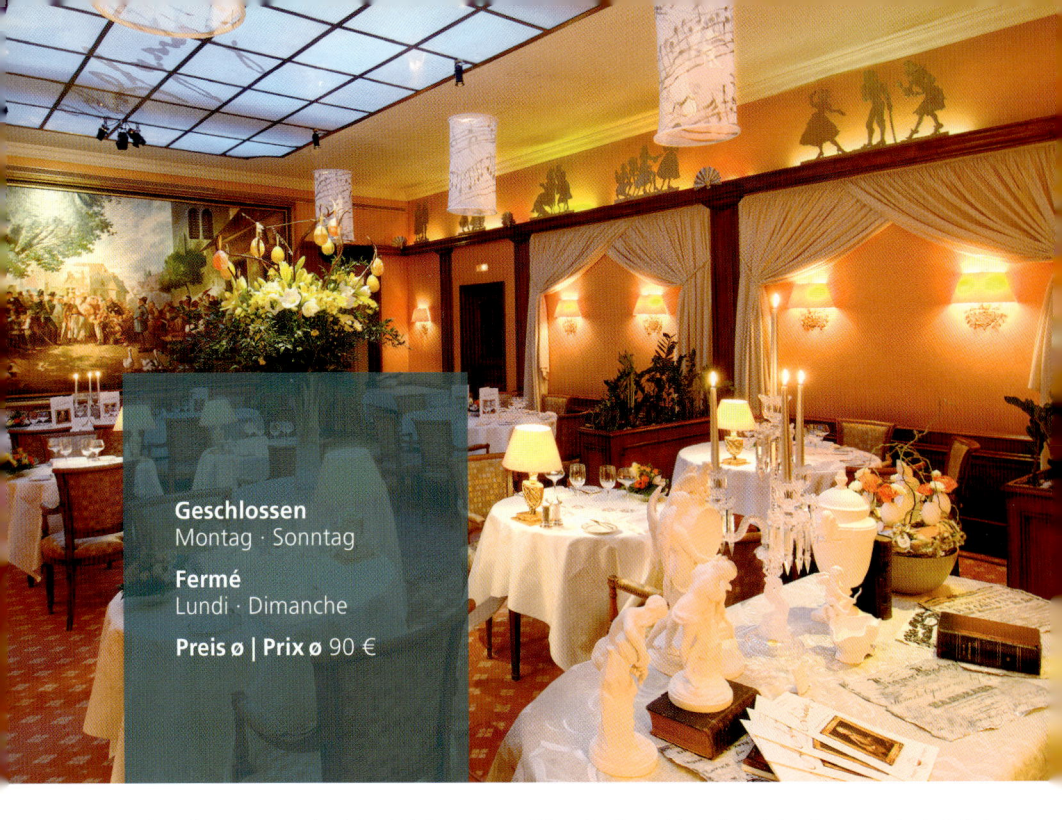

Fermé
Lundi · Dimanche

Preis ø | Prix ø 90 €

Selten kommt Frankreichs Kritikerpapst Gilles Pudlowski so ins Schwärmen wie bei Philippe Bohrer. Den ungewöhnlichen Küchenchef aus dem südelsässischen Rouffach beschreibt er mit großen Worten. Er koche wie Jung, sein großer Vorgänger, ohne Jung. Es sei, als würde Lagerfeld Chanel ohne Chanel machen …

Deshalb wurde Bohrer auch bei ihm, dem wichtigsten französischen Kritiker, „Koch des Jahres 2011". Der so Ausgezeichnete war persönlicher Koch bei zwei französischen Präsidenten: bei Valéry Giscard d'Estaing und François Mitterand. Der Elsässer ist zwar nicht weltweit am Start, ein gastronomisches Reich, immerhin 24 Lokale der französischen und regionalen Küche, hat aber auch er sich inzwischen im Elsass zusammengekauft. Ein regionaler Ducasse eben, dessen Imperium jährlich 30 Millionen Euro Umsatz macht.

24 Küchenchefs in seinen unterschiedlichen Betrieben produzieren unter seinem Namen die verschiedenen Stile von der deftigen regionalen Küche bis zu den Finessen für Menschen mit Hang zu großem Genuss. „Aber ich entwerfe nach wie vor alle neuen Gerichte selbst und stelle die Menüfolgen zusammen", sagt Bohrer.

Seit 2009 hat er nun auch das Sagen im Crocodile, und das war das Beste, was dem Haus passieren konnte. Für alle, die seine große Küche noch nicht kennen, hat er ein tolles Angebot: Menü für 35 Euro am Mittag, mit Weinbegleitung 59 Euro.

AU CROCODILE
Philippe Bohrer

🇫🇷 10, rue de L'Outre · BP 10 F-67060 Strasbourg cedex
Fon: +33 3 88321302 · www.au-crocodile.com

Ce n'est pas souvent que le pape de la critique française, Gilles Pudlowski, est aussi dithyrambique que chez Philippe Bohrer. Il décrit le chef de Rouffach, dans le Sud de l'Alsace, en utilisant des grands mots. Il cuisinerait comme Jung, son illustre prédécesseur, mais sans Jung. Ce serait un peu comme si Karl Lagerfeld faisait du Chanel sans Chanel …

C'est pour cela que Philippe Bohrer a été élu cette année «cuisinier de l'année 2011» par le plus grand critique gastronomique français. Bohrer a été le cuisinier personnel de deux Présidents de la République: Valéry Giscard d'Estaing et François Mitterand. L'alsacien n'est pas présent partout dans le monde, il a cependant un empire gastronomique de 24 restaurants de cuisine française et régionale, l'un d'entre eux étant en Alsace. C'est un Ducasse régional, en quelque sorte, dont le chiffre d'affaires s'élève à 30 millions d'euros par an.

24 chefs cuisiniers dans ses différents restaurants produisent en son nom les différents plats, de la nourrissante cuisine régionale à la finesse réservée aux gens qui aiment la grande cuisine. «C'est toujours moi qui réalise les nouveaux plats et qui met en forme les menus,» nous dit Bohrer.
Depuis 2009, c'est lui qui dirige le Crocodile et c'est la meilleure chose qui soit arrivée au restaurant. Pour tous ceux qui ne connaissent pas encore sa grande cuisine, il a une offre spéciale: un menu à 35 euros le midi, 59 euros avec les vins.

Mit freundlicher Unterstützung von · Avec l'aimable soutien de

WWW.TOURISMUS.SAARLAND.DE

BUEREHIESEL
Eric Westermann

4, parc de l'Orangerie · F-67000 Strasbourg
Fon: +33 3 88455665 · www.buerehiesel.fr

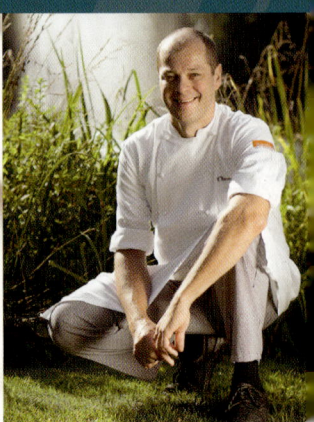

Das Buerehiesel liegt einmalig schön, mitten im Straßburger „Parc de l'Orangerie", unweit der europäischen Institutionen und internationalen Vertretungen. Im Schatten von hundertjährigen Bäumen, gleich am Seeufer, ist es eine friedliche, grüne Oase mitten in der geschäftigen Stadt. Es handelt sich übrigens um ein elsässisches Bauernhaus aus dem Jahre 1607, das für die Internationale Industrieausstellung 1895 Stück für Stück im Park neu aufgebaut wurde.

Heute ist das schöne Haus das letzte Überbleibsel der Ausstellung. Vor allem Feinschmecker kommen neben Europapolitikern und Geschäftsleuten hierher, nur selten normale Straßburgtouristen.

Wer Eric Westermanns Küche kennenlernen will, sollte mittags einmal vorbeischauen: ein Business-Menü wird dem Genießer ab 33 Euro in diesem genussträchtigen, außergewöhnlichen Haus serviert. Westermann ist der jüngste in einer langen Reihe leidenschaftlicher Köche, die – fest verwurzelt in ihrer Heimat und ihren Traditionen – die Gastronomiekultur stets lebendig erhalten und bereichert haben. Eric Westermanns Kreationen sind innovativ, delikat, ein Gedicht.

Der lange Schatten seines Vaters Antoine ist verschwunden, Eric Westermann hat ein eigenes Konzept höchster Kochkultur geschaffen. Das Buerehiesel ist immer wieder einen Besuch wert …

Geschlossen
Sonntag · Montag

Fermé
Dimanche · Lundi

Preis ø | Prix ø 60 €

Info Terrasse

Le Buerehiesel se tient dans un lieu unique, au milieu du Parc de l'Orangerie de Strasbourg, non loin des institutions européennes et des différentes représentations internationales. A l'ombre d'arbres centenaires, au bord du lac, c'est une oasis de verdure au milieu de la grande ville. Le Buerehiesel est en fait une ancienne ferme alsacienne, construite en 1607, qui a été rebâtie dans le parc pierre après pierre pour l'exposition internationale industrielle et artisanale de 1895.

Aujourd'hui, la maison est le seul reste de cette exposition. Ce n'est que rarement que les touristes «normaux» qui visitent Strasbourg viennent se perdre par ici. A côté des personnages politiques européens et des commerçants, les clients sont bien souvent des gourmets.

Celui qui veut découvrir la cuisine d'Eric Westermann doit impérativement venir le midi: il propose dans cette maison extraordinaire, imprégnée de style, un menu business à 33 euros, qui saura ravir le client. Westermann est le dernier d'une longue lignée de cuisiniers passionnés, qui savent faire vivre et à la fois enrichir la culture gastronomique, bien ancrée dans leurs racines et leurs traditions. Les créations d'Eric Westermann sont innovantes, délicates; elles sont un véritable poème.

L'ombre de son père a définitivement disparu, Eric a su créer son propre concept de la grande cuisine. Le Buerehiesel vaut toujours le détour …

Mit freundlicher Unterstützung von · Avec l'aimable soutien de

WWW.TOURISMUS.SAARLAND.DE

STRASSBOURG – DIE ADRESSEN DES GUTEN GESCHMACKS

🇫🇷 **A l´Aigle d´Or**
14, rue de Gerstheim
F-67150 Osthouse
Fon: +33 3 88980682
www.hotelalaferme.com/de/aigle/

🇫🇷 **Restaurant Anthon**
40, rue Principale
F-67510 Obersteinbach
Fon: +33 3 88095501
www.restaurant-anthon.fr

🇫🇷 **Au Cheval Blanc**
11, rue principale
F-67510 Niedersteinbach
Fon: +33 3 88095531
www.hotel-cheval-blanc.fr

🇫🇷 **Au Pain de Mon Grand Père**
58, rue Krutenau
F-67000 Strasbourg
Fon: +33 3 88365966

🇫🇷 **Boutique d´Antoine Westermann**
1, rue Orfèvres
F-67000 Strasbourg
Fon: +33 3 88225645

🇫🇷 **Chez Yvonne**
10, rue du Sanglier
F-67000 Strasbourg
Fon: +33 3 88328415
www.chez-yvonne.net

LES ADRESSES DU BON GOÛT

Restaurant Gavroche
4, rue klein
F-67000 Strasbourg
Fon: +33 3 88368289
www.restaurant-gavroche.com

Hostellerie La Cheneaudiere
3, rue du Vieux Moulin
F-67420 Colroy-la-Roche
Fon: +33 3 88976164
www.cheneaudiere.com

L´Oignon
4, rue des Moulins
F-67000 Strasbourg
Fon: +33 3 88165981

La Casserole
24, rue Juifs
F-67000 Strasbourg
Fon: +33 3 88364968

Le Cerf
30, rue du Général de Gaulle
F-67520 Marlenheim
Fon: +33 3 88877373
www.lecerf.com

Le Penjab
12, rue des tonneliers
F-67000 Strasbourg
Fon: +33 3 88323637
www.lepenjab.fr

Le Pont Corbeau
21, quai Saint-Nicolas
F-67000 Strasbourg
Fon: +33 3 88356068

Le Tire-Bouchon
5, rue des tailleurs de pierre
F-67000 Strasbourg
Fon: +33 3 88221632
www.letirebouchon.fr

Lucullus
15, rue Jacques Peirotes
F-67000 Strasbourg
Fon: +33 3 88371107

Traiteur Frick-Lutz
16, rue des Orfèvres
F-67000 Strasbourg
Fon: +33 3 88326060
www.frick-lutz.fr

S´Muensterstuewel
8, place Marché-aux-Cochons-de-Lait
F-67000 Strasbourg
Fon: +33 3 88321763

Umami
8, rue des dentelles
F-67000 Strasbourg
Fon: +33 3 88328053
www.restaurant-umami.com

HOFGUT IMSBACH
M & M Gastro GmbH

Hofgut Imsbach 1 · D-66636 Theley
Fon: +49 6853 50140 · www.hofgut-imsbach.de

Der Luftkurort Theley (Gemeinde Tholey) liegt idyllisch inmitten des Naturparks Saar-Hunsrück. Das Hofgut Imsbach ist eine Oase der Ruhe und gleichzeitig ein hervorragender Ort für naturnahe Freizeitaktivitäten. Hier hat man schon vor Jahren die Weichen gestellt, um Gesundes mit Schmackhaftem zu verbinden. Seit Bianka Malick-Meggiorini hier das Sagen hat, hat sich der ganze Komplex hervorragend nach vorne entwickelt. Wir werden diese Entwicklung im Auge behalten, denn dieses Haus macht uns richtig Freude.

Neben dem Hotel-Restaurant laden der historische Kräutergarten und der benachbarte Öko-Hof mit seinem Streichelzoo zum Besuch. Kleinere Schulungen, Spiel- und Forschungsaktivitäten für Kinder und Erwachsene bietet der Hof in Kooperation mit dem Naturschutzbund an. Reitmöglichkeiten und ein Hochseilgarten ergänzen das Angebot. Ein Ort wie geschaffen für einen Familienurlaub.

Die Küche ist weltoffen ausgerichtet und orientiert sich an aktuellen Entwicklungen, sehr zur Freude der kleinen Gäste und der Feinschmecker. Das Hotel erhält überall höchste Bewertungen, es ist ein idealer Ort für Hochzeiten und Familienfeiern. Ich ziehe den Hut vor der Betreiberin, die hier eine Genussoase geschaffen hat ...

Geschlossen
Kein Ruhetag

Fermé
Pas de Jours de Repos

Preis ø | Prix ø 30 €

Info Terrasse

La station climatique Theley (commune Tholey) se trouve en plein milieu du parc naturel de Sarre-Hunsrück. Le Hofgut Imsbach est une oasis de tranquillité tout en étant également un lieu exceptionnel pour des activités de loisirs en pleine nature. Les jalons ont été posés il y a longtemps pour réussir à marier le sain et le savoureux. Depuis que Bianka Malick-Meggiorini dirige ici les opérations, c'est le complexe dans son ensemble qui s'est développé de manière exceptionnelle. Et nous allons continuer à suivre ce développement, car cette maison nous intérèse.

A côté de l'hôtel-restaurant, le jardin historique et la ferme biologique voisine, où l'on peut approcher les animaux de très près, vous invitent à une balade. En coopération avec le Naturschutzbund, l'organisation allemande de protection et conservation de la nature, l'hôtel propose des activités découverte ou des jeux pour les enfants comme pour les parents. De l'équitation ou un parcours acrobatique en hauteur viennent compléter les activités possibles. C'est un lieu rêvé pour les vacances en famille.

La cuisine est ouverte sur le monde et sur l'avenir, les plats raviront le client comme le gourmet. L'hôtel a partout les distinctions les plus hautes, c'est un endroit idéal pour les mariages ou les fêtes de famille. Je tire mon chapeau à la propriétaire, qui a réussi à créer une oasis de la gastronomie …

Mit freundlicher Unterstützung von · Avec l'aimable soutien de

WWW.TOURISMUS.SAARLAND.DE

TRIER

WWW.TRIER.DE

Foto: wikipedia | Meffo

BECKER'S RESTAURANT
Wolfgang Becker

Olewiger Straße 206 · D-54295 Trier
Fon: +49 651 93808-0 · www.beckers-trier.de

In dieser Region, die über eine außergewöhnliche Dichte hoch ausgezeichneter kulinarischer Ziele verfügt, gibt es nur wenige Häuser mit so herausragenden Referenzen, wie das Beckers in Trier. Für Genussbesucher der Region sei darauf hingewiesen, dass das Haus zusammen mit Christian Baus Schloss Berg ein ungewöhnlich genussvolles Arrangement erstellt hat (siehe Internetseite). In einem ruhigen, fast dörflichen Trierer Stadtteil gelegen, findet der verwöhnte Genießer ein ganz besonderes Angebot kulinarischen Glücks.

Wolfgang Becker ist ein Freund der französischen Esskultur: „Tischkultur basiert nun mal eher auf französischer Tradition als auf deutscher, wo Essen über lange Zeit nur dem Stillen des Hungers diente. Aber die Dinge ändern sich." Wolfgang Becker verwendet in seiner Küche gerne Meeresprodukte, ohne dabei auf die regionalen Spezialitäten zu verzichten: „Aber Meeresfrüchte werden von meinen Gästen bevorzugt, da es schwierig ist, in der Moselregion ein entsprechendes Angebot als Privatperson zu finden. Da muss man zum Einkaufen schon nach Luxemburg oder Metz fahren."

Wer auf diesem hohen Niveau kocht, hat seinen eigenen Stil geprägt! Entwickelt die hergebrachte Küche weiter, ohne dass diese ihre Wurzeln verliert. Natürlich bietet das Haus in dieser herausragenden Weinregion eine besondere Weinkarte an, die auch Grund für viele Stammgäste aus Frankreich und Luxemburg ist, dort hinzufahren. Dem Restaurant ist eine herausragende Weinbar angeschlossen und ein herrliches Hotel, das mit außergewöhnlichem Design punktet.

Geschlossen
Sonntag · Montag ·
Jeden Mittag

Fermé
Dimanche · Lundi ·
Tous les midis

Preis ø | Prix ø 90 €

Info Terrasse

Dans cette région où beaucoup de restaurants ont de nombreuses distinctions, il n'y a que peu d'établissements qui sont autant reconnus que la maison Becker's de Trèves. Pour les visiteurs de goût de la région, il convient de dire que la maison Becker's, tout comme le Schloss Berg de Christian Bau, a su constituer une offre vraiment alléchante! Le gourmet trouvera, dans un calme quartier de Trèves qui ressemble à un village, une exceptionnelle offre de joies culinaires!

Wolfgang Becker est un ami de la cuisine et de la culture culinaire française: «Une culture de la table plutôt basée sur la tradition française qu'allemande, où le fait de manger aussi longtemps n'avait que pour but de calmer la faim. Mais les choses changent.» Wolfgang Becker aime utiliser des produits de la mer dans sa cuisine, sans pour autant renoncer aux spécialités locales: «Mais mes clients préfèrent les fruits de mer, parce que c'est difficile pour le particulier de trouver une offre adaptée dans la région de la Moselle. Pour faire ses courses, il faut aller jusqu'au Luxembourg ou jusqu'à Metz.»

Cuisinant à un si haut niveau, il a su forger son propre style. Il sait faire évoluer la cuisine sans qu'elle y perde ses racines. Le restaurant propose une carte des vins très bien fournie. Dans une région vinicole aussi connue, c'est tout naturel. La carte des vins est une des raisons pour laquelle des habitués viennent de France ou du Luxembourg jusqu'ici. Un hôtel et un très bon bar à vins viennent compléter le restaurant.

Mit freundlicher Unterstützung von · Avec l'aimable soutien de

WWW.TOURISMUS.SAARLAND.DE

Geschlossen
Montag · Dienstag Mittag

Fermé
Lundi · Mardi midi

Preis ø | Prix ø 70 €

Info Terrasse

Schloss Monaise wurde 1779-83 von François Ignace Mangin als Sommerresidenz für den Trierer Domdechanten und späteren Fürstbischof von Speyer, Philipp Nikolaus Graf von Walderdorff, erbaut. Lassen Sie sich in diesem Restaurant von Birgit und Hubert Scheid bei einem ausgesuchten Essen in eine andere Zeit versetzen. Die leichte, mediterrane Küche wird Sie verzaubern und Sie haben die großartige Möglichkeit aus ganz besonderen, regionalen und internationalen Weinen ein einmaliges Genusserlebnis zusammenzustellen.

Unvergesslich bleibt mir dabei in diesem Jahr ein festliches Galamenü mit Raritäten aus dem Weingut Van Volxem! Superbe. Die klassisch-moderne Einrichtung des Restaurants ist bewusst als Kontrast zum Bauwerk gehalten. Durch die hohen Fenster des Restaurants bietet sich Ihnen eine Aussicht auf das ehemalige Hofgut aus dem späten 19. Jahrhundert oder auf die Moselufer.

Zur Sommerzeit erleben Sie dieses wundervolle Angebot auf der Terrasse hinter dem Schloss. Gönnen Sie sich dort eine entspannende Ruhepause. Für das leibliche Wohl ist mit der Speisekarte des Biergartens und der reichhaltigen Getränkekarte bestens gesorgt. Genießen Sie das unvergleichliche Flair dieser Räumlichkeiten. Das Haus verfügt über 70 Plätze im Restaurant „à La Carte" und über 100 Plätze auf der mediterranen Terrasse, wo Sie mit den Speisen der Restaurantkarte oder der separaten Gartenkarte die Sommerabende verbringen können.

RESTAURANT SCHLOSS MONAISE
Birgit & Hubert Scheid

Schloss Monaise 7 · D-54294 Trier
Fon: +49 651 828670 · www.schloss-monaise.de

Le restaurant Schloss Monaise a été construit entre 1779 et 1783 par François Ignace Mangin pour être la résidence d'été de Philipp Nikolaus Graf von Walderdorff, doyen de la cathédrale de Trèves, et plus tard prince-évêque de Speyer. Birgit et Hubert Scheid vous emmèneront dans une autre époque, le temps d'un repas très soigné dans ce restaurant. La cuisine méditerranéenne et légère vous enchantera, et vous aurez là une magnifique occasion de vivre, grâce à d'excellents vins de la région et du monde entier, une expérience gustative unique.

Je n'oublierai jamais un des menus de gala de cette année, qui était accompagné de vins très rares du vignoble Van Volxem … Superbe! L'aménagement classico-moderne du restaurant vous propose une vue sur l'ancienne propriété de la fin du XIXème siècle ou sur les berges de la Moselle.

En été, profitez de la terrasse à l'arrière du château, et accordez vous une pause. Pour le bien-être des invités, la carte du Biergarten et la carte des vins très complète saura vous satisfaire. Profitez de l'ambiance unique de l'endroit! Le château dispose de plus de 70 places dans le restaurant «À La Carte», et de plus de 100 places en terrasse, où vous pouvez profiter des soirées d'été en choisissant vos plats sur la carte du restaurant, ou sur la carte «jardin», disponible exclusivement sur la terrasse.

TRIER – DIE ADRESSEN DES GUTEN GESCHMACKS

Allegra Restaurant
Wendelinstraße 5
D-54329 Konz-Niedermennig
Fon: +49 6501 946064
www.allegra-restaurant.de

Hotel Ambiente Restaurant
In der Acht 1
D54294 Trier-Zewen
Fon: +49 651 827280
www.ambiente-trier.de

Georgs Restaurant & Catering
An der Härenwies 10
D-54294 Trier
Fon: +49 651 9930060
www.georgs-restaurant.de

Landhaus St. Urban
Büdlicherbrück 1
D-54426 Naurath-Wald
Fon: +49 6509 9140-0
www.landhaus-st-urban.de

Le Temple
Saarstraße 2
D-54422 Neuhütten
Fon: +49 6503 7669
www.le-temple.de

Mannebacher Brauhaus
Hauptstraße 1
D-54441 Mannebach
Fon: +49 6581 99277
www.mannebacher.de

LES ADRESSES DU BON GOÛT

Saarburger Hof
Graf-Siegfried-Str. 37
D-54439 Saarburg
Fon: +49 6581 92800
www.saarburger-hof.de

Scheid´s Hotel Restaurant
Reinigerstraße 48
D-54332 Wasserliesch
Fon: +49 6501 9209792
www.scheids-wasserliesch.de

Schepper´s Das Restaurant
Eitelsbacherstrasse 29
D-54292 Trier
Fon: +49 651 52253
www.scheppers-restaurant.de

Restaurant Schlemmereule
Domfreihof 1b
D-54290 Trier
Fon: +49 651 73616
www.schlemmereule.de

St. Erasmus
Kirchstraße 6a
D-54441 Trassem
Fon: +49 6581 922-0
www.st-erasmus.de

Villa Keller
Brückenstraße 1
D-54439 Saarburg
Fon: +49 6581 9291-0
www.villa-keller.de

WWW.TRIER.DE

Kennengelernt habe ich die Familie Bertin auf dem Gänsemarkt in Phalsbourg vor zehn Jahren. Nach einem kleinen Menü am Stand von Georges-Victor Schmitt kam ein Mann an unseren Tisch mit einer Runde Mirabelle. „Probieren Sie mal meinen Edelbrand, er wird Ihnen schmecken", lächelte er. Er stellte sich vor: Patrick Bertin, einer der besten Edelbrandproduzenten Frankreichs, wie ich heute weiß. Seit zwei Jahren ist Sohn Julien nun für die Distillerie verantwortlich. Papa Patrick baute auf seinem Anwesen ein Gästehaus und lernte dabei die Sparsamkeit von Solarenergie kennen. Mittlerweile verkauft er in ganz Frankreich Sonnenenergieanlagen.

Im kleinen Örtchen Troisfontaines, nur einen Steinwurf von Stockweiher und Abreschviller entfernt, betreibt Julien Bertin seine außergewöhnliche Distillerie. Sie können auch bei ihm Urlaub machen, eine Ferienwohnung nennt er sein eigen. Die Edelbrände werden aus den besten, süßesten Früchten und Waldbeeren nach strengsten Auswahlkriterien hergestellt. Deshalb liefern sie eine ungeheure Dichte und Vielzahl von außergewöhnlichen Aromen und Bouquets voller Subtilität.

Juliens Bertin Edelbrände beeindrucken durch Frucht und mildes Konzentrat. Die Distillerie bietet rund 80 verschiedene Produkte an, darunter auch Liköre aus Schokolade und Ingwer. Die Palette der Edelbrände weist alles auf, was unsere Region an gutem Obst vorhält. Mirabellen, Kirschen, Quitten, Birnen, Pflaumen, Himbeeren, Haselnuss, Birnen, Reineclaude, Elsbeeren, Hagebutte, Heidelbeere, Holunder, Schlehe … Hier ist ein Meister am Werk, der weiß, wie es geht.

DISTILLERIE DU CASTOR
Patrick Bertin

Avenue de la Vallée · F-57870 Troisfontaines
Fon: +33 3 87251506 · www.distillerie-du-castor.com

Mit freundlicher Unterstützung von · Avec l'aimable soutien de

WWW.TOURISMUS.SAARLAND.DE

DISTILLERIE DU CASTOR
Patrick Bertin

Avenue de la Vallée · F-57870 Troisfontaines
Fon: +33 3 87251506 · www.distillerie-du-castor.com

J'ai fait la connaissance de la famille Bertin il y a dix ans sur le marché aux oies de Phalsbourg. Après un petit menu au stand de Georges-Victor Schmitt, un homme est venu à notre table avec une bouteille de mirabelle : «Essayez-donc mon eau de vie, elle va vous plaire.» nous dit-il avec un sourire. L'homme se présenta: Patrick Bertin, un des meilleurs producteurs d'eau de vie français, comme je le sais maintenant. Depuis deux ans, c'est son fils Julien qui s'occupe de la distillerie. Papa Patrick a construit sur sa propriété un hôtel, et y a découvert les économies faites par l'énergie solaire. Depuis, il vent des installations solaires dans toute la France.

Dans le petit village de Troisfontaines, qui se trouve à quelques encablures seulement de Stockweiher ou d'Abreschviller, Julien Bertin gère son extraordinaire distillerie. Vous pouvez passer vos vacances chez lui, il possède également un gîte. Ses eaux de vie sont faites à partir des fruits et des baies les meilleurs, les plus sucrées, choisis selon des critères de sélection très stricts. Ainsi, elles livrent une quantité et une diversité d'arômes extraordinaires, et leur bouquet est très subtil.

Les eaux de vie de Julien Bertin nous marquent par leur fruité et leur concentration. La distillerie propose près de 80 produits différents, dont également des liqueurs à base de chocolat ou de gingembre. La palette des eaux de vie couvre tout ce que notre région à de meilleur à offrir en matière de fruits: mirabelles, cerises, quetsches, prunes, framboises, noisettes, poires, reines-claudes, alisier, gratte-cul, sureau, épine marante … C'est un Maître qui travaille, il sait ce qu'il fait!

Eau-de-Vie
coeur de chauffe
Mirabelle
La Gold
Distillerie Artisanale du Castor
Avenue de la Vallée - 57870 TROISFONTAINES
Site : www.distillerie-du-castor.com
42%
0,50l
2 cl

RESTAURANT L´ ARGOUSIER
Jonathan Birkenstock

1, rue de Sarreguemines · F-57720 Volmunster
Fon: +33 3 87962899 · www.largousier.fr

Im Zentrum des kleinen, verschlafenen, lothringischen Dorfes hat Jonathan Birkenstock sein Restaurant L´Argousier etabliert. Früher betrieb Alfred Klein hier mal ein ländliches Gasthaus. Birkenstock, ein Lothringer, arbeitete viele Jahre im Clos du Château in der Nähe von Annécy als Küchenchef in den malerischen französischen Alpen. Irgendwann zog es ihn zurück in die Heimat.

Hier in der Region liegen auch wesentliche Abschnitte seines Arbeitslebens: das Crocodile in Straßburg bei Emile Jung und bei Ernest Mathis im lothringischen Saarburg waren wichtige Stationen seines beruflichen Werdegangs. Aber auch in Paris bei Laurent und Lasserre hat er gekocht. Mehrere seiner etablierten Kollegen sprechen in den höchsten Tönen über ihn.

An einem herrlichen Septembertag besuchten wir ihn, in der wärmenden Herbstsonne auf der Terrasse verwöhnte uns der ambitionierte Küchenchef mit seinen gutschmeckenden und wohl durchdachten Kreationen. Hier ist ein Meister seines Faches am Werk, seine Zubereitung von Wolfsbarsch und seine auf einem Gemüsebett voller duftender Kräuter angerichtete Interpretation eines Kalbsrückens ließen uns ins Schwärmen geraten. Die Dessertvariation war ungemein geschmackvoll, der Service kompetent und zuvorkommend.

Die Weinkarte bietet alles, um die richtigen Begleiter für ein fein abgestimmtes Menü zu finden. Ein Restaurant mit großer Zukunft, welches wir im Auge behalten werden …

Geschlossen
Dienstag und Mittwoch

Fermé
Mardi et Mercredi

Preis ø | Prix ø 40 €

Info Terrasse

Au centre du petit village endormi de Lorraine, Jonathan Birkenstock a ouvert son restaurant L´Argousier. Avant, Alfred Klein y avait une auberge champêtre. Birkenstock, Lorrain d'origine, a travaillé de nombreuses années dans le Clos du Château, près d´Annécy, en tant que chef de cuisine, au pied des Alpes enchanteresses. Finalement, il est retourné dans sa région.

Ici, dans la région, commença sa vie professionnelle: Le Crocodile à Strasbourg, chez Emile Jung; ou bien à Sarrebourg chez Ernest Mathis sont deux stations importantes de son parcours. Jonathan a également travaillé à Paris, aux restaurants Laurent et Lasserre. La plupart de ses collègues parlent de lui en haute estime.

Nous lui rendons donc visite un jour de septembre, sous le soleil d'automne. L'ambitieux chef nous régala sur sa terrasse avec ses créations, succulentes et très bien pensées. C'est un maître de son art. Sa façon de préparer le bar, ou ses côtes de veau, sur un lit de légume et parfumé aux fines herbes nous ont régalés. La palette des desserts est délicieuse, le service est compétent et attentionné.

La carte des vins propose tout pour accompagner son menu dans les règles de l'art. Il s'agit là d'un restaurant très intéressant, que nous allons garder à l'œil dans le futur …

Saarland
Kultur

Saarland
mit grenzenlosem Charme

Kultur 2012

Bestellen Sie unsere kostenfreie Broschüre!

Kultur aus Vergangenheit und Gegenwart, Kultur live erleben, Kultur grenzenlos, attraktive Städte- und Kulturarrangements

www.kultur-saarland.de
E-Mail: info@tz-s.de, Tel.: +49 (0)681/927 20-0

Die besten Freizeit- und Kulturtipps im Saarland

Frühstück in einer römischen Villa, mittags ein Ritterfest, zum Tee aufs Barockschloss und abends ein Konzert vor dem Hochofen des UNESCO-Weltkulturerbes Völklinger Hütte – im Saarland kann man 2.000 Jahre Geschichte an einem Tag erleben.
Darüber hinaus reicht das kulturelle Angebot von einer regen Kunstszene über mehr als 100 Museen und Kunstgalerien mit spannenden Ausstellungen bis hin zu zahlreichen Theater-, Musik- und Filmfestivals.

Blick hinter die Kulissen

Leistungen

- 1 Übernachtung mit Frühstücksbuffet in einem 2** bis 4**** Hotel in Saarbrücken
- 1 Theaterkarte für das Saarländische Staatstheater in der 1. oder 2. Kategorie (nach Verfügbarkeit)
- 1 Glas Sekt und 1 Brezel in der Theaterpause
- Führung hinter die Kulissen
- 1 Programmheft pro Zimmer

ab 79,-€

Tourismus Zentrale Saarland
Franz-Josef-Röder-Str. 17, 66119 Saarbrücken
www.kultur-saarland.de

VILLA FAYENCE
Bernhard Michael Bettler

Hauptstraße 12 · D-66798 Wallerfangen
Fon: +49 6831 9641-0 · www.villafayence.de

Nur wenige Köche prägen diese Region seit Jahren so wie Bernhard Michael Bettler. Als vor 30 Jahren eine andere Küche in Deutschland auf den Erfolgsweg kam, war Bettler im Saarland an vorderster Spitze. Seine Anerkennung, in der schreibenden Zunft und auch bei seinen zahlreichen Gästen, besteht bis heute.

Bernhard Michael Bettler ist einer der Küchenchefs, die durch ihre große Kochkunst das kulinarische Saarland über alle Grenzen hinweg berühmt machten. Dafür sind ihm viele Menschen in unserm Land dankbar! Noch heute zählt seine Villa Fayence zu den Spitzenhäusern unserer Region. Und wenn Sie von ihm was lernen wollen, seine Kochkurse bietet er meistens in Südfrankreich an. Fragen Sie ihn danach!

Bernhard Michael Bettler lädt auch zu kulinarischen Tagesausflügen ein. Per Bus geht's dann zum Beispiel zu einem Essigweingut, dem Doktorenhof in Venningen/Pfalz, zur Trüffelsuche an die Meuse oder zur Warenkunde auf den Großmarkt Rungis, den heutigen Hallen von Paris. Die exquisite Küche, die Bernhard Michael Bettler seit 25 Jahren in seinem denkmalgeschützten Anwesen pflegt, ist die Basis auch für die Zukunft dieser Gourmet-Adresse. „Zutaten müssen die besten sein, die man hier kriegen kann", lautet Bettlers erstes Küchen-Gesetz! Eine gute Möglichkeit bei eingeschränkter Zeit seine exzellente Küche zu genießen, bietet mittags das wöchentlich wechselnde 3-Gänge-Menü.

Geschlossen
Montag · Samstag Mittag ·
Sonntag Abend

Fermé
Lundi · Samedi midi ·
Dimanche soir

Preis ø | Prix ø 40 €

Info Terrasse

Il n'y a que peu de cuisiniers qui ont marqué notre région depuis 30 ans comme Bernhard Michael Bettler. Alors qu'il y a une trentaine d'années, une nouvelle cuisine arrivait en Allemagne sur le chemin du succès, Bettler était en Sarre au plus haut. La reconnaissance dont il jouit, dans les magazines spécialisés comme chez de nombreux clients, est toujours intacte.

Bernhard Michael Bettler est un des chefs qui a fait connaître la cuisine sarroise par-delà les frontières, grâce à son art et à son savoir-faire. Beaucoup de gens, dans notre Land, lui en sont reconnaissant! Aujourd'hui encore, sa Villa Fayence compte parmi les grands restaurants de notre région. Et, si vous voulez apprendre quelque chose de lui, il propose des cours de cuisine dans le Sud de la France. Vous n'avez qu'à lui demander.

Bernhard Michael Bettler propose également des excursions gourmandes. Nous nous rendons par exemple en bus dans un domaine viticole producteur de vinaigre, le Doktorenhof de Venningen, dans le Palatinat; à la recherche de truffes en Meuse, ou au marché de Rungis, pour voir directement la marchandise. La cuisine exquise que prône Bernhard Michael Bettler depuis 25 ans dans son établissement, classé monument historique, est la base sur laquelle le futur de ce restaurant doit reposer. «Les ingrédients doivent être les meilleurs que l'on peut se procurer», telle est la règle numéro 1 chez Bettler! Une bonne occasion de découvrir et de profiter de son excellente cuisine: à midi, prenez le menu à 3 plats, il change toutes les semaines!

Mit freundlicher Unterstützung von · Avec l'aimable soutien de

WWW.TOURISMUS.SAARLAND.DE

Geschlossen
Kein Ruhetag

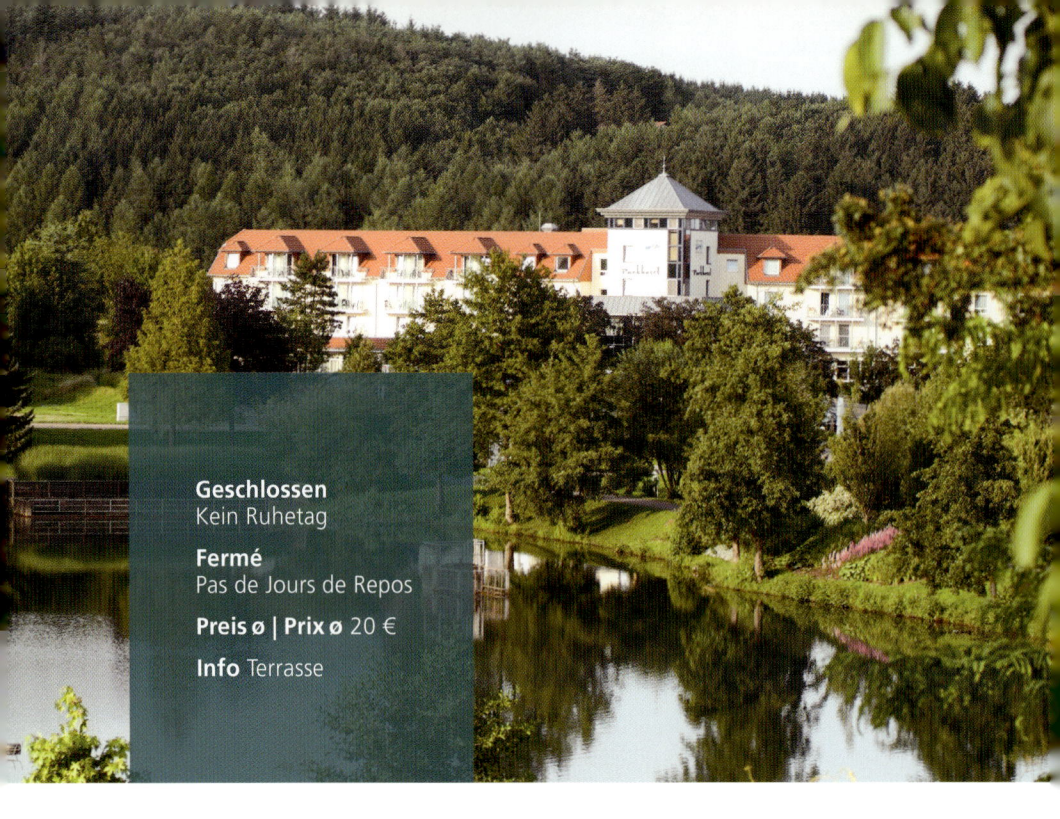

Fermé
Pas de Jours de Repos

Preis ø | Prix ø 20 €

Info Terrasse

An einem sonnigen Augusttag fahren wir in den saarländischen Hochwald, eine Gegend, die an den Schwarzwald erinnert. Das herrlich gelegene Parkhotel Weiskirchen ist in einem kontinuierlichen Verschönerungsprozess. Die Lobby ist umgestaltet, und bei unserem Rundgang können wir weitere Liebe zum Detail feststellen. Die Außenanlagen mit Gartenteich und Basaltbrunnen sind ebenfalls neu gestaltet, das Haus präsentiert sich auf einem Top-Niveau.

Peregrin Maier, der Hoteldirektor, ist seit über zehn Jahren, inzwischen als Eigentümer, ein Gastgeber mit Herz. Gemeinsam mit seiner Frau Sabine legt er sehr großen Wert darauf, dass das Haus familiär geführt wird und stets den unterschiedlichen Gästewünschen entspricht, so dass sich nicht nur die vielen Stammgäste so richtig wohlfühlen.

Seit April 2011 hat Nico Ebing die Küchenleitung übernommen. Seine Küche ist eine Küche der Jahreszeiten, er verwendet vorzugsweise regionale Produkte, die es auf diesem Fleckchen Erde in bester Qualität gibt. Er hält zwei unterschiedliche Speisekarten vor, regionale Gerichte in der Brasserie, Menüs der gehobenen Küche im Restaurant Vier Jahreszeiten. Uns hat es gut geschmeckt.

Sonnenterrasse und Biergarten werden von Wanderern und Radfahrern gerne genutzt. Die besten Premiumwanderwege Deutschlands liegen vor der Haustür. Das Vitalis-Bäderzentrum und die Beautyfarm Bel Etage hält Ihnen sämtliche Angebote im Bereich Wellness vor. Ein außergewöhnliches Hotel für alle …

PARKHOTEL WEISKIRCHEN
Peregrin Maier

Kurparkstraße 4 · D-66709 Weiskirchen
Fon: +49 6876 9190 · www.parkhotel-weiskirchen.de

Un jour ensoleillé d'août, nous nous rendons dans la Hochwald sarroise, une région qui rappelle la Forêt-Noire. Le Parkhotel Weiskirchen, extrêmement bien situé, se trouve dans un processus de renouvellement et d'embellissement continu. Le hal d'entrée a été réaménagé, et lors de notre visite, nous remarquons d'autres modifications soulignant leur amour du détail. L'extérieur, avec ses jardins et ses fontaines en basalte, a également changé. La maison se présente sous son meilleur jour.

Peregrin Maier, le directeur de l'hôtel, est depuis plus de dix ans un hôte d'exception. Il est maintenant également le propriétaire. Pour lui et pour sa femme Sabine, le plus important est de diriger l'établissement de façon familiale, de façon à suivre les moindres souhaits de sa clientèle. Tous les clients, habitués ou non, doivent se sentir bien.

Depuis avril 2011, Nico Ebing a pris la direction des opérations en cuisine. Sa cuisine est une cuisine de saison, il utilise le plus possible des produits régionaux de la meilleure qualité, comme celle qu'on trouve aux alentours. Il tient deux cartes différentes: une carte de plats régionaux à la Brasserie, et les menus de grande cuisine dans le Restaurant Vier Jahreszeiten. Nous avons grandement apprécié!

La terrasse ensoleillée et le «Biergarten» sont utilisés souvent par les randonneurs ou les cyclistes. Des chemins de randonnée parmi les meilleurs d'Allemagne passent juste devant la porte. Le centre thermal Vitalis et la ferme de beauté Bel Etage vous proposent de nombreuses offres bien-être. Un hôtel exceptionnel pour tous …

Mit freundlicher Unterstützung von · Avec l'aimable soutien de

WWW.TOURISMUS.SAARLAND.DE

PAULI MICHELS – Kaffeerösterei & Kaffeehandel
Pauli Michels

Im Gewerbegebiet 16a · D-66709 Weiskirchen-Saar
Fon: +49 6876 791944 · www.pmkaffee.de

Der Kaffeekönig residiert nicht an der Elbchaussee, sondern in Weiskirchen

Der Mann aus dem Hochwald ist in der Kaffeewelt schon lange kein Unbekannter mehr. Durch die „Deutsche Meisterschaft der Kaffeeröster", „Kaffeeröster des Jahres" und viele andere Titel mehr ist er in der Branche sehr geachtet. Matthias Schülke von der Bremer Firma F. L. Michaelis, einer Kaffee- und Teeimportfirma, hat dazu eine klare Meinung: „Wir beliefern schon seit Jahren Pauli Michels und sind auch stolz, dass wir das dürfen. Er bestellt hervorragende Qualitäten, und hier merkt man eben, dass er Ahnung vom Rösten hat. Die Kaffees sind ausgeröstet und ausgewogen. Ich betreue in ganz Deutschland viele Kunden in diesem Segment, wo es oft an Kompetenz fehlt. Die Perfektion findet man bei Pauli Michels, das kann ich unterschreiben."

„Wie macht man nun aber einen guten Kaffee, sagen wir mal einen Espresso?", frage ich den Meister. Pauli Michels erklärt: „Der gute Espresso muss, wie ein edler Rotwein, ruhen. Er muss sich ausruhen und sich entwickeln können. Er muss ausgasen, damit die verschiedenen Sorten miteinander reagieren. Somit verbinden sich die Aromen, und erst dann wird der Kaffee weich, mild und komplex. Danach muss er liegen, erst 14 Tage nach der Produktion darf er in die Mühle." Er lächelt und wirft die Maschine an.

Öffnungszeiten

Montag bis Freitag
8.00 Uhr - 15.00 Uhr

Heures d'Ouverture

Lundi à Vendredi
8.00 h - 15.00 h

Le roi du café n'habite pas dans la Elbchaussee, mais à Weiskirchen

Cet homme venant de la région du Hochwald n'est plus un inconnu depuis longtemps dans le monde du café. Depuis ses titres de «champion d'Allemagne des torréfacteurs» et de «torréfacteur de l'année», et bien d'autres, il est très connu dans la profession. Matthias Schülke, de l'entreprise F.L. Michaelis, basée à Brême, a un avis très clair: «Nous livrons déjà depuis des années Pauli Michels, et nous en sommes fiers. Il commande des grains de très haute qualité, et on remarque à cela qu'il s'y connaît en matière de torréfaction. Les grains sont bien torréfiés et équilibrés. Je m'occupe de beaucoup de clients de cette branche en Allemagne, et certains manquent de compétence. Chez Pauli Michels, on trouve la perfection, je peux vous le certifier.»

Je demande alors au maître: «Comment fait-on un bon café, par exemple, un expresso?» Pauli Michels explique: «Le bon expresso est comme un bon vin rouge, il doit se reposer. Il doit pouvoir se reposer et se développer. Il doit dégazer, pour que les différentes sortes de grains réagissent les unes avec les autres. Ainsi, les arômes se lient, et seulement ensuite, le café devient doux, onctueux et complexe. Ensuite, on doit le laisser reposer. Il doit aller dans le moulin quinze jours après la production, pas avant.» Il sourit et met en route la machine.

Mit freundlicher Unterstützung von · Avec l'aimable soutien de

WWW.TOURISMUS.SAARLAND.DE

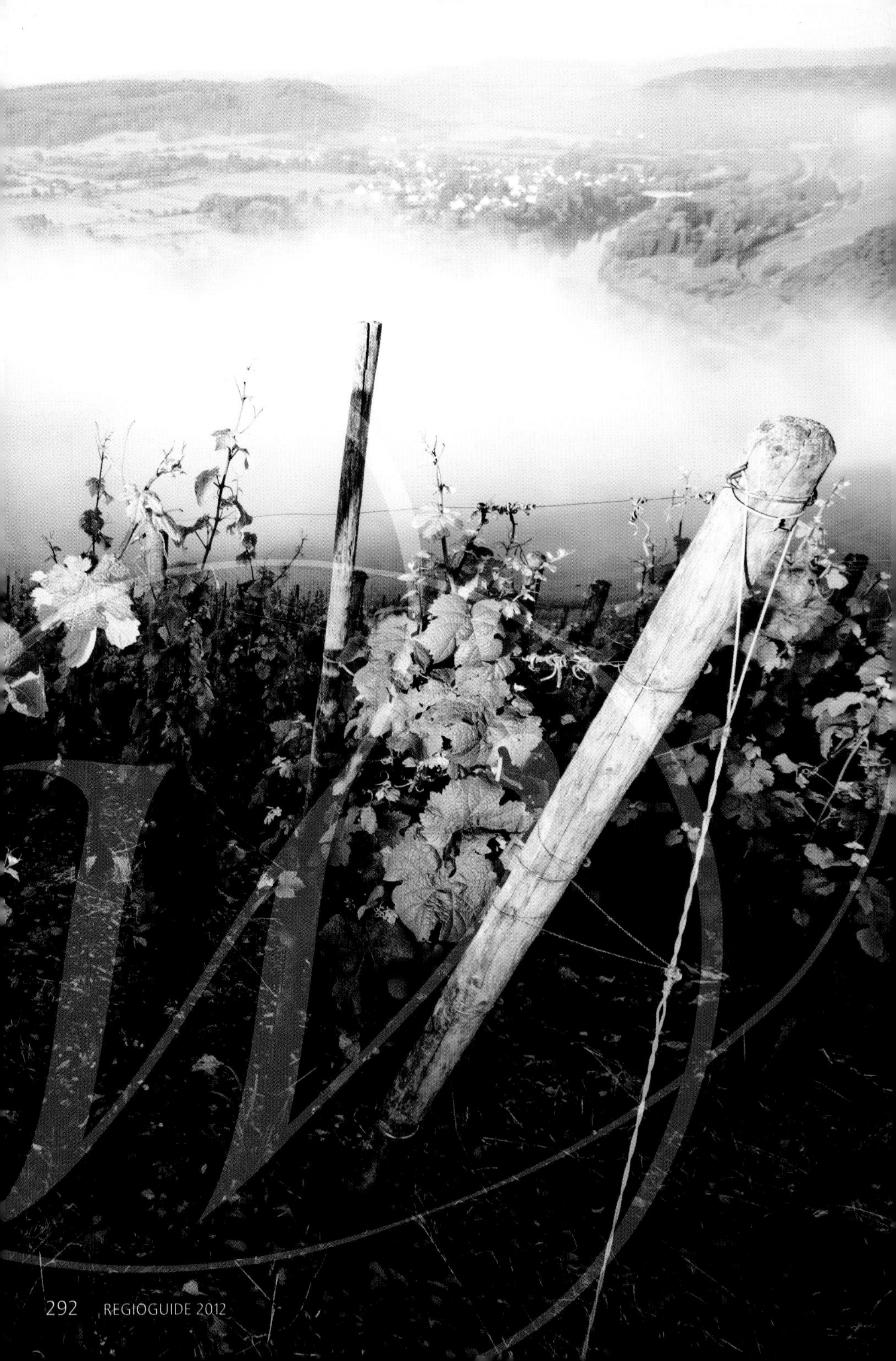

VAN VOLXEM – WEINGUT
Roman Niewodniczanski

Dehenstraße 2 · D-54459 Wiltingen
Fon: +49 6501 16510 · www.vanvolxem.com

Die Rebe liebt die Sonne, doch noch mehr den Schatten ihres Herrn!

Im alten Klostersaal von Van Volxem in Wiltingen an der Saar beugt sich Roman Niewodniczanski, der Hausherr, über alte Karten. Er zeigt die besten Lagen der Saar, von denen einige sein Eigen sind, und liest in einem alten Buch „Der Weinschmecker". Mit einem süffisanten Lächeln sagt er zu mir: „Weinschmecker und Feinschmecker gehören eigentlich zusammen."

Das einstige Klosterweingut, gegründet von Luxemburger Jesuiten, verfügt bereits seit Anfang des 18. Jahrhunderts über bedeutende Lagen der Wiltinger Weinberge. Nach der preußischen Lagenklassifikation von 1868 zählen diese Lagen zu den beiden höchsten Klassen. Sie sind heute mit 98 Prozent Riesling bepflanzt. Der Rest ist ein durchaus bemerkenswerter Weißburgunder.

Die Weine der Saar sind Gewinner der Klimaveränderung. Zwar gehören die Weinberge der Saar immer noch zu den kühlsten aller Weinbaugebiete, doch die Zeiten, als zwei Jahrgänge eines Jahrzehnts „Weltklasse" waren und die restlichen Jahrgänge grauer Durchschnitt, sind vorbei. Das Fachmagazin „Weinwirtschaft" nimmt alljährlich in einer großen Verkostung die Bestseller der deutschen und internationalen Erzeuger auf dem deutschen Markt unter die Lupe.

Der Weißwein des Jahres heißt Van Volxem Saar Riesling 2009. Bereits bei der TOP 100 Winzermarkenweine-Verkostung von best-of-wine vom Juli 2010 landete Van Volxem einen Doppelsieg mit Saar Riesling 2009 und Schiefer Riesling 2009.

Wenn man heute in der ganzen Welt vom Saarriesling so begeistert ist, so hat das ganz viel mit diesem Mann aus Wiltingen zu tun. Roman Niewodniczanski freut sich über seine Arbeit. „Es ist jeden Tag, als wäre es der erste. Es ist jeden Tag neues Glück."

Mit freundlicher Unterstützung von · Avec l'aimable soutien de
WWW.TOURISMUS.SAARLAND.DE

VAN VOLXEM – WEINGUT
Roman Niewodniczanski

Dehenstraße 2 · D-54459 Wiltingen
Fon: +49 6501 16510 · www.vanvolxem.com

La vigne aime le soleil, mais encore plus l'ombre de son maître!

Dans la vieille salle du cloître de Van Volxem, à Wiltingen, Roman Niewodniczanski, le maître des lieux, se penche sur de vieilles cartes. Il montre les meilleurs endroits en bord de Sarre, dont certains lui appartiennent, et lit un vieux livre: «Der Weinschmecker» (Le dégustateur de vin). Avec un sourire suffisant, il me dit: «Dégustateur de vin et gourmet vont en fait de pair.»

L'ancien domaine viticole du cloître, fondé par les Jésuites luxembourgeois, est composé depuis le début du XVIIIème siècle de plusieurs des vignes les plus remarquables du vignoble de Wiltingen. D'après la classification prussienne des sols de 1868, ces sols appartenaient aux deux meilleures catégories. Aujourd'hui, 98% sont recouverts de plants de Riesling, le reste d'un Bourgogne blanc remarquable. Les vins de la Sarre sont les gagnants du changement climatique. Les flancs de vigne de Sarre sont toujours parmi les vignobles les plus froids, mais les temps où seuls deux ans d'une décennie étaient «de classe mondiale», les autres années se situant dans la moyenne sont révolus. Le magazine spécialisé «Weinwirtschaft» examine chaque année à la loupe les vins les plus vendus des producteurs allemands et internationaux lors d'une grande dégustation.

Le vin blanc de l'année est le Van Volxem Saar Riesling 2009. Déjà lors de la dégustation TOP 100 des vins, réalisée en juillet 2010 lors du Salon du Vin de Hambourg, avec la complicité du site best-of-wine.com, Van Volxem signait un doublé avec le Saar Riesling 2009 et le Schiefer Riesling 2009. Si aujourd'hui, le monde entier s'emballe pour le Riesling venant de la Sarre, cela doit beaucoup à cet homme. Roman Niewodniczanski est content de son travail. «C'est chaque jour comme au premier jour. Chaque jour un nouvelle bonheur.»

Mit freundlicher Unterstützung von · Avec l'aimable soutien de

WWW.TOURISMUS.SAARLAND.DE

AU PONT M
Philippe et Maud Meyer

🇫🇷 3, rue de la République · F-67160 Wissembourg
Fon: +33 3 88635668

Bei sonnigem Wetter machten wir uns auf die Reise nach Wissembourg. Die pittoreske Stadt liegt an dem kleinen Fluss Lauter. Zu den sehenswertesten Gebäuden der Stadt zählt das „Salzhaus" aus dem 15. Jahrhundert mit seinem auffallenden Dach. Nur ein paar Meter vom klassizistischen Rathaus machte ich eine neue Entdeckung.

Zusammen mit seiner Frau Maud hat sich hier Philippe Meyer im Restaurant Pont M selbständig gemacht. Meyer ist kein Unbekannter. Er arbeitete in Saarbrücken, Saargemünd und war die letzten vier Jahre im Niederbronner Atelier du Sommelier Küchenchef.

Das Restaurant gehört zu einem größeren Anwesen, neben dem Restaurant gibt es ein Ladenlokal, in dem Meyer selbstgemachte Produkte verkauft, von Marmelade bis Entenstopfleber. Das Haus selber hat er rund um das kleine Flüsschen gestaltet. Neben dem eleganten Gastraum befindet sich eine große Terrasse direkt am Fluss.

Meyers Küche ist innovativ-klassisch, ohne Modetrends, aber auf dem Geschmack der Zeit. Er kocht ungemein gut, was wir erleben konnten: Krebsterrine, Jakobsmuscheln und ein Täubchen haben uns diesen Tag so richtig genießen lassen.

Ein tolles Anwesen, welches in Zukunft noch viel von sich reden machen wird! Die Stadt Wissembourg lädt zum Flanieren ein, nur wenige Meter vom Restaurant liegt ein verträumtes Hotel zum Übernachten.

Preis ø | Prix ø 45 €
Info Terrasse

Alors que le temps était ensoleillé, nous nous mettons en route vers Wissembourg. La petite ville borde la rivière Lauter. Les curiosités locales comprennent la «Salzhaus» du XVème siècle avec son toit remarquable. A seulement quelques mètres de la mairie construite en période classique, je fis une nouvelle découverte.

Avec sa femme Maud, Philippe Meyer s'est mis à son compte, en ouvrant le restaurant Le Pont M. Meyer n'est pas un inconnu. Il a travaillé à Sarrebruck, Sarreguemines, et il était durant ces quatre dernières années chef de cuisine à L'Atelier du Sommelier de Niederbronn.
Le restaurant se trouve dans une grande propriété qui abrite également un magasin où Philippe Meyer vend des produits qu'il a préparé lui-même. On y trouve tout, de la confiture à la terrine de foie gras de canard. Il a organisé la maison autour du cours d'eau. Près de la salle à manger, très fraîche, se trouve une grande terrasse donnant directement sur la rivière.

La cuisine de Philippe Meyer est à la fois nouvelle et classique, sans suivre le cours de la mode, mais néanmoins dans l'air du temps. Il cuisine extrêmement bien. Voici ce que nous avons pu déguster: terrine de crabe, coquilles Saint-Jacques et un pigeonneau. Tout cela a vraiment éclairé notre journée. C'est un établissement remarquable, qui fera sans doute parler de lui dans l'avenir! La ville de Wissembourg invite à la flânerie, et à seulement quelques mètres du restaurant se trouve un hôtel idyllique pour dormir.

Mit freundlicher Unterstützung von · Avec l'aimable soutien de

WWW.TOURISMUS.SAARLAND.DE

Unsere 55 neuen Suiten

Wohlfühl-Oasen lassen Träume wahr werden.

Victor's
RESIDENZ-HOTEL
SAARLOUIS
★ ★ ★ S

www.victors.de

ANZEIGE

Unverrückbares Faktum ist und bleibt es, dass das Glück des Gastes sich hinter den Mauern seines Hotelzimmers verbirgt. Wenn der Hotelgast nämlich dort mit dem Interieur rundherum zufrieden ist, stellt sich bei ihm automatisch ein Glücksgefühl der ganz besonderen Art ein. Und wenn der Gast sich diesbezüglich für das Victor's Residenz-Hotel Saarlouis als Refugium entscheidet, hat er die Qual der Wahl. Bei den Zimmern steht in der Tat ein wahres „Glücks-Kaleidoskop" zur Auswahl. Der Stolz des Hauses sind nämlich 55 neue Suiten und Apartments in der komfortablen Hotel-Dependance. Diese Suiten sind ohne Wenn und Aber einzigartig im Saarland. Jede dieser detailverliebten Suiten ist anders und von ihrer Individualität her regelrecht bestaunenswert. Hoteldirektorin Agnès Buschendorf gerät bei ihren neuen „Trümpfen" geradezu ins Schwärmen: „In diesen Räumlichkeiten verbinden sich Phantasie, Vielfältigkeit und Niveau auf unnachahmliche Art und Weise. Für jeden Geschmack ist hier etwas dabei und der Gast kann sich hier überall wie zu Hause fühlen."

Wer bei dem Suiten-Kaleidoskop nach der „Handschrift" sucht, stößt auf Victor's Geschäftsführerin Susanne Kleehaas.

Diese Suiten sind ohne Wenn und Aber einzigartig im Saarland

Die Saarländerin hat bei diesem äußerst anspruchsvollen Projekt wieder ganze Arbeit geleistet und sich selbst verwirklicht. Mit der Einrichtung dieser 55 außergewöhnlichen Räumlichkeiten hat die Geschäftsführerin ihr Faible und ihr untrügliches Gespür für Innenarchitektur in Vollendung zum Wohle des Gastes ausgelebt. Ihr guter Geschmack verleiht den Zimmern ihr eigenes Gepräge. Die 50 Suiten (zehn davon mit Kochzeile) und fünf Apartments (alle mit separater Küche) können von ihrer Namensgebung her in die Kategorien „Reise um die Welt",

„Leben wie Gott in Frankreich" sowie in „Wundervolle Modernität" eingeteilt werden. Die superben Suiten animieren die Gäste geradezu, auf Entdeckungsreise zu gehen. In diesen Wohlfühl-Oasen (alle mit Flachbild-TV) finden die Gäste schnell den Stoff, aus dem bekanntlich die Träume sind. Um sich die notwendigen Eindrücke selbst verschaffen zu können, besteht zweimal wöchentlich – jeweils dienstags und donnerstags um 15.30 Uhr – die Möglichkeit, an einer persönlichen Hausführung teilzunehmen. *

Anmeldungen unter:
salesmanager.nennig@victors.de

GUTES OLIVENÖL – WAS HEISST DAS EIGENTLICH?

Dr. Andreas Schmal
Renommierter Olivenölkenner

Dr. Andreas Schmal ist ein angesehener Olivenölkenner. Sein profundes Fachwissen hat er in langjähriger Erfahrung in Deutschland und Italien erworben. Zusammen mit seiner Ehefrau Katja Sellnau führt er das Fachgeschäft „apero – mediterrane Genusskultur", das von vielen Seiten als eines der renommiertesten Fachgeschäfte Deutschlands für hochwertiges Olivenöl ausgezeichnet wurde – so zum Beispiel von „Der Feinschmecker", „Slow Food", „ARD Plusminus", der Zeitschrift „Stern" und „Merum – die Zeitschrift für Wein und Olivenöl aus Italien".

Wie schmeckt und riecht gutes Olivenöl?

Eigentlich ist es ganz einfach: Gutes Olivenöl schmeckt und riecht nach frischen und unversehrten Oliven. Das heißt: hochwertiges Olivenöl riecht wie eine frisch gemähte mediterrane Kräuterwiese. Duftet es gar nicht oder kaum, ist es kein hochwertiges Olivenöl. Riecht es gar ranzig, nach Butter, Weinessig oder vertrocknetem Gras, ist es fehlerhaft. Im Gaumen setzt sich der „Frische-Geschmack" fort: Noten von Artischocken, grünen Tomaten, Kräutern oder frischen Mandeln sind typisch. Hinzu kommt eine deutliche Schärfe, die durchaus ein gewisses Kratzen im Hals und dadurch Husten auslösen darf, sowie eine mehr oder weniger ausgeprägte, aber immer wahrnehmbare Bitternote. Fehlt die Schärfe, waren die Oliven entweder zu reif oder wurden zu spät oder unsachgemäß verarbeitet. Oder das Olivenöl selbst ist zu alt.

Die Bitternote variiert in ihrer Intensität zwar auch in Abhängigkeit von der Olivensorte, fehlt sie jedoch komplett, handelt es sich um ein minderwertiges Öl.

Insbesondere die Schärfe und die Bitterkeit sind Indikatoren für den gesundheitlichen Wert eines Olivenöls. Der Gehalt an wertvollen Antioxidantien wie Polyphenolen und Tocopherolen korreliert mit den bitteren und scharfen Noten des Olivenöls. Fehlen Fruchtigkeit, Bitterkeit und Schärfe – die drei auch offiziellen Geschmacksgütekriterien eines Olivenöls – deutet dies eindeutig auf fortgeschrittene Verderbnis, Schädlingsbefall oder unsachgemäße Verarbeitung bzw. Lagerung der verarbeiteten Oliven hin.

Der Geschmack eines gesunden und frischen Olivenöles ist für Mittel- und Nordeuropäer, übrigens auch oft für Norditaliener, zunächst meist gewöhnungsbedürftig. Auch wenn nicht jeder die Fruchtigkeit, Schärfe und Bitternoten hochwertigen Olivenöls mag, sollte er wissen, dass milde, nach wenig oder gar nussig schmeckende Olivenöle weder hochwertig noch gesundheitlich besonders wertvoll sind. Manchmal ist da der Griff zu einem Nuss- oder Sonnenblumenöl sinnvoller. Oder aber probieren, hinschmecken, vergleichen und in kurzer Zeit wird man selbst zum Geschmacksexperten für frisches, gesundes Olivenöl!

WWW.APERO-GENUSSKULTUR.DE

Wie hilfreich sind Begriffe wie „Erste Kaltpressung", „extra nativ", „geringe Säure" oder „naturtrüb" als Qualitätsmerkmale?

Sie sind gar nicht hilfreich und teilweise sogar irreführend.

„Erste Pressung": Eine „erste Pressung" gibt es genau wie eine „zweite" oder „dritte" Pressung schon lange nicht mehr. Es gibt nur eine einzige Pressung. Wie gut ein Olivenöl ist, hängt vor allem vom Zustand der Oliven, der Schnelligkeit ihrer Verarbeitung, der Qualität der Ölmühle und der Kompetenz des Olivenölmüllers ab. Wer mit „erster Pressung" wirbt, hat entweder keine Ahnung oder will täuschen.

„Kaltpressung": Bis vor wenigen Jahren war nicht einmal definiert, wie warm oder kalt eine „Kaltpressung" denn sein darf. Heute ist die Temperatur für „kaltgepresstes Olivenöl" gesetzlich auf maximal 27°C definiert. Das kann und wird aber niemand von Amts wegen kontrollieren. Natürlich prüft ein Qualitätshersteller selbst die Temperatur, aber mit „kalt" hat das nichts zu tun und wenn „kaltgepresst" auf der Flasche steht, ist dies eine irrelevante Information. Allerdings schmeckt man die Fehler, wenn der Olivenbrei bei der Verarbeitung Temperaturen von über 30°C erfahren hat! Ein solches Öl kann dann z.B. nach gekochtem Gemüse, schwarzem Tee oder einfach ranzig schmecken.

„Extra nativ": nennt sich heute jedes Olivenöl, das – zumindest offiziell – nicht chemisch nachbehandelt wurde. Die gesetzlichen Anforderungen an ein „extra natives" Olivenöl sind zwar sehr hoch – ich erspare Ihnen hier Abhandlungen über statistische Größen wie Medianwerte, Fehlerklassifikationen oder laboranalytische Grenzwerte –, aber sie werden zum größten Teil leider weder eingehalten noch kontrolliert. Insbesondere die sensorische Analyse der Geschmacksfehler findet meistens nicht statt oder wird bewusst oder unbewusst geschönt. Wir bekommen jedes Jahr von Produzenten, die gerne in unser Sortiment aufgenommen werden würden, Probeflaschen über Probeflaschen gesendet. Davon sind über 90% leicht oder grob fehlerhaft, also nicht „extra nativ". Von industriellen Massenprodukten aus der Fernsehwerbung und dem Supermarkt will ich gar nicht erst reden. Aber überall steht „extra nativ" drauf!

„Geringe Säure": Gesetzlich festgelegt ist ein maximaler Anteil von 0,8% freier Fettsäuren im „extra nativen Olivenöl". Das ist für ein hochwertiges Olivenöl viel zu viel. Werte von 0,3% und auch deutlich geringer sind erforderlich. Allerdings wird die Bedeutung dieses Wertes von vielen überschätzt, da er ohne großen Aufwand manipuliert werden kann. Ein Grund übrigens, warum dieser Wert allein gar nicht mehr auf der Flasche angegeben werden darf. Also ein Wert unter 0,3% ist eine notwendige, aber keinesfalls hinreichende Bedingung für hochwertiges Olivenöl. Im Übrigen kann man einen hohen Säurewert nicht direkt schmecken, er führt zwar zu Fehlnoten wie etwa Ranzigkeit, hat aber absolut nichts mit dem „Kratzen im Hals" zu tun. Das Kratzen ist ein positives Qualitätsmerkmal und tritt bei Spitzenolivenöl mit Fettsäurewerten von unter 0,1% auch oder gerade auch auf! Also Obacht: Wer Ihnen erzählt, dass „mild" einen geringen Fettsäurewert bedeutet, offenbart seine absolute Inkompetenz zum Thema Olivenöl!

„Naturtrüb": Kommen wir noch zu den „naturtrüben" Olivenölen. Konsens in der Fachwelt ist, dass Olivenöl filtriert werden muss. Tut man es nicht, arbeiten die Trübstoffe bio-chemisch weiter, was dazu führt, dass die Olivenöle sehr schnell fermentieren. Da Filtern aber mit sehr viel Zeitaufwand und Kosten verbunden ist, tun sich immer noch viele Hersteller schwer mit dem Filtern. Grundsätzlich gilt: Ein naturtrübes, nicht gefiltertes Olivenöl sollte innerhalb von 2-3 Monaten nach der Ernte verbraucht werden. Das bedeutet, wenn typischerweise Ende Oktober und November geerntet wird, sollte das Öl bis Ende Januar aufgebraucht sein. Was aber machen Sie dann von Februar bis zum nächsten November? Besser also zu gut gefiltertem Olivenöl ohne Trübstoffe greifen, dies ist in der geschlossenen Flasche ca. 12-18 Monate haltbar; wenn die Flasche einmal angebrochen ist, sollte sie innerhalb von 4-6 Wochen verbraucht sein.

Welche Informationen auf einer Olivenölflasche sind denn nun nützlich bzw. sollten auf der Flasche tatsächlich angegeben sein?

Wichtig ist das Erntejahr. Oliven werden für hochwertige Olivenöle zwischen Oktober und Dezember geerntet. Man sollte also Olivenöle aus 2010 bis Ende 2011 verbrauchen und dann im Januar/Februar 2012 sich die Öle des neuen Jahrgangs 2011 kaufen. Das Mindesthaltbarkeitsdatum hingegen sagt gar nicht aus. Hier ist es dem Hersteller freigestellt, ein Datum zu wählen, bis zu dem er glaubt, dass sein Olivenöl noch gut ist. Viele legen eine Haltbarkeit von 18 Monaten fest. Allerdings 18 Monate nach Abfüllung. Wie lange das Olivenöl schon vorher im Tank gelagert war, weiß man nicht. Also bitte: Erntejahr angegeben.

Hilfreich ist auch die Angabe, welche Oliven verwendet wurden. Wie beim Wein gibt es Cuvées und reinsortige Olivenöle, was zunächst nichts mit der Qualität, wohl aber mit dem Geschmack zu tun hat. So wie beim Wein ein „Spätburgunder" anders schmeckt als eine Cuvée aus z.B. Cabernet Sauvignon und Merlot, so schmeckt auch ein Olivenöl aus der sizilianischen Tonda-Iblea-Olive anders als eine toskanische Cuvée aus Frantoio- und Moraiolo-Oliven.

Natürlich sollte auch angegeben sein, woher die Oliven kommen. Nicht jede italienische Firma produziert ihr Öl auch aus italienischen Oliven. Also sollte man das Etikett genau lesen. Bei Olivenölen mit der Zusatzbezeichnung „DOP" (deutsch: geschützte Herkunftsbezeichnung) hat man eine Herkunftsgarantie, aber nur bedingt eine Qualitätsgarantie. Einige analytische Angaben wie Säurewert, Peroxidzahl, K232, K270 sowie die Gesamtzahl der Polyphenole würden einerseits wohl viele Endverbraucher überfordern, andererseits bin ich ein Freund von Informationen und wer weiß, vielleicht würde dies ja auch zu einem zusätzlichen Interesse und damit auch auf längere Sicht zu einem größeren Wissen der Verbraucher führen.

**Zum Schluss noch die wichtige Frage:
Wie verwende ich denn Olivenöl am besten?**

Zunächst: nicht nur für Salate oder zum Anbraten! Olivenöl ist ein perfektes Würzmittel und ideal geeignet, fertigen Speisen wie Fisch, Fleisch, Suppen, Gemüse, Antipasti und selbst Speiseeis das gewisse Etwas, die besondere mediterrane Note, zu geben. Wichtig ist das richtige Öl zur richtigen Speise. So wie man ja auch nicht nur einen einzigen Wein hat, den man zu allen Speisen trinkt, gilt auch für Olivenöl, die richtige Passung zu finden. Für den Anfang würde ich mindestens zwei Olivenöle empfehlen: Eins mit Schärfe, aber verhaltenen Bitternoten wie z.B. sizilianische Öle aus der Tonda-Iblea-Olive. Sie passen hervorragend zu Salaten, Tomaten, Fisch, Mozzarella, Gemüse-Antipasti oder Geflügel. Als zweites würde ich ein Olivenöl mit Schärfe und deutlicherer Bitternote empfehlen z.B. aus der Frantoio-, Moraiolo- oder Pendolino-Sorte aus der Toskana oder Umbrien oder aus der Coratina-Olive aus Apulien. Diese Öle sind ideal für Bruschetta, zum Dippen von Brot oder rohem Gemüse sowie zum Würzen von Rind- und Lammfleisch und gegrillten Krustentieren.

Experimentieren Sie! Es macht Spaß und führt zu spannenden Entdeckungen und zur Kennerschaft! Allerdings eine Bitte noch: Würzen Sie hochwertige Olivenöle nicht mit Salz, Pfeffer oder sonst was. Ein Spitzenolivenöl ist ein perfekt abgestimmtes Würzmittel, das mit Salz, Pfeffer oder Zitronensaft nur ruiniert würde. Sie „peppen" Ihren hochwertigen Lagen-Pinot-Noir ja auch nicht mit einem Schuss Erdbeersaft auf oder würzen Ihren Barolo mit Johannisbeersirup!

Noch ein Wort zum Anbraten: Immer wieder wird erzählt, extra natives Olivenöl solle man nicht erhitzen. Das ist Unfug, Sie können jedes Olivenöl problemlos bis auf etwa 180°C erhitzen und somit selbstverständlich auch zum Anbraten verwenden. Die meisten Olivenöle haben sogar einen noch höheren Rauchpunkt. Allerdings liegt der geschmackliche Reiz hochwertigen Olivenöls darin, das kalte Öl sich mit der fertigen heißen Speise verbinden zu lassen!

EXKLUSIVES MINERALWASSER –
aus dem Biosphären Reservat Bliesgau im Saarland

Armin Schönenberger
Gebietsvertriebsleiter Gesundbrunnen Bad Rilchingen GmbH

Regionale Produkte spielen in der Küche schon längst eine wichtige Rolle, aber auch die Bedeutung von Getränken aus der Region nimmt zu. Das Bewusstsein für Mineralwasser ist gestiegen, sowohl bei Gästen als auch bei den Gastronomen. Mineralwasser wurde als Begleitung zum Wein schon immer gerne gesehen, da es über wenig Eigengeschmack verfügt. Schätzungen eines Instituts für Energie- und Umweltforschung zufolge legt ein „internationales Wasser" im Schnitt 850 Kilometer zurück, bis es in der Kehle des Gastes prickelt. Das gleiche Prickeln erlebt er jedoch auch, wenn er ein regionales Produkt wählt, das laut einer Studie im Schnitt nur 100 Kilometer gereist ist. Die Markenkraft in der Region und die FCKW-Belastung unserer Umwelt sind hierfür wichtige Argumente.

Der Gesundbrunnen Bad Rilchingen GmbH bietet regionale Produkte aus dem Biosphären Reservat Bliesgau im Saarland. GMQ – Gräfin Marianne Quelle Gourmet, Gräfin Marianne Quelle, Rilchinger Mineralwasser sowie die Amandus Quelle. Im Jahr 1922 wurde die Gesundbrunnen Bad Rilchingen GmbH gegründet, um das Wasser der Augusta-Quelle abzufüllen und in den Verkauf zu bringen. Bis Mitte der 50er Jahre wurde das Heilwasser der Augusta-Quelle verkauft. 1935 wurde aufgrund einer neuen Mineralwasserverordnung eine neue Quelle, die Amandusquelle, gebohrt. Seit 1988 wird aus einer zusätzlichen Quellbohrung in Rilchingen, die Gräfin Mariannenquelle, ein natriumarmes Wasser gewonnen. GMQ – Gourmet classic oder N als naturell sind eine hervorragende Begleitung zu ausgezeichneten Weinen und feinen Gerichten in der speisenorientierten Gastronomie unserer Region.

Aber auch über die Grenzen des Saarlandes hinaus, im angrenzenden Rheinland-Pfalz bis in den hohen Norden der Republik, erfreut man sich über die ausgewogene, natriumarme und sanfte Mineralisierung des Biosphärenmineralwassers aus der Bliesgau-Biosphäre. Exklusiv für die Gastronomie, präsentiert sich „die Gräfin" GMQ Gourmet, in einer charakteristischen formvollendeten Designflasche in der 0,25 Liter/0,5 Liter-Größe sowie in der 0,75 Liter-Füllungsgröße. Stilvolle Gläser, Einzelflaschenkühler, Genusskombinationsaktionen wie Wasser & Wein und Genussduett Mineralwasser & Kaffee gehören zur Verkaufsförderung durch die Gesamtvertriebsleitung in Person von Armin Schönenberger, welcher Sie gerne als Gastronom zum Thema Mineralwasser berät.

Ihren Namen verdankt die Quelle der Reichsgräfin Marianne von der Leyen geb. als Maria Anna Helene Josephina Kämmerer von Worms, genannt von Dalberg 1775-1804, welche eine Reichsgräfin und von 1775-1793 Regentin in Blieskastel war.

Kontakt: Gesundbrunnen Bad Rilchingen GmbH
Von der Leyenstraße 7a-8 · 66271 Kleinblittersdorf-Rilchingen
Fon: +49 6805 9401-0 · Fax: +49 6805 9401-37
Mobil: +49 151 27610325 · E-Mail: a.schoenenberger@rilchinger.de

ROLF KLÖCKNER – DAS INTERVIEW

Was ist für Sie das vollkommene irdische Glück?
Wenn ich mit einer besonderen Frau in ein ausgezeichnetes Restaurant gehe, einen genussvollen und harmonischen Abend verbringe und das Glück darüber sich in ihr Gesicht für immer eingeschlichen hat …

Ihr Traum vom Glück?
Wie Traum? Ich will meine Träume nicht nur träumen, ich will sie auch erleben, sang Udo Lindenberg 1972. Ich lebe mein Glück, jeden Tag. Ich mach mein Ding. Ich bin Gastronaut. Die BILD-SAARLAND schrieb: „Der Gastropapst des Saarlandes!" Geträumt wird nachts.

Was wäre für Sie das größte Unglück?
Das findet statt. Täglich. Überall dort, wo Gewalt, Hunger und Wahnsinn regieren. Die Menschen produzieren täglich Unglück. Wir leben auch täglich im Unglück.

Ihr liebster Romanheld/-heldin?
Der Typ aus „Das Parfum". Ich kenne diese Besessenheit nach dem Besten aus der Küche und beim Wein. Ich kann seine Intention verstehen, verurteile aber sein Handeln.

Lieblingsgestalt in der Geschichte?
Nelson Mandela und viele andere, die der Gewalt abgeschworen haben … und damit die Welt wirklich veränderten. Auf Gräbern kann man keine bessere Welt bauen. Hallöchen Erich, hallo …

Lieblingsheld in der Wirklichkeit?
Udo Lindenberg & die Panik-Family und ein paar andere Engel …

Ihr Lieblingsmaler?
Der Zyklus Pelle, der Kartoffelbär von BILLY BÄRDGES in unserm gemeinsamen Buch gefällt mir sehr gut. Ebenso die Exponate ihrer Ausstellung über mich „Der Gastronaut, der hinter die Kulissen schaut." find ich außergewöhnlich gut getroffen. Ich fühlte mich mit dieser Ausstellung auch sehr geehrt. Es gibt viele Maler, die mich interessieren. Viele kann ich regelmäßig in Paris bewundern, auch im Musée d'Orsay die alten Meister.

Ihr Lieblingskomponist?
Udo Lindenberg, Ludwig van Beethoven, Johann Sebastian Bach, Yehudi Menuhin und ein paar tausend andere, oft Unbekannte, die vom Universum geküsst wurden. Musik ist etwas Göttliches.

Ihre Lieblingsblume?
Blume in gelb. Mimosen, Chrysanthemen, Lotus. Aber keine Nelken oder Tulpen, wenn ich nicht an Friedhof denken soll … Ich mag alle Blumen.

Ihr Lieblingstier?
Alf, der Ausserirdische mit Klartext. Tiere? Alle! Im Dschungelbuch gefällt mir Balou, der Bär besonders.

Lieblingsschriftsteller?
Gertrud Höhler, Udo Pollmer, Paul Verlaine, Peter Ustinov, Emile Zola, Kochbücher, Hermann Hesse, Götz Werner, Wolfram Siebeck, Ibou N´Diaye, Alexis Lichine, Ulrich Wickert, Konfuzius, François Villon und noch viele, viele andere ...

Ihr Lieblingsbuch?
Die Murphyschen Gesetze. „Die Sahnetorte fällt immer mit dem oberen Teil nach unten".

Welche Eigenschaft schätzen Sie beim Mann?
Dass er ´en Typ ist und kein Ersatzteil. Dass er nicht wegrennt, wenn es mal eng wird. Dass er Eier hat, wie es Oliver Kahn beschreibt.

Welche Eigenschaft schätzen Sie bei einer Frau?
Klug, kreativ, selbstbewusst, charmant und anstatt Blut Olivenöl in den Adern. So das Gegenteil von klagendem Weib und zu Fleisch gewordener Langeweile.
ACHTUNG: Weder Frau, noch Mann brauchen mir kulinarisch etwas zu beweisen. Kleinigkeiten aus der Tapasküche reichen aus. Die Drei-Sterne-Küche kenne ich seit dem 15. November 1982. Bitte nicht versuchen. Ich bin in der Region mit Deutschlands besten Drei-Sterne-Köche versorgt und auch in Frankreich habe ich Außergewöhnliches vor der Haustüre.

Ihre Stärke?
Flexibel, kreativ und dem Zeitgeist voraus.

Ihre Schwäche?
Flexibel, kreativ und dem Zeitgeist voraus.

Lieblingsbeschäftigungen?
Lieben (macht anscheinend sonst niemand?!), kochen, lesen, schreiben, entspannen, spazieren, Musik hören, Weinproben, gemütlich Sport treiben, Menschen, in der Sonne liegen.

Wo würden Sie gerne leben?
In drei Hotels als feste Standorte: im Atlantic in Hamburg, im Metropole in Monte Carlo, im Hotel Britannique in Paris, aber auch ´ne Zeitlang auf „Mein Schiff" als Rockliner oder in einem der schönen Paradores in Spanien, z.B in der Olivenmetropole Jaen. Oder in Granada. Oder ....
Im Hotel zu wohnen sagt mir in den letzten Jahren immer mehr. Mal schauen, was da noch kommt ...

Wer oder was hätten Sie sein mögen?
François Villon, Commander McLean, Johnny Controletti, ein Astronaut in Apollo 13, Neill Armstrong, Der Wirt vom Onkel Pö in den 70er Jahren, Columbus, Lindbergh, ...

Wen möchten Sie gerne persönlich kennenlernen?
Yehudi Menuhin, afrikanische Zauberer, Außerirdische, den Mann im Mond, Frau Luna, Venus, das ganze lindianische Universum, Roger Vergé und noch viele, viele andere …

Was würden Sie tun, wenn Sie Bundeskanzler wären?
… endlich dafür sorgen, dass jedes Kind in unserm Land, unabhängig vom Einkommen der Eltern, gesundes und genussvolles Essen bekommt, sich kulturell weiterbilden kann,

dabei ein Instrument lernen darf oder so was, je nach Talent, und Doof- und Gewaltsendungen für Kinder im Fernsehen verbieten. Das sind doch die wichtigsten Aufgaben eines Bundeskanzlers … unsere Zukunft sichern. Dafür brauchen wir auch keinen Krieg.

Was verabscheuen Sie am Meisten?
Schlechtes Essen, Mittelmäßigkeit, aufgeblähte, ineffiziente Verwaltungen oder Projekte, was ja alles miteinander zu tun hat. Ich finde Kantinen überflüssig. Ich esse lieber gar nichts als schlecht.

Welche natürliche Gabe möchten Sie besitzen?
Wie das eine oder andere Tier, gutes Essen über Kilometer zu riechen …

Ihre derzeitige Geistesverfassung?
Keine Panik, das kriegen wir auch noch hin …

Ihr Motto?
GENUSS GRENZENLOS

WWW.GENUSSAGENTUR.ORG

DIE
SCHÖN

WWW.DESIGNFREUNDIN.DE

STEN
DINGE
NICHT
AUFEN

Wir machen Druck für eine saubere Umwelt!

Die Merziger Druckerei kann der Zukunft optimistisch entgegensehen, denn die Investitionen in technische Innovationen und das Bekenntnis zu ökologischen Fertigungsprozessen sowie nachhaltiger Rohstoffgewinnung tragen gesunde Früchte. Höchste Qualitäts- und Umweltstandards werden unserem Hause durch renommierte Zertifizierungsgesellschaften bescheinigt.
Bereits seit 2004 engagieren wir uns aktiv im Umweltpakt Saar und stellen uns auch hier der Verpflichtung, schonend mit den natürlichen Ressourcen umzugehen. Im Jahr 2009 erhielt unser Unternehmen das FSC®- und das PEFC-Zertifikat. Seit Juni 2011 bieten wir unseren Kunden klimaneutrale Druckerzeugnisse an.
Nicht nur das Heute, auch die Zukunft unserer Kinder liegt uns am Herzen.
Bei uns sind Sie als Kunde in guten Händen. Da können Sie sicher sein.

NATUR — UMWELTFREUNDLICH UND KLIMANEUTRAL

ClimatePartner
klimaneutral

FSC
www.fsc.org
FSC® C013945

Das Zeichen für
verantwortungsvolle
Waldwirtschaft

Print Color
ISO 12647-2
zertifiziert
Management

MDV

Merziger Druckerei
und Verlag GmbH & Co. KG

Handwerkstraße 8-10
66663 Merzig

Tel.: 06861/7002-0
Fax: 06861/7002-15

E-Mail: info@merziger-druckerei.de
Internet: www.merziger-druckerei.de

Umweltpakt
Saar

PEFC
PEFC/04-31-1302
Förderung nachhaltiger
Waldwirtschaft
www.pefc.de

LUXEMBOURG
Prüm
Troisvierges
E421
257
60
1
Wiltz
Vianden
50
Bitburg
Wittlich
51
Diekirch
Daufenbach
Ettelbruck
Sauer
Echternach
64
TRIER
Trier-Saa
Alzette
52
Grevenmacher
Mosel
Konz
E29
E44
Kanzem
Wiltingen
Kell am See
E25
Saarburg
407
Wincheringen
LUXEMBOURG
Remich
Nennig
Weiskirchen
Differdange
268
Longwy
N18
Orscholz
Mettlach
Esch-sur-Alzette
Merzig
Saarlar
Longuyon
A31
8
Sierck-les-Bains
Lebach
Saar
N43
Beckingen
N153
269
Rehlingen
A30
Saarlouis
Thionville
405
Amnéville
Bouzonville
Völklingen
620
A31
Großrosseln
Boulay
N33
A320
METZ
Freyming-Merlebach
Gorze
A4
N3
A4
ICE
Faulquemont
N74
Lorraine
Dép. Moselle
TGV-Est
A31
Morhange
Bénéstroff
Delme
Pont-à-Mousson
N74
Château Salins
Belleville

Cochem
Kastellaun
327
Zell
Simmern
61
Mainz
Bingen
60
Ingelheim
Hahn
Bernkastel-
Kues
421
Bad Kreuznach
63
61
420
270
Morbach
Kirn
327
Bad Sobernheim
9
422
Alzey
420
269
Börfink
41
Idar-Oberstein
Birkenfeld
270
Rockenhausen
Kirchheimbolanden
Worms
Nahe
62
48
63
420
Altenglan
41
Kusel
270
6
271
Reichenbach-
Steegen
St. Wendel
KAISERSLAUTERN
61
Bad Dürkheim
269
Theley
420
37
Illingen
Rheinland-Pfalz
ICE
6
Neunkirchen
62
Neustadt an
der Weinstraße
St. Ingbert
Homburg
Speyer
Kirkel
48
Zweibrücken
65
8
Pirmasens
272
Blieskastel
10
Germersheim
Mandelbachtal
Annweiler
am Trifels
Landau
Gersheim
423
Dahn
Bad Bergzabern
Volmunster
N62
48
Wörth
Bitche
N62
Lembach
Wissembourg
9
Baerenthal
Lauterbourg
Mackviller
Niederbronn-les-Bains
Morsbronn-les-Bains
La Petite Pierre
Dép. Bas-Rhin
5
A4
N61
A35

Longwy
N18
E25
Esch-sur-Alzette
268
Orscholz
Mettlach
Saarlar
Wad
Longuyon
A31
Merzig
8
Sierck-les-Bains
Lebach
N43
Saar
Beckingen
N153
Rehlingen
269
A30
Saarlouis
Thionville
405
Schwa
Bouzonville
Amnéville
Völklingen
620
A31
Großrosseln
Boulay
N33
A320
Freyming-Merlebach
METZ
A4
Gorze
N3
A4
ICE
Faulquemont
N74
Lorraine
Dép. Moselle
TGV-Est
A31
Morhange
Delme
Béneströff
N74
Pont-à-Mousson
Mittersheim
Château Salins
Belleville
Vic-sur-Seille
N411
N74
La Moselle
Toul
NANCY
Languimberg
N4
Lunéville
A31
A33
Dép. Meurthe-et-Moselle
A330
Colombey-les-Belles
N74
Baccarat
Rambervillers
Saint-Di

319

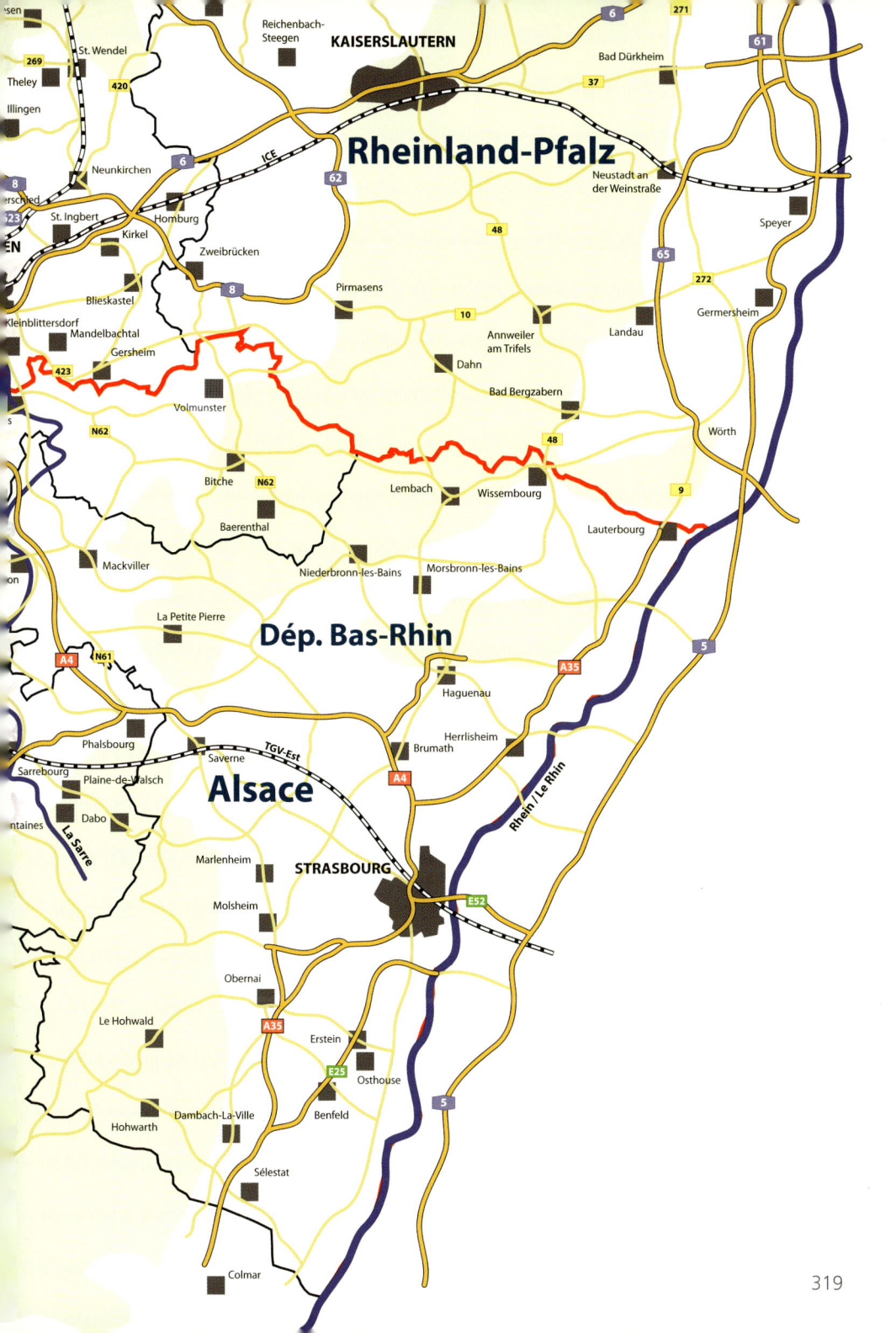

IMPRESSUM · ACHEVÉ D'IMPRIMER

REGIOGUIDE Nr. 15 – Édition/Ausgabe 2012 ISBN: 978-3-86390-002-1
www.REGIOGUIDE.net

Alle Rechte vorbehalten © 2011
Gollenstein Verlag, Merzig

Konzeption · Conception:	Rolf Klöckner Genuss-Agentur kloeckner@regioguide.net www.genussagentur.org
Redaktion · Rédaction:	Rolf Klöckner
Gastautoren · Auteurs d'hôte:	Udo Pollmer Astrid Karger, Dr. Andreas Schmal, Armin Schönenberger
Übersetzung · Traduction:	Odilon Dubost
Buchgestaltung und Satz · **Conception et typographie du livre:**	Carolin Diwersy www.designfreundin.de
Titelphoto· Photo de titre:	Claudia Dorn-Cuglietta
Photograf · Photographe	Lara Redenbach www.larascraft.de
Weitere Photos · Autres photos:	Anja Engler, Astrid Karger, Claudia Dorn-Cuglietta Dr. Andreas Schmal, Udo Pollmer, Archiv
Schriften:	Frutiger (45 Light Regular, 45 Light Bold), Mutlu
Papier:	Bilderdruck matt gestrichen
Druck · Impression:	Merziger Druckerei und Verlag
Buchbinderei · Reliure:	Buchbinderei Schwind Trier

Printed in Germany

Rolf Klöckner ist nun seit 15 Jahren in allen Medien, grenzüberschreitend, zum Thema Essen und Trinken unterwegs. Er hat mit dem Projekt REGIOGUIDE eine neue Buchform entwickelt – die Genusshandwerker und Restaurants in drei Ländern zu beschreiben und das zweisprachig. Über das Buch hinaus arbeitet er wöchentlich an seiner Kolumne im Magazin Forum und schreibt verschiedene Bücher zum Thema. Klöckner hat seit drei Jahren seine eigene Genussagentur, die sich mit allen Themen der Fort- und Weiterbildungen im genussvollen Bereich beschäftigt.

Carolin Diwersy hat bereits zum zweiten Mal die Gestaltung des REGIOGUIDE übernommen. Die Mediengestalterin und diplomierte Kommunikationsdesignerin hat 2010 den Schritt in die Selbstständigkeit gewagt und ist unter dem Namen „Designfreundin" sowohl im Print- als auch im Web-Bereich erfolgreich tätig. Die Designfreundin mag es gerne reduziert, manchmal verspielt – aber immer im Sinne des Kunden und des Produktes.

Lara Redenbach ist seit 2010 die Fotografin des REGIOGUIDE. Ihre Ausbildung zur Mediengestalterin absolvierte sie in einer renommierten saarländischen Agentur, in der sie auch mehrere Jahre Berufserfahrung sammelte. Nun ist sie selbstständige Fotografin und Designerin und befasst sich unter dem Künstlernamen „larascraft" mit vielen Bereichen der Fotografie, digitaler Bildbearbeitung und Design.

Anja Engler hat sich wie schon im letzten Jahr auf kulinarische Genussreise als Begleiterin von Rolf Klöckner begeben. Die ausgebildete Fotografin hat ihre Kamera stets dabei, um alle Eindrücke rund um das Thema „Genuss" festzuhalten. Berufserfahrung hat sie im Schwarzwald und in Hamburg gesammelt und auch dort die Leidenschaft für Genuss kennen und lieben gelernt. Nach ihrer Rückkehr ins Saarland gehört sie nun seit 2010 zum REGIOGUIDE-Team.

REGIO GUIDE 2012 GENUSS GRENZENLOS

REGIO GUIDE 2012
GENUSS GRENZENLOS